日本語の文法的特徴を一般言語学的な観点から考察した論文集。
受動構文を昇降格の点で対称と非対称に分けて整理記述すること、また、二重ヲ格が形態論的にでなく
意味的に制約されること、述部複合に弱境界と強境界が設定できること、など
新たな研究成果を含む、意欲的な論考集になっている。

Studies on the Typological Properties of the Japanese Language

北海道大学大学院文学研究科
研究叢書

日本語統語特性論

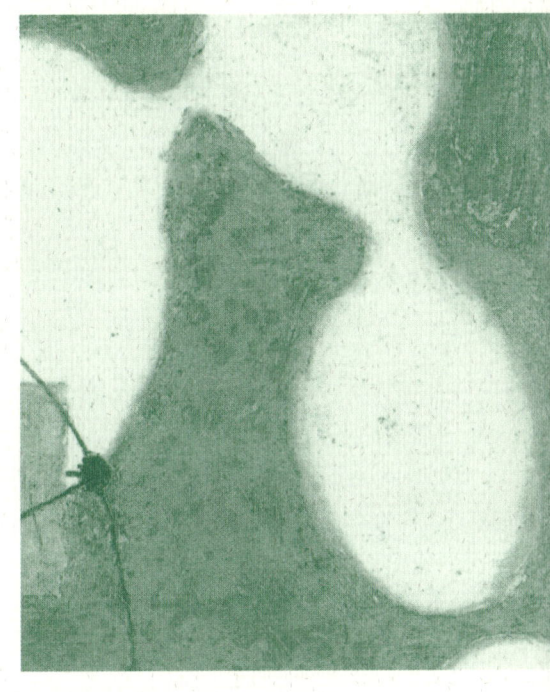

加藤重広

北海道大学出版会

研究叢書刊行にあたって

　北海道大学大学院文学研究科は，その組織の中でおこなわれている，極めて多岐にわたる研究の成果を，より広範囲に公表することを義務と判断し，ここに研究叢書を刊行することとした。

平成14年3月

目　次

第1章　日本語の品詞体系の通言語学的課題 ……………………1

1　はじめに　1
　1.1　便法としての品詞と言語普遍　1
　1.2　品詞体系の恣意性　2
　1.3　日本語品詞体系論の対照　4
2　日本語における接続詞　7
3　日本語における連体詞　12
　3.1　標示部の位置による区分　13
　3.2　名詞と副詞の共通性　14
　3.3　意味的な特性のずれ　16
4　助動詞に見る機能主義　17
5　複合助詞の扱い　19
6　形容動詞という範疇と品詞体系　23
7　日本語品詞論における機能と形態の位置づけ方　31

第2章　日本語における昇格と降格 ……………………37

1　日本語における後置詞　37
2　格助詞の階層と格の昇降　39
　2.1　格階層区分案　39
　2.2　昇格と降格の定義　40
3　昇格と降格を生じさせる構文特性　42

i

         3.1　属性叙述の構文　42
         3.2　ボイスの転換　48
         3.3　構文と昇降格（まとめ）　54
　　4　昇格と降格に見る構文特性　55

第3章　日本語の受動構文 ……………………………………61
　　1　昇降格から見る受動文のタイプ　61
         1.1　非対称性と項追加　62
         1.2　対称性と項追加　65
　　2　動詞と非対称受動文のタイプ　66
         2.1　単自動詞文の受動化　66
         2.2　複自動詞文の受動化　67
         2.3　単他動詞の非対称受動文　70
         2.4　複他動詞文の受動化　71
         2.5　与格と対格の昇格について　73
         2.6　視点者統合と視点者再追加　77
         2.7　非対称受動のまとめ　81
　　3　迷惑性の解釈　84
         3.1　推意としての迷惑性　86
         3.2　マルファクティブとしての非対称受動　88
         3.3　非意志関与性と受動辞　90
　　4　ま　と　め　93

第4章　日本語における文法化と節減少 …………………97
　　1　主要部後置と文法化　97
　　2　文法化と単文化　99
　　3　連体修飾節を含むタイプの機能単位　102
　　4　有派生タイプと一般名詞の文法化　107
　　5　連体修飾を含まない文法化のタイプの整理　115

6　日本語の類型的特性と非節化　117
  7　終わりに　121

第5章　日本語の述部構造と境界性　125

  1　問題点の整理　125
  2　膠着要素の出現制約　127
　　2.1　先行研究瞥見　127
　　2.2　述部階層モデルの問題点についての再整理　137
  3　述部複合要素の出現制約　139
　　3.1　ボイス辞　140
　　3.2　否定辞　150
　　3.3　テンス辞　153
　　3.4　アスペクト辞　158
　　3.5　その他の要素　159
  4　境界と統合性　161
　　4.1　強境界　162
　　4.2　弱境界　167
　　4.3　述部複合における境界の意味　170
  5　まとめ　171

第6章　二重ヲ格制約論　177

  1　本章の目的　177
  2　二重ヲ格制約の意味　178
　　2.1　格の重複　179
　　2.2　意味格と形態格　183
　　2.3　構造の制約　186
　　2.4　二重ヲ格制約の類型　193
  3　構造的制約と統語的中和　197
  4　まとめ　202

第 7 章　対象格と場所格の連続性 ……………………………… 207

1　「を」の助詞用法　207
 1.1　接続助詞としてのヲ　207
 1.2　状況補語の用法　210

2　格助詞の「を」　214
 2.1　対象格と場所格の位置づけ　214
 2.2　対象の意味　216
 2.3　場所格の意味　220
 2.4　場所格の派生　236

3　連続性と派生関係　239
 3.1　離格と経路格の連続性　240
 3.2　対象格と場所格の連続性　240
 3.3　用法の見取り図　241

4　結　び　に　243

第 8 章　基幹格としての「が」の特性 ……………………………… 245

1　助詞の特性と分類　245
 1.1　格助詞と副助詞の連続性──カラを例に　246
 1.2　助詞の融合に見る不連続性　248

2　構文的特性とガ格　251
 2.1　ガ格の基幹性　252
 2.2　基幹性と循環性　255
 2.3　基幹格の中核と周辺　258

3　格標示の多重性と基幹格（まとめ）　261

第 9 章　日本語形容詞の通言語学的考察 ……………………………… 265

1　はじめに　265
2　動詞型と名詞型のあいだ　265
 2.1　形容詞の用言性　266

2.2　形容詞の用言性の根拠　269
3　軽動詞アルの関与　278
4　形容詞のモダリティと構文　284
5　まとめと検討すべき問題　291

　参考文献　295
　あとがき　305
　索　引　307

第 1 章　日本語の品詞体系の通言語学的課題

1　はじめに

　本章は，日本語の品詞分類を通言語学的に再検討することによって，品詞をめぐる問題には解決すべきいかなる課題があるかを明らかにすることを目指すものである。

1.1　便法としての品詞と言語普遍

　品詞(parts of speech)が，古来「ことばの部品」として言語の研究や教授において非常に便利な概念であったことは言うまでもない。教育に用いられる文法には規範性だけでなく，原理原則としての普遍性や平易さも要求される。一方で，教授や学習の便宜を偏重すると，恣意的な基準によりカテゴリー設定や分類がなされることがありうる。目的ごとに異なる文法が組織されることは現実的な対処ではあるが，それは学校文法などの教育文法や解釈文法と分析や説明に重点を置いた研究文法の分断をもたらしている(加藤 2008a)。

　しかし，種々の言語の品詞体系を見てみると，通言語学的に普遍性を見いだすこともありうる。例えば，Bybee 2006 は，5つの言語普遍を掲げているが，その中に「すべての言語が名詞と動詞を持つ」という原則が含まれている。また，Hengeveld *et al.* 2004 は，のちに掲げるように，動詞と名詞のあいだの垣根が低く，品詞カテゴリーのタイプが柔軟に設定されうる言語類型も考えているが，その類型を除くと，7類型のうち6類型には動詞が含まれており，動詞により高い普遍性を認めていると評価できる。また，Croft 2003[2]では，指示(reference)と陳述(predication)に限定(modification)を加え，それぞれに

典型的に対応する品詞として名詞・動詞・形容詞を考えている。これは意味機能に重心を置いた枠組みだが、指示・陳述・限定はどの言語でも想定できるので、対応する品詞にも相応の普遍性が期待される。

　研究文法におけるカテゴリーは、言語使用者にとっての心理的実在 (psychological reality) だとするのが基本的な見方であろう。動詞という品詞カテゴリーを心理的実在と見なす立場を一方の極に置けば、もう一方の極には動詞という品詞カテゴリーは便宜上置かれたものに過ぎず、実態に対応しているとは限らないとする立場があることになる。あらゆる品詞分類が、この2つの極を両端に持つ尺度のいずれかの位置に立ってなされていると言ってよい。特に名詞や動詞といった、意味的にも、また、言語によっては形態論的にも区分しやすいカテゴリーとは異なる周辺的なカテゴリーでは、単純に心理的実在としてカテゴリーを設定しにくい可能性が考えられる (Croft 2000)。

1.2　品詞体系の恣意性

　ディオニュシオス・トラクスの *Technē Grammatikē* で与えられた8つの品詞がラテン語文法にも引き継がれたことはよく知られている。しかし、古典ギリシア語が持つ冠詞をラテン語は持たず、両者で全く同じ品詞カテゴリーがあるわけではない。結局、ギリシア語になくラテン語が代わりに持っているというような都合のよい品詞があるわけではなく、間投詞が追加され、帳尻が合わされることになる。この8品詞の枠組みは、その後も引き継がれ、ヨーロッパにおける古典語教育などでは文法の原型として強い影響力を持った。もちろん、8品詞という数がそれほど厳密に守られたわけではなく、いわゆるポール・ロワイヤル文法では、古典ギリシア語の8品詞にラテン語文法で代償的に加えられた間投詞を加えて9品詞になっている[1]。日本も近代になって、いくつかの文法が提案されたが、その中で先駆的な大槻文彦による大槻文法では、やはり8品詞が立てられており、西欧文法の枠組みがその基盤にあることが窺える。

　Haspelmath 2007で言うように、最初から品詞カテゴリーを決めておいて、それを割り当てるような方法論を言語学は採用することはできない。個々の言語について、その言語に当てはまるように、いわばオーダーメードであつらえていく方法 (Haspelmath 2007：119で言う the Boasian approach) しかとりよ

うがない。しかし，母語教育や外国語教育における文法は，確立した他言語の方法論を無批判に取り入れることが少なくないのが実状である。このため，すべての言語には等しく名詞や動詞や形容詞が存在することになってしまう。しかしながら，形容詞と名詞，あるいは，形容詞と動詞が連続性を有する現象（兼務する現象と見ることもできる）は珍しいことではないし，名詞と動詞のような比較的対立が明確と思われる品詞でも区別しにくい現象が知られている（中山 2006，渡辺 2008）。

　もちろん，解釈文法や教育文法・学校文法などの実用文法と，研究文法が異なると言うのは簡単なことである。しかし，最初に触れる学校文法がそのまま刷り込まれると，そのフィルターから自由になれないことは現に見られることであり，学校文法と研究文法が断絶している状況も決して幸福なものではない。断絶した各文法をつなぐにはハブ文法（加藤 2008a，2008b）が必要だが，これも十分で実質的なものを構築するのは簡単なことでない。

　現代の文法研究の立場からすれば，古典期から 19 世紀まで，名詞と形容詞が一括されて 1 つのカテゴリーに入っていたことに違和感を覚えるが，これは，西欧語の多くで，名詞と形容詞のパラダイムを分ける必要がなかったことによる。ポール・ロワイヤル文法では，意味的な違いによって，いわゆる純然たる名詞のほうを noms substantifs（実質名詞），形容詞のほうを noms adjectifs（形容名詞）と分けているが，品詞分類の基準がまず形態論にあったことは疑う余地がない。

　しかし，形態上の基準ですべての品詞分類が完成するわけではなく，形態だけでは区分し尽くせないことは，私たちが経験的に知るところである。そこで，別の基準が導入されることになり，複数の基準が混在し，基準の適用に明確な原理がなければ，結果的に，恣意的に品詞が区分され，分類されることになる。しかし，そこから言語普遍を引き出すことは難しい。

　現に，Lyons 1977：425 は，morphological/syntactic/semantic の 3 つのレベルを想定して解明することを述べており，橋本 1948：43 では，①語義，②語形，③職能の 3 つの基準が挙げられることを述べている。しかし，いずれのレベルや基準がどういう条件下で優先されるのかを明確に定めることは難しく，結果的に一貫しない分類や恣意的な区分がなされる可能性を排除できない。

次項では，日本語の代表的な品詞区分を比較することで，どのような恣意性が見られるかを確認したい。

1.3 日本語品詞体系論の対照

ここでは，日本語の品詞分類の主なものを表の形にして掲げる。近代文法の最初のものとして，大槻 1891, 1897a, 1897b, それに続く山田文法の山田 1908, 1922, 松下文法の松下 1930a, 1930b, 学校文法の基盤となった橋本文法の橋本 1948, 1959, また，時枝 1950 の品詞分類を検討することにしよう。以下では，左端に一般的な学校文法の品詞区分を置き，それに各文法での対応物を配する形で品詞分類を整理する。

学校文法	大槻文法	山田文法	松下文法	橋本文法	時枝文法
名詞	名詞	体言	名詞	体言	体言
動詞	動詞	動詞	動作動詞	動詞	動詞
形容詞	形容詞	形容詞	形容動詞	形容詞	形容詞
形容動詞				(形容動詞)	
接続詞	接続詞	副用語	副詞	接続詞	接続詞
副詞	副詞			副詞	副詞
感動詞	感動詞		感動詞	感動詞	感動詞
連体詞			副体詞	副体詞	連体詞
助動詞	助動詞	(複語尾)	(動助辞)	助動詞	助動詞
助詞	弖尓乎波(てにをは)	助詞	(静助辞)	助詞	助詞

名称が同じでも個々の品詞の定義は文法学者ごとに異なるが，「名詞」「動詞」「形容詞」については大きな違いはない。また，「助詞」もおおむね同じような概念と見てよく，松下文法では，語(松下文法における「詞」)として扱っていないが，これは単位としての認定の違いであって，外延的概念としては大差ない。山田文法は，助動詞にあたるものを「複語尾」(動詞の複雑な語尾)とし，自立的な単語とは見ない。また，松下も「動助辞」は「不完辞」の一種とし，語として品詞分類の対象になりうる「完辞」とは区別している。しかし，これらは，「自立的」ではないという点で他と区分しているのであり，いわば単位の認定の問題であって，機能やカテゴリーはおおむね一致している。

最も明確な違いがあるのは，学校文法でいう「形容動詞」である。形容動詞は，初期の橋本文法では想定されていないが，のちに形容動詞を置くことが述べられるようになった。また，大槻文法では学校文法で言う「連体詞」がなく，山田文法にもない。松下文法で導入された「副体詞」という名前は時枝文法以降「連体詞」と称され，学校文法でも「連体詞」と呼ばれている。「接続詞」は，山田文法と松下文法では，「副用語」「副詞」の一種とされているため，下位のカテゴリーには存在するものの，品詞の大区分としては置かれない。
　ここで，「名詞」「動詞」「形容詞」などを《主要な品詞カテゴリー》とし，それ以外を《周辺的な品詞カテゴリー》と呼ぶと，日本語の品詞分類については以下のように理解することができそうである。

（１）　名詞・動詞・形容詞といった主要な品詞カテゴリーの設定についてはおおむね見解が一致している。
（２）　形容動詞の設定には異論が見られる。
（３）　周辺的な品詞カテゴリーについては，「辞」と「詞」を同列に扱うかという単位認定が論点になる。
（４）　周辺的な品詞カテゴリーのうち接続詞・副詞・感動詞・連体詞については，どういうレベルでカテゴリーを想定するかが論点になり，その判断の違いがこれらの品詞カテゴリーを設けるかどうかに影響する。

　このうち，（２）はいわゆる形容動詞論争としてこれまで議論がなされてきた。現在でも，形容動詞にあたるカテゴリーを設定する立場と設定しない立場が見られる。前者では，形容動詞を形容詞とまとめて１つの形容詞とすることが多く，後者ではいわゆる形容動詞の語幹を名詞として扱うことが多い。先のLyons 1977のレベルで言えば，「意味的」なレベルでは，形容動詞は形容詞と同じように見ることができるが，「形態論的」なレベルでは(部分的な例外はあるものの)全体として名詞に近いことになる。この点はあとで取り上げる。
　次に（３）は，品詞の認定や分類の前に，「辞」を語として認めるか，という問題と見ることができる。しかし，自立性は，音韻レベル・形態レベル・統語レベル・意味レベルで異なることがありうる。

（５）　食べ‐たろ‐う
（６）　食べ‐た‐だろ‐う

例えば，(5)の「たろう」は，一般的に「た」の未然形の「たろ」に助動詞「う」がついたと扱われる。(6)の「だろう」は，伝統的には「だ」の未然形「だろ」に助動詞「う」がついたものと扱うので，2つの形式の統合したものと見なされる。ただし，これは形態論的な分析をした場合の見方である。
　一方，「だろう」に語彙的統合性を認めて1つの機能的単位と見なせば，これを複合的な助動詞と見なすことは可能である。これは，意味的なレベルに重点を置いた処理である。このように，形態論的な原理と意味的な基準が一致しないことは珍しくない。形態論的な基準では分析的に扱う傾向が強いのに対し，意味的な基準では総合的に扱う傾向が強いことは窺えるが，これがどの程度の普遍性を持つかは簡単に判断できない。
　また，もう1つ，考えておくべきことがある。形式の統合性には，通時的な判断や知識が関わるということである。言語研究者が理論的に，共時態と通時態を区別することはもちろん可能だが，これはいわば技術的な区別である。言語使用者の心的辞書において，通時的要素を完全に排除した「理想的な共時辞書」を想定することは可能であるとしても，そのように記述が最優先かどうかは検討の余地がある。
　「だろう」は，「だろ＋う」のように共時的には2形態素に分解できるが，これは，「で＋あら＋む」にすれば3形態素，「に＋て＋あら＋む」とすれば4形態素となる。とすれば，そもそも「だろ＋う」と2形態素にする共時性の根拠をどこに見いだせばよいのか，という問題が生じる。共時的に，「たろう」「だろう」「あろう」「行こう」などの「う」をparadigmaticな特性から類推的に抽出したのだと考えるのが単純な理解だが，「う」を「む」の後継と見る通時的解釈を排除する理由はない。
　例えば，「喉」は歴史的には「飲み＋戸」の合成形に音韻変化があったと言われるが，2形態素の統合と見なす現代人は皆無だろう。しかし，「湖」であれば「ミズ(水)＋ウミ(海)」に分析して理解することは現代人にも可能である。活用の中には，本来持っていた活用形を部分的に失った結果，品詞分類上の扱いが変わってしまうものが見られる。語構成の透明性やそこから母語話者が持つ通時的推定が共時的な記述から自動的に排除されるわけではないことはよく踏まえておく必要がある。

以上で見たことを，次のようにまとめておこう。なお，ここで言う「通時性」とは，古い語形や語源についての知識などに基づいて何らかの判断がなされることを指している。
（7）　語や形態素という単位の認定には，通時性をどう関与させるかという問題がある。通時性を完全に排除した「理想状態の共時態における心的辞書」は理論的仮構物としてありうるが，現実の言語使用者の心的辞書における語彙には不可避的に通時性が関与する。
（8）　機能性が顕在化すると機能的な統合性が高まり，機能上の単位のほうが形態論的な単位(分析的理解)より，心的辞書において強く作用することがある。
母語でない言語を記述する場合，形態論的な記述が機能論的な記述に優先せざるを得ないことは言うまでもない。

2　日本語における接続詞

先に見たように，山田文法では「接続詞」という品詞カテゴリーを立てず，副詞の下位分類として接続に関わる副詞が置かれているに過ぎない。
　　（9）　　太郎は成績優秀だから，特待生に選ばれた。
　　（10）　太郎は成績優秀だ。だから，特待生に選ばれた。
接続詞「だから」は，助動詞「だ」と助詞「から」が統合して，語彙化したことによって生じたと見られる。いわゆる接続詞が複数の他の要素の合成から生じたことは，日本語では広く当てはまる事実であり，日本語には単一形態素のみの接続詞がもともと存在していなかったこと，すべての接続詞が何らかの語彙化や脱文法化によって生じたものであること，が確認できる。
例文（9）における「だから」は，助動詞「だ」に接続助詞「から」が続いたものであり，「から」が専ら接続関係を決めている。これと(10)における「だから」は形式が同一だが，全体で1つの接続詞と扱われる。この課題のポイントは，接続形式は接続関係をどれだけ決めているのか，という問題である。すでに Givón 1990：890f. では，以下のように指摘している。
　　（11）(a)　　VO language: [first clause]. conj-[second clause]

(b)　　OV langauge: [first clause]-conj, [second clause]

　この指摘通り，接続の機能を果たしているのは，日本語の場合，接続助詞である。(10)における「太郎は成績優秀だ」と「特待生に選ばれた」は，ともに主節であり，「だから」の有無によらず，それは変わらない。しかし，(9)では「から」があることで，「太郎は成績優秀だ」が従属節になっている。日本語では，接続助詞だけが，この従位化(subordination)の機能を持ち，国文法で言う「接続詞」にはこの種の統語的な機能がない。

　Norde 2009 では，接続助詞の「が」が節末で従属節を形成する用法(adverbial subordinator)から，文頭などで自立的な接続詞として用いられる変化を脱文法化(degrammaticalization)の一例として挙げている。「A は B であるが，C は D である」を「A は B である。が，C は D である」のように転じる変化が歴史的に生じたのであれば，脱文法化と見ることはできるが，「しかし」のように，接続助詞の転用ではないものもあり，「だが」「であるが」「でも」のように，接続助詞単独ではなく，コピュラを伴ったシンタグマが脱文法化の単位である例も見られる。

　しかも，いわゆる接続詞は，位置的な制約が接続助詞に比べて緩い。(9)における「から」を他の位置に移動することはできない。しかし，(10)の「だから」の位置は，2つの文の境界部(第二文の冒頭)に限定されない。「彼は，だから，特待生に選ばれた」のように，多少受容度はおちるものの，文頭以外に移動することが可能である。例えば，(12)は(13)のように「しかし」の位置を文頭以外にすることもできる。また，(14)のように，接続助詞によってつないだ2文のあいだにも現れることが許され，さらに，(15)のように，位置を変えることも構造的には可能である(加藤 2001a, 2001b)。このことは，付属辞である接続助詞が統語的制約を受けるのに対して，接続詞が自立語であり，統語的制約のほとんどない語彙的要素であることを示している。また，(14)(15)のように，一見重複的な用法が可能なのは，「が」が逆接以外の意味を持ち，逆接であることが明示されないことを「しかし」によって明示していることも考えられる。(12)(13)では「しかし」を「が」で置き換えることが可能だが，(14)(15)では置き換えられないことも，「が」の多義性によって意味が確定しにくいのを，「しかし」によって一義的解釈を確定させていることの傍証になるだ

ろう。
　(12)　　太郎は成績優秀だ。しかし，彼は特待生に選ばれなかった。
　(13)　　太郎は成績優秀だ。彼は，しかし，特待生に選ばれなかった。
　(14)　　太郎は成績優秀だが，しかし，特待生に選ばれなかった。
　(15)　　太郎は成績優秀だが，彼は，しかし，特待生に選ばれなかった。

　以上の事実は，日本語の接続詞が，統語的な接続詞ではなく，意味的な接続詞に過ぎないことを示す。西欧語で従属節を導く接続詞を文から削除すると，文は構造的に成立せず，非文になってしまうことがある。この種のものは，統語的な接続詞と認められる。日本語において，統語的な接続を担うのは，接続助詞であるが，これは，「詞」ではなく「辞」であることから，「接続詞」ではなく，「助詞」の一種と見なされる。一方，日本語の接続詞は，それを削除することで，意味が不明確になったり，一貫性が後退したりはするが，構造的に不適格になるようなものではない。いわば，語彙的な接続詞である。

　(16)　　2つの接続詞との対応関係

syntactic connective	（西欧語の）接続詞	（日本語の）接続助詞
lexical connective	（西欧語の）接続副詞	（日本語の）接続詞

　日本語の接続詞は語彙的な接続詞であって，統語構造に関与しない。統語構造を形成する統語的な接続詞と見るべきは，接続助詞である。しかし，接続助詞は，日本語においては，活用せざる辞の一種であると見て，助詞の下位分類としてのカテゴリーをなしている。よって，西欧語と日本語では，接続詞が対応しないままである。語彙的な接続詞は，Givón 1990：891 に言うように，cognitive reorientation を表示することを専らとし，統語的な「接続」の機能は持たないので，これを機能論的に談話標識(discourse marker)と扱う立場も見られる。しかし，談話標識は，品詞的なカテゴリーではない。山田文法のように，語彙的な接続詞を副詞の一種たる接続副詞に分類すれば，西欧語も日本語も接続副詞という扱いになる。

　もう1つの重要な問題は，日本語の接続詞がいずれも脱文法化によって生じたものであり，本来的にはおおむね複数の形態素の複合からなっている点である。Norde 2009 は，文法化の一方向性に対して逆の方向性を持っている変化

を脱文法化と見ているが，脱文法化は語彙化を兼ねていることもあり，語彙化でないこともありうる。

ここで，試みに，『岩波国語辞典第6版』で「接続詞」の表示があるもの，また「接続詞的に使う」と注記のあるものを拾い出し，その本来の語構成を復元して分類すると，(17)のようになる。便宜上，A 名詞を含むもの，B 動詞を含むもの，C 副詞を含むもの，D 助動詞を含むもの，E 助詞からなるもの，F その他，と大くくりに分けて分類を行った。X(→ Y)は，「文語形 X に対して現代口語形 Y があるもの」あるいは「古語文語形 X に対して現代文語形 Y

(17) 接続詞の通時的語構成

A	名詞＋助詞／形式名詞＋助詞	おまけに・ただし・ときに・ところが・ところで／ものを・故に・ために
	名詞	ただ・また・一方・他方・もっとも
	代名詞＋助詞／代名詞＋助詞＋助詞	そこで・それから・それで・それに／それとも
	代名詞＋助詞＋名詞	そのうえ・そのくせ
B	動詞連用形	及び
	動詞連用形＋助詞「て」	よって・従って・して・次いで・以て
	動詞＋助詞／動詞＋助詞＋助詞	要するに・すると・ちなみに・ならびに／あるいは
	助詞＋助詞＋動詞	とはいえ・ともあれ
	助詞＋助詞＋動詞＋助動詞	にもかかわらず
C	副詞	かつ・すなわち・なお
	副詞＋助詞／副詞＋助詞＋助詞	かつは・しかも／しかし(←しかあれかし)・もしくは
	副詞＋動詞＋助詞「て」	かくして・かくありて(→かくて)・さありて(→さて)・しかして・そうして(→そして)
	副詞＋動詞＋助詞	しからば(←しかあらば)・しかるに(←しかあるに)
D	助動詞＋助詞	けれど(→けど)・だが・だから
	助動詞＋助詞＋助詞	けれども・だって(←だとて)・なので
E	助詞／助詞＋助詞	と・で／では・でも・ので
F	その他	同じく

があるもの」，X(← Y)は，「現代口語形 X もしくは文語形 X に対して古語復元形 Y があるもの」の意である。また「て」は接続助詞であるから，助詞の一種であるが，特に多いため独立させた。「はたまた」「しかしながら」のように，接続詞にさらに別の形式が付加されていると見うるものは除外してある。

　接続詞の用法を認めるかどうかはおおむね容易に判断できるが，「ので」のように話しことばでは単独で接続詞として用いる例は見られるものの，どの程度一般的なのかについて社会言語学的な調査を要するものも見られる。

　脱文法化に分類できるのは，DとEのほかに，Bの一部(助詞で始まるもの)である。また，これらを見て気づくことは，指示詞を含むか，指示詞を付加しうるという点で，強く照応性を持つものが見られる(加藤 2001a，2001b)ことである。本来的な接続詞が疑われるものは副詞単独の転用である「かつ，すなわち，なお」などである。また，本来的な接続詞と分類しなければならないものはなく，多くが接続助詞を含むことで接続に関わる意味を帯びていることがわかる。

　ここで観察した事実からは，積極的に「接続詞」を1品詞として設定する根拠を得られない。従って，本論は「接続詞」を立てずに，副詞などの下位分類として対処する考えを支持するが，かといって，「接続詞」を立てる品詞分類が誤りということにはならない。どのレベルでカテゴリーを立てるかは，品詞の体系のあり方に依存するからであり，品詞体系上必要とされるカテゴリーとして「接続詞」を設けるべき体系が構築されているならば，それは必要かつ妥当なカテゴリーとして認められるべきである。

　西欧語は，① that/daß/que のような，語彙性が退行して統語性のみの接続詞，② because/weil/parce que のように語彙性を有しながら統語性を持つ接続詞，③ therefore/doch/cependent など統語的な制約が緩く副詞と見うる接続(副)詞など，統語的な接続詞から語彙的な接続詞へ段階的に分布が見られる[2]のに対して，日本語では，自立性のない助詞の中に統語的な接続詞(syntactic connective)が見られ，いわゆる「接続詞」は語彙的な接続詞(lexical connective)で統語的カテゴリーとしては副詞に近いか，副詞に含まれる。つまり，両者は不連続な分布を見せており，接続に強く関与する要素は別のカテゴリーのサブカテゴリーをなしている。日本語の語彙的接続詞は，西欧文法で

は実体性のある「接続詞」というカテゴリーの鏡像あるいは理論的対応物として設定されたものと考えるのが妥当だと本論は考える。少なくとも,「接続詞」というカテゴリーを措定するのであれば,それを措定すべき根拠が示されなければならない[3]。

　通言語学的な分析の中で「接続詞」と言うとき,それは自立的な単語を念頭に置くため,西欧語では統語的な接続詞を指し,日本語では語彙的な接続副詞を指しており,そのずれは同一のカテゴリーとして比較することを許さない状況になっている。むしろ,日本語の接続助詞が機能的には西欧語の接続詞に近いものの,日本語の接続助詞は自立語ではないため直接比較対照することを避けるのが一般的であろう。西欧語では,談話標識に統語的な接続詞を含めるが,日本語での機能的対応物たる接続助詞は談話標識からふつう除外されることも,この問題が看過できないことを示している[4]。

3　日本語における連体詞

　連体詞という品詞も,学校文法では習うものの,実体性のないカテゴリーである。これが,古典文の解釈上,無用に品詞分解を複雑にさせない目的で導入されることは,便宜上の理由として妥当であり,十分理解される。また,活用上,連体修飾に特化した形式を1つのカテゴリーとして括ることにも,それなりの動機と妥当性がある[5]。しかし,この「連体詞」も,加藤2008eに言うように,本来的に存在していたものではなく,連用修飾形や述定形などとの連絡が失われ,連体修飾の形式のみが残存したか,慣用表現化したために連体修飾表現のみが用いられているか,おおむねそのいずれかであって,統語上のカテゴリーとして設けなければならないとまでは言えない。加藤2008eでは,前者を非連語的なもの,後者を連語的なものとして区分しているが,いずれも,複合形式が連体修飾に特化したと説明できるものばかりである。

　もちろん,連体詞を設ける利点もある。「いわゆる」「単なる」など,分解可能であっても,分解した形式の収容先がないものについては,全体を連体詞として扱って一応の受け入れ先を確保できることが1つのメリットである。しかし,これは,連体詞を設けないことによるデメリットを回避するためのもので

あり，積極的に連体詞を設ける理由とは言いがたい。いわば，これまで立ててきたという歴史的事実に鑑みて，品詞体系を修正しないという消極的な対応である。例えば，「いわゆる」は「言ふ」の未然形「言は」に古代の助動詞「ゆ」がついた「言はゆ」の連体形「いはゆる」なので，「いわ」という動詞未然形と「ゆる」という助動詞連体形に分解できる。ところが，現代語に「ゆ」という助動詞はない。つまり，連体詞は共時的に説明できない形式を緊急避難的に収容するカテゴリーとして，設定する意味はあることになる。

連体詞という品詞の設定は，とりもなおさず，共時的な体系性の不合理を吸収するための措置に過ぎないから，これに代わる解決策があれば，必ずしも連体詞措定という解決策に頼らなくてもよい。加藤2003は，連体詞が連体修飾に特化しているのに対して，副詞はすべてが運用修飾に特化しているわけではないことを踏まえて，名詞(形容動詞語幹を含む)と副詞と連体詞を大範疇として括り，そのサブカテゴリーとして対処する案を提案している。以下で少し詳しく論じる。

3.1 標示部の位置による区分

ここでは，標示部の位置による区分を試案として述べる。ただし，品詞体系全体を見ずに，部分的に個別の品詞を決めることによって生じる問題が大きいので，ここで示すのは，1つの区分案に過ぎない。

名詞も副詞も連体詞もその語単独では語形変化(活用)を行わず，用言は活用を行うとされているが，用言が語の内部に語幹のほかに活用を担当する語尾(＝統語関係標示部)を含んでいるのに対して，名詞類は語の外部に統語関係標示部があると見ることもできる。

(18) 内部標示方式と外部標示方式の区分

統語関係標示部	形態構造	伝統的な品詞との対応
内部	語幹-語尾	動詞・形容詞
外部	語＋助詞類	形容動詞・名詞・副詞・連体詞

形容動詞については第6節で扱うが，(18)では形容動詞語幹を名詞として扱う。日本語の名詞は，おおむね格助詞を直後に伴い，「Xが」「Xを」「Xの」

などのように格関係を標示する(形容動詞語幹では「Xな」もありうる)ほか，「Xも」「Xさえ」など情報構造など他の意味を表示するのに副助詞類が後接することもある。これらの助詞類は，名詞の外側にあって名詞が他の語に対してどのような修飾関係を持つかを示しており，用言の語尾と同じ機能を果たすことがある。もちろん，外部にあることから語尾よりも自立性が高く，種類が豊富なことから標示できる関係もより多様である。上の(18)の2区分のうち，内部標示方式は従来の用言に相当するが，外部標示方式は従来の体言(形容動詞の語幹を含む)よりも，もっと広い概念になっている。

　副詞も同様に考えることができる。「ゆっくり」は「と」を後接させてもほとんど意味が変わらないので，出現が任意の外部標示部ということになる。「ゆっくりした足取り」の「した」は「する」と「た」の複合とするのが一般的だが，連体修飾において形容表現を形成するための専用形式と見て外部の統語関係標示部と見ることもできる。

　ただし，連体詞は原則として後続の名詞に直接つく[6]ので，外部に標示部があるとは考えにくい。また，連体詞は活用を持たないので，内部に活用語尾を持つわけでもない。上記の2区分では，連体詞を内部に統語関係標示部を持つタイプに分類するのは妥当ではなく，よって外部に標示部を持つタイプに分類するが，この場合，外部標示部に何も用いないと考える。そもそも，「ちゃんと」など，副詞の多くは連用修飾を行う場合に，外部標示の要素は何も使わない。つまり，外部に標示部があるタイプでは，標示部に助詞類など言語形式がなくてもよい，と定める。加藤2003では，「今日」など名詞がそのまま単独で外部標示部なしに連用修飾になる例について，ゼロ助詞と同じように扱うことを主張しているが，「何もない」か「ゼロ形式がある」かは細かに論じる必要があるので，ここでは立ち入らない。

3.2　名詞と副詞の共通性

　外部に統語関係の標示部を持つものとして，名詞と副詞を同じカテゴリーに入れておくのは，日本語の名詞がときに連用修飾成分として用いられる場合や，副詞の一部が形容動詞(の語幹)と同じように用いられることを考慮すると，メリットがある。

(19) 昨日，兄が帰国した。
(20) 花子はリンゴを3個食べた。
(21) 太郎はあの年齢にしてはしっかりしている。
(22) ちゃんとした服装を心がけるよう言われている。
(23) 表面は滑りにくいように加工してあり，{ざらざらだ／ざらざらしている}。

(19)(20)では「昨日」「3個」は本来名詞であるが，連用修飾を行っており，副詞に相当する働きをしている。助詞類が後接するときも，名詞＋助詞はおおむね連用修飾を行うので，ゼロ助詞化したものと見ることもできる。また，(21)の「しっかりしている」は一種の属性叙述を担っており，形容詞表現に相当する。「Aだ」を形容動詞の基本形として，「A(と)している」を形容動詞の第二形式(活用型)とする考えも見られる[7]。「ちゃんとする」も「しっかりする」と同じように，「Aする」の形をしており，形式上は複合サ変動詞であるが，テイル形で述定に用い，連体修飾のときだけタ形を用いるなど，意味的には，金田一1950に言う第四種動詞に分類できる。このとき，「Aする」も「Bだ」も語幹部分AやBを名詞と見なすことが多いが，副詞として用いる語がAやBの位置に入ることもある。つまり，「Aする」の「する」も外部にあって，統語的な関係や特性を標示している形式と見なし，Aには名詞だけでなく，副詞も入ることを考える。「Aする」全体は形式的には動詞だが，第四種動詞と同じように形容表現的に用いるものとして扱う。

(18)の2区分は大範疇としての区分なので，その下位区分として動詞や形容詞，また，名詞・副詞・連体詞などを設定することは可能だ。「動く」「見る」などは，内部に標示部を持つ動詞であり，「勉強する」や「しっかりする」は形式上外部に標示部を持つ動詞である。「赤い」「悲しい」などは内部に標示部を持つ形容詞であり，「立派だ」「ゆっくりだ」「のんびりだ」は外部に標示部を持つ形容詞ということになる。内部に標示部を持つ場合は，語幹や活用形が品詞転成に関わるが，外部の標示部はその全体(名詞類＋助詞類の全体)の統語上の品詞性を決定する。統語上の品詞性とは，文構造における役割のことであるから，語の品詞カテゴリーのように固定的なものではない。

例えば，「流れる」という動詞は，そのまま連体修飾を行って「流れるプー

ル」のように使うことができるが、これをもって「流れる」を連体詞や形容詞とすることはなく、「流れ」という連用形を連用中止で用いれば、連用修飾成分になるが、それをもって副詞と見なすわけではなく、いずれも動詞の活用形と見なすことになる。

同じように、「単に」と「単なる」は、「単」という語の外側に統語関係の標示部があり、「に」がつけば連用修飾を行い、「なる」がつけば連体修飾を行う、と記述する。「単」は「で」や「だ」を外部標示部にとらない。これには「単なる」と「単に」という意味的に共通性のある形式をつないで記述でき、従来のように2つを別々の単語のように扱わなくて済むという利点もある。一方で、「単」など単独で用いない形態素を名詞のような自由形式と同じように扱うことについて整合性が必要になる。(18)では、外部に標示部を持つものとして、形容動詞も含めているが、形容動詞の語幹にも「静か」のように名詞とは見なしにくいものが含まれている。そこで、(18)では、名詞を含む、より大きいカテゴリーとして《体詞》[8]を設け、《体詞》が名詞や形容動詞語幹のほか、副詞や連体詞の一部を含むと考える。そうすると、「静か」も「大学」も「単」も「しっかり」もいずれも体詞であり、外部の統語関係標示形式によって、さまざまな機能を果たすと記述されることになる。

3.3　意味的な特性のずれ

先に見たように、連体詞が体系の整合性の観点から分類しがたい形式の収容先となることは、連体詞が種々雑多なものの寄せ集めのような性格を持っていることからも確認できる。あとの議論のために、1点だけ、確認しておきたい。

意味特性がずれているのは、段階的(gradable)なものとそうでないものが混在している点である。「いわゆる」や「単なる」は、段階性がなく、「*かなりいわゆる」「*もっと単なる」などは適格でない。一方で「小さな」「大きな」「味な」「異な」などは段階性を持っている。後者は、意味的には形容の働きをしていると見ることができるが、形容は形容詞と形容動詞が中心にあり、名詞も形容に関わり、動詞も形容表現をつくるため、連体詞は十分に議論されることがない状況である。いわば周辺的な形容表現と見なされてしまうのである。

4　助動詞に見る機能主義

加藤 2006a：36 は，助動詞の分類として以下のような表を掲げている。

	用法種別	基本助動詞	複合助動詞	残存助動詞
非モダリティ	受動助動詞	れる・られる		
	使役助動詞	せる・させる・す		しむ・しめる
	テンス助動詞	た		き・し・けり
	アスペクト助動詞		ている・てある	れる
	否定助動詞	ない		ず・ぬ・ん
モダリティ	意志助動詞	う	つもりだ	む・ん
	意志否定助動詞	まい		まじ
	希求助動詞	たい・たがる		
	認識助動詞	らしい	そうだ・ようだ・みたいだ・かもしれない	べし・ごとし
	義務助動詞	べきだ	なければならない	べし
	伝達助動詞		のだ・わけだ	

　これは，筆者の最終的な助動詞記述とは異なり，日本語文法論における基本的な枠組みとして示したに過ぎないが，注目したいのは複合助動詞と呼ばれる一群である。1980 年代以降の日本文法の研究では，「ている」を１つの助動詞として扱うことが一般的となり，「そうだ」「ようだ」「みたいだ」なども寺村 1982 以降，ムードの助動詞[9]などと呼ばれ，１つの助動詞として扱われることが多くなった。もちろん，これらは，形態論的には複数の形態素の複合によって成立しているものであり，形態論的な１語ではないから伝統的な学校文法では助動詞として扱われない。それなのに，これらを助動詞として扱うのは，機能的な統合性を認めることができるからである。文法論では，複合辞として扱われ，詳細な研究も多い（森田・松木 1989，松木 1990，藤田・山崎(編) 2006，田中 2004，2010 など）。ただし，意味的なまとまりは，直観的な判断に依存することになり，文法化の完成度も単純な尺度を設定しにくいので，機能辞の認定を科学的に行うのは容易でない。科学的なテストの１つとして考えられるのは，範列関係性（paradigmaticality）である。次の(24)の下線部には「らしい」とい

う助動詞が使われているが，(25)-(28)に見るように，代わりに「はずだ」「ようだ」「みたいだ」「つもりだ」などの複合助動詞を用いることが可能である。

(24)　太郎は，その研究会に参加するらしいね。
(25)　太郎は，その研究会に参加するはずだね。
(26)　太郎は，その研究会に参加するようだね。
(27)　太郎は，その研究会に参加するみたいだね。
(28)　太郎は，その研究会に参加するつもりだね。

もちろん範列関係性の判定とてそれほど単純でない。(24)の「らしい」と範列関係が成立するという条件だけなら，「という」「という話だ」「という噂だ」も助動詞と認めることになる。

(29)　太郎は，その研究会に参加するというね。
(30)　太郎は，その研究会に参加するという話だね。
(31)　太郎は，その研究会に参加するという噂だね。

しかし，これらは以下に見るように，(24)の「らしい」とはふるまいが異なることがわかる。同じカテゴリーの助動詞，あるいは助動詞相当のシンタグマと認定するためには，細かな条件を個々に設定しなければならない。

(32)　*太郎は，その研究会に参加するようだらしい。
(33)　太郎は，その研究会に参加するようだという。
(34)　太郎は，その研究会に参加するようだという話だ。
(35)　太郎は，その研究会に参加するようだという噂だ。

シンタグマをコントロールしながら，範列関係性の共通性を根拠に一定のカテゴリーをつくることは可能であろう。もちろん，これは文の構成要素としての機能性とシンタグマ形成上の特性に基づくカテゴリーであり，このほかに意味的にモダリティとして扱うべきかという判断も関わっている。この種の複合的なカテゴリーの妥当性についてはさらに検証が必要だが，重要なことは，機能的な特性をより重視する助動詞カテゴリーに移行する強い傾向が見られることである。ひるがえって，伝統的な助動詞を見れば，形態論的な基準に基づく助動詞カテゴリーを用いていたと言える。

学校文法や伝統的な文法論が，形態論的な基準に基づく助動詞カテゴリーを用いていたのは，助動詞の文法化が中古の日本語ではそれほど進んでいなかっ

たこともあり，1形態素と見なせる形式のみを助動詞と扱うだけで，解釈上大きな問題が生じなかったということもあろう。断定の「なり」「たり」は，「に・あり」「と・あり」と分解すれば2形態素と見られるが，「なり」「たり」とすれば1形態素が1語で記述と分類も容易である[10]。

近年の日本語研究では，従来の形態論的な処理に基盤を置く助動詞カテゴリーのみでは，うまく記述ができないこともあり，機能と意味に重点を置く記述に移行してきている。橋本進吉による学校文法は，形態論を重視した文法であるが，近年，日本語文法における意味機能への傾斜が形態論重視の伝統的な枠組みとの齟齬を大きくしていることは問題であり，全体の体系が歪つになっていることは否定できない。

また，モダリティ助動詞は，機能的な統合体という面が強いので，構成する要素に対して，機能的な指定は強いが，形態的な指定が弱いことが多い。

(36)　花子は，報告書を書かなければならない。
(37)　{なければ／ねば／ないと／なかったら／しなくては}＋{ならない／いけない／駄目だ／まずい}

(36)の下線部は義務を表すモダリティ助動詞と扱うことができるが，これは前半部分が「否定＋仮定」からなり，後半部分は「不首尾表現」になっており，形式じたいはこの意味的な条件を満たしていればよいため(37)のように，少なくとも20通りの組み合わせが可能である。「なければならない」は，本来「ならない」が単独の述部のみで主節をなし，「なければ」を含む節が従属節であって，全体として複文構造になっているのだが，主節がより大きい助動詞の一部になってしまえば，全体は複文でなく，単文になってしまう。これは，あとで論じる非節化(declausalization)という現象であり，また，「ならない」に相当する部分を欠落させた「早く行かなければ」「勉強しなくちゃ」「もう帰らないと」などは，Evans 2007の言う非従属化(insubordination)の一種と見ることができ，文法化をより広い観点から考える上で重要な問題となる。

5　複合助詞の扱い

文をつくる「部品」は，1つのまとまった単位についての概念であると考え

られるが，かつての形態上の単位から機能上の単位へ重心が移っていることが日本語の品詞論を複雑にしている。明らかに複数の形態素からなる機能辞を複合辞と呼んでまとめたものとしては，森田・松木1989が初期の成果だが，近年，記述・分析・教育への応用へと進んでいる。

助動詞・助詞といった機能辞について，単位の形態より単位の機能を重視するのはやむを得ない面もある。しかし，記述上整理しておくべき問題も多い。

(38) 品詞{についての／*につく／*についた}問題
(39) 品詞について論じる。
(40) 品詞につきまして論じることにいたします。
(41) 今日の話は，品詞についてだ。
(42) *今日の話は，品詞に{つく／ついている／つきます／ついています}。
(43) *今日の話は，品詞につくことだ。
(44) 品詞{?に関しての／に関する／*に関した}問題
(45) 品詞問題
(46) 品詞に関して論じる。
(47) 品詞に関しまして論じることにいたします。
(48) 今日の話は，品詞に関してだ。
(49) *今日の話は，品詞に{関する／関している／関します／関しています}。
(50) 今日の話は，品詞に関することだ。
(51) 今日の話は，品詞に{*つかない／??関しない／関連しない}。

例えば，「について」と「に関して」はいずれも複合助詞として用いられ，語構成も，格助詞＋動詞連用形＋接続助詞(これをここでは「基本形」と呼ぶことにする)で全く同じである。しかし，文法化の度合いが斉一ではない。表にしておこう。

基本形 \ 形態変異	連体修飾 +の	連体修飾 ル形	連体修飾 タ形	非修飾(述定) +だ	非修飾(述定) ル形	非修飾(述定) 否定形	連用修飾 マス形[11]
～について	○	×	×	○	×	×	○
～に関して	△	○	×	○	×	△	○
～に関連して	×	○	○	○	○	○	○

「について」と「に関して」の違いは，連体修飾の変異にある。まず，これらは「の」を付すだけで連用修飾形を連体修飾形に転じることができる。これは，「から」「まで」などの格助詞とふるまいが同じで助詞としての形態特性が一致している。しかし，「関して」は「関すること」のようにル形で連体修飾が可能で，動詞の性質を残していると見ることができる。また，「関連する」という動詞も格助詞と接続助詞を用いて「〜に関連して」という複合助詞相当の形式に用いることができるが，これは動詞としての性質が強く「〜に関連しての話題」などは据わりが悪く，まだ文法化が進んでいないと見ることができる。これは，活用を失い，膠着性が低下する変化でもある。

　文法化は，語彙性の衰退と完全に平行する現象ではないが，資源となる内容語の語彙的意味が後退して，機能がより抽象化して特化していくプロセスと見ることができる。大堀 2005：3-5 は，文法化の度合いをはかる尺度として，①意味の抽象性，②範列の成立，③表示の義務性，④形態素の拘束性，⑤文法的相互作用の有無，の5点を挙げている。Hopper and Traugott 2003[2] が重視する自立語から付属辞への段階的移行は④にあたる。ここで観察している膠着性低下は，Hopper 1991 とおおむね重なると言えそうであるが，本論では，より形態論的な特質に着目して，以下の3点を重視したい。

　(52)　用言を資源とする複合助詞の文法化に関わる3つの尺度

　　　①活用喪失度，②機能的単位の統合性の確立，③機能と形態の分担関係

　まず，①は上に見たように，「関連する」「関する」「つく」では順に活用の残存度が高く，もとの動詞の特性が残っている。内容語としての形態的特性を失い，活用がなくなることは，より文法化が進んでいると見ることができる。②は，本来3形態素からなる「について」などが全体として1つの機能を担うことで統合性が高まれば，内部に他の要素を介在させにくくなるということであり，塚本 1991：79-80 に「について」類の格助詞のあとに係助詞や副助詞が介在できないという指摘がある（塚本 2012 に再録。Matsumoto 1997，大堀 2005 も，同じ現象について形態素の挿入という観点から検討している）。例えば，通常は格助詞ニに副助詞ハ・モ[12] を後接させてニハ・ニモとすることが可能だが，「について」は以下に見るように，できない。「に関して」も「*には関して」「*にも関して」のように，「について」とふるまいがほぼ同じであ

る[13]。
- (53) 山田先生は品詞{*にはついて／については}説明した。
- (54) 山田先生は品詞{*にもついて／についても}詳しく述べた。
- (55) 山田先生は品詞{だけについて／*にだけついて／についてだけ}話した。

　一方，「に関連して」は，連体修飾の場合も，連用修飾の場合も，全体の機能的単位としての統合性が強いとは言えず，格助詞＋サ変複合動詞と見るのが妥当だろう。
- (56) 　言語学{だけに関連する／にだけ関連する}テーマ
- (57) 　品詞論{*もに関連して／にも関連して／??に関連しても[14]}展開するテーマ

　機能的統合性は，全体が1つの意味・機能を果たすことから，全体が1つの形態的統合を高めるということであり，意味機能から形態への作用であるが，この統合性が阻まれることがある。弱境界や強境界などを持つ形態素が資源として用いられ，機能的単位の内部に境界がある場合がそれである。「に」などの格助詞はその直後に副助詞が介在できるので，本論では直後に弱境界を持つと考える(境界の詳細は第5章で論じる)。「について」は本来「に」の直後に弱境界を持っていたはずだが，(53)-(55)に見るように，文法化が進んだ結果弱境界を喪失している。②の機能的単位の統合性の確立は，その内部に境界を含む場合，統語度の高まりによって境界が消失する変化でもあることがわかる。

　最後に，③の機能と形態の分担関係とは，機能負担の適切さの観点から，1形式に1機能が対応するように生ずる圧力として作用するもので，不適切な偏りのない分担関係が成立する方向への変化だと言うこともできる。この作用は，1つの形態に複数の機能があるとき，機能負担が過剰であれば，機能ごとに形態が分化する変化として現象するが，逆に1つの機能を担う形式が複数存在するときは，機能分担が生じるか，より有標の形式を用いず，より無標の形式に運用を集約する変化として現象するのが普通である。

　「について」は，カラやマデなどの格助詞と同じように，「の」を後接させて連体修飾を行い，それ以外の形式が連体修飾で現れることはなく，形式と機能の分担が無駄のないレベルまで完成している。しかし，「に関して」は，「品詞

に関する研究」のほかに「品詞に関しての研究」がありうるが，これらは後者がやや据わりの悪い，それほど自然ではない表現であることを除けば，意味上の明確な対立はなく，分担が成立しているわけではない。これは，形式が複数あることが冗長で，無駄のある状況である。

　グライスの言う，修正オッカムの剃刀原理（MORP）[15] は，必要のない意味が与えられることを制限するものであるが，形態に関しても同等の機能や意味がより単純な形態で実現されるとき，より単純でない形態には存在意義がなく，いずれ淘汰されるのが自然だと考えることができる。もちろん，言語変化の途上では，明確な意味的対立を持たない形式が複数共存していることは珍しくないが，それもまた，1つの形に収斂していく変化の段階で見られるものに過ぎない。逆に言えば，分担が明確に成立していないのは，それだけ機能が十分に確定して同様の他形態を駆逐するだけの段階に達していないことでもある。

　文法化によって生じた助詞相当のシンタグマを複合助詞として扱う方向性は，品詞体系が機能主義的に再編される段階のはじめの一歩でもあろう。ただ，品詞体系は，そこで扱う語（やそれに相当する単位）の認定から体系としての完成度まで，網羅的に検証されながら構築されなければならない。機能に重点を置く品詞分類はすでに大きな流れだと言ってよいだろうが，機能的な品詞体系があるべき形になるには形態面についても精密な記述が必要であり，ミクロ的記述をマクロ的に統合する際により矛盾のない体系となるようさまざまな作業が必要になる。

6　形容動詞という範疇と品詞体系

　先に見た通り，学校文法と晩年の橋本文法で形容動詞を立てていることを除けば，1.3で見た他の文法では形容動詞にあたる品詞を立てていない。形容動詞という奇妙な名前は，文語において形容の働きとラ変動詞の活用を行うことによる命名であるが，口語（＝現代日本語）にあっては適切な名称とは言えなくなっている（加藤 2003）。形容動詞という名称じたいが，なかば意味・機能，なかば形態を取り込んだものであり，意味と形態のずれの問題を象徴的に示すものでもある[16]。ただし，筆者は，意味的に名詞に近く，叙述という機能につ

いて動詞に近いと見るのであれば，形容動詞だけでなく形容詞にも共通する性質と見るべきだと考えている。

　形容詞と意味的に近いものの，形態論的には異なるカテゴリーとして「形容動詞」を立てることは，ある意味で日本語に独自の問題とも言える。日本語における形容詞は，2系列に分裂しているといった捉え方については，多くの場合，国文法における形容動詞が形容を行うという意味機能的評価を出発点にしており，形容動詞が通常の形容詞とともに中範疇としての形容詞をなすという立場である(Dixon 1977, Wetzer 1995, Backhouse 2004 など)。これは，次の表のようにまとめておくことができる。

(58)　日本語形容詞類の一般的理解

大範疇	中範疇	小　範　疇			
用　言	動詞				
	形容詞	形容詞	第一形容詞	イ形容詞	verby adjectives
		形容動詞	第二形容詞	ナ形容詞	nouny adjectives

　このような理解に基づけば，日本語の形容詞は分裂型であり，split-adjective language という類型が成立するなら，そこに日本語を含めることが可能だろう。概略，日本語を理解する場合は，これでも大きな問題はなさそうだが，細かに見ると，この種の理解にはいくつか問題があることがわかる。ここでは3点指摘しておきたい。

　1つは，意味・機能の点から，中範疇としての「形容詞」を立てるという品詞区分の原理の問題である。形容動詞を立てる文法は，おおむね形態論的基準を第一義とする品詞区分をしていながら，一部に意味的基準を適用していることになる。もちろん，すべてが形態論的基準で区分できるわけではないから，他の基準を導入することは許容されるが，そこでは恣意的適用とならないように，事前に区分の方針を決め，他の基準を導入することの妥当性を説明しておくべきだ。伝統的な区分であることや，区分が容易であることは，相応の根拠にはなるが，場当たり的な基準でないことを説明しなければならない。

　第2点目は，動詞的な形容詞(verby adjective)と名詞的な形容詞(nouny adjective)という捉え方である。これは，大まかに動詞的・名詞的という対立を立てれば，その対立軸に収まるかもしれないが，それぞれを動詞的・名詞的

と認める根拠が異なっている。狭義の形容詞を動詞的とするのは，活用があるからであるが，国文法での用言に形容動詞を含める場合は，形容動詞も活用があるとされている。ここでは，活用の認定を明確にしなければ，動詞的とする理由も理解しがたい。また，形容動詞を名詞的とする理由は，語幹が名詞と共通性が高く，名詞と形容動詞語幹が漢語を中心に重複しており，連続的であること，名詞が形容動詞の語彙的資源と見なせることなどがあると思われる。しかし，狭義の形容動詞の語幹も，自立的に用いるものについては，名詞の性質を持っていると見られるので，これは形容動詞だけの特徴とは言えない。

そして，第3の問題点は，意味的な形容現象と認められる点を根拠にすると，伝統文法で連体詞とされる「大きな」のほか，動詞や副詞や名詞などを資源とした表現の扱いに不整合が生じることである。このことは，日本語だけの問題ではなく，形態と機能の対応，また，形態の単位の認定，「語」という単位の認定という問題につながる(宮岡2002など)。

最後の問題点は，言語学的には，形態素が統語形態論的に特性が異なることから単位の設定を見直すことが必要であるが，学校文法など一般的な文法では，細かな形態素の違いに基づいて品詞を再構成するのはあまりに煩瑣であろう。加藤2003ほかでは，形容動詞を設定することについて，以下のような問題を指摘している。

(59)　「Xだ」は，1語の場合と2語の場合があり，いずれであるかは連体修飾で「な」を用いるかどうかで判断される。

「有名だ」と「無名だ」のように，母語話者の直観として形態構造が大きく異なると思われないものでも，形容動詞1語と，名詞＋助動詞の2語に分けられる。

また，「不揃い」のように連体修飾に「な」「の」のいずれも可能なケースがあり，「な」の使用にゆれが認められ，言語変化の方向性として考慮しなければならない場合もある。例えば，「大人な態度」などは，社会言語学的な記述も含めて考察する必要がある。

「有名だ」と「無名だ」の説明で「だ」を形容動詞語尾と助動詞のように全く異なるものとして扱うのは，体系との整合性を担保するという理論上の要請によるものであって，実態としては両者は非常に近い関係にある。例えば，形

容動詞を第二形容詞とするのに対して，名詞述語による形容表現を第三形容詞とすることを村木 2000, 2002 は提案している。形容詞と形容動詞，また，形容表現相当の名詞述語などのあいだに機能的な連続性を認めることは必要であり，しごく妥当な考えではあるが，他の品詞資源が形容という働きを担うという機能的な点だけを重視しすぎると，形容詞でないものまで形容詞のたぐいに位置づけることになる。さらに，品詞体系全体の整合性や一貫性を損なわないことを考慮すると，特定の観点を偏重しすぎることや，十分な根拠がないままに特定の品詞範疇を中心に品詞体系を構築することは，避けなければならない。

下に示すように，α から δ までの 4 つの範疇が連続的な関係をなしているとき，α を基準に，α を最も典型的な特性を持つ形態素群の範疇と位置づけ，その特性が弱まる尺度を想定して，範疇 β，範疇 γ，範疇 δ と配置して，序列をつくることは考えられる。しかし，δ を典型的範疇として基準と見なし，範疇 γ，範疇 β，範疇 α の順に序列を設定することも十分にありうる。α を基準にする場合，なぜそうするのか，他の範疇を基準にするよりもそのような整理がより品詞体系全体を捉える上でどこが優れているのかを述べなければならない。もちろん，同じことは δ を基準にした枠組みをつくる場合にも当てはまる。

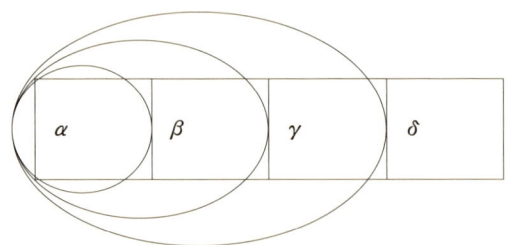

研究者が形容詞に強く関心を寄せる場合，形容詞を軸に整理するやり方を暫定的に提案することは問題ないが，品詞論の中でそれを主張するには，品詞体系全体の中でそのような理解が望ましいことが明示されなければならない。端的に言って，品詞は形容詞だけではないから，形容詞を軸に品詞を整理することには相応の根拠が必要であり，そのような品詞体系を再構築することが他の方法よりも優れていることを示さなければならない。第三形容詞のような考え方は，形容詞が構文において果たす特性を理解する上ではわかりやすいが，そ

こで名詞はどのように扱われるのか，体言という範疇としてどのような影響を受けるのかが明らかにならなければならない。

　一方で，形容動詞を廃して，その語幹を一律に「名詞」として扱うと，「*静かがいい」と言えず，「静かなのがいい」のように言わなければならない「静か」を名詞とすることに問題が生ずる。形容動詞という範疇を置かないことは，名詞や形容詞などの隣接的なカテゴリーとの関係や動詞や他の品詞などのカテゴリーとの整合性や一貫性を失わないように体系的な枠組であることが必須条件となる。

　本論では，加藤2003での方向性をさらに進め，第3節で述べた《体詞》の下位範疇を整備する形で，再構築することを提案する。(60)に掲げるのは，試案である。

(60)　体詞の下位区分

区分					説明	例
体詞	自立的	名詞類	動作名詞	A類	サ変複合動詞語幹となる(状態名詞を兼務しない)	運動・説明
				B類	動作名詞と状態名詞を兼務	満足・感心
			状態名詞	C類	連体ナ形を用いる	静か・冷静・正確・不揃い
				D類	連体ノ形を用い，連体ナ形は用いない	本当・真
				E類	連用ト形，連体トシタ形，述定トシテイル形を用いる	堂々
			普通名詞	F類	動作名詞・状態名詞に用いず，固有名詞，相対時称・数量表現でないもの	学校・家
				G類	相対時称・数量を表すもの	今日・3本
		副詞類	連用詞	H類	連用修飾で外部標示が不要	ゆっくり・しっかり
				J類	連用修飾で外部標示にトが必要	ごまん・きちん
				K類	連用修飾で外部標示にニが必要	徐々・やにわ
	非自立的	副語基類		L類	連体ナ形のみ	小さ・大き
				M類	連体タル形のみ	確・最
				N類	連体修飾のみ(L類，M類以外)	いわゆる
				P類	連用ニ形＋連体タル形	主
				Q類	連用ニ形＋連体ナル形	単・如何(いか)・大い・更

連体修飾に「な」が現れるかどうか[17]は，明確な基準にならないところがあるが，逆に，これを名詞と形容動詞（の語幹）の連続性と捉える論拠とする考えもありうる。また，借用語では「の」と「な」で意味の対立が生じることもある。連体ナ形ではgradableに，連体ノ形ではungradableに傾くことが多いが，これも絶対的なものではない。また，ナの生産性には典型的属性の引き出しやすさという世界知識が関与する。

(61)　その計測値は<u>正確だ</u>。
(62)　彼女の言うことは<u>本当だ</u>。
(63)　この食器は<u>不揃いだ</u>。
(64)　不揃い{の／な}食器
(65)　ラージ{の／な}サイズ
(66)　ブルー{*の／な}表情
(67)　メタル{の／な}素材
(68)　ブルー{の／*な}ビニールシート
(69)　兄貴なキャラ・アニメなキャラ・田舎なところ・都会な雰囲気・ゆるゆるの恰好

　述定形では(61)-(63)のように形容動詞語幹か名詞かが見分けられない。意味的には，いずれもある種の形容と見られる。上掲の《体詞》試案では，「正確」も「本当」も「不揃い」もいずれも状態名詞であり，「正確」は連体ナ形で用いるのでC類，「本当」は連体ナ形で用いず，連体ノ形で用いるのでD類となる。「不揃い」は(64)に見るように，連体ナ形でも連体ノ形でもよいが，これは連体ナ形が可能であることからC類とする。さらに下位分類が必要であれば，連体ナ形のみをC_1類，いずれも可能なものをC_2類のようにしてもいいだろう。「ブルー」や「メタル」のように意味の分担がある場合は，C/D類のようにして，両方の形式があることを示してもよい。

　重要なのは，全体に関わる原則をまず組み込んで区分や体系を構築する設計である。

　語彙全体を対象に区分や記述を進めていく場合，変化の速度がずれていて古形が残存していることもある。ジリエロンの言うように「語にはそれぞれの歴史がある」ものであり，形態の変化は全体に対して一律に生じるとは限らず，

意味的分担や対立などによって変化を免れたり，独自の変化を生じたりすることもある。体系全体に関わる変化の中で，斉一性から漏れ，体系的均質性から外れた，このような例は，変化の中核にあるのではなく，いわば周縁的なものである。

　これについては，いろいろな考え方ができる。まず1つは，周縁的といえども，1個の変化事例として記述しておくべきだという考えと，それに対して，周縁的事例は重要度の上で中核的事例とは違いがあるので，同じように扱うべきでないという考えの対立である。これは一見対立しているようであるが，事例は記述しておき，扱いはその重要度を考慮して変えればよいので，実質的な対立と見なす必要はない。ただし，周縁的な例を説明するために中核的なカテゴリーを不安定なものにしたり，別の例外や規則背馳を生じたりするのは好ましくない。

　前掲の体詞の下位区分案は，従前の用言に相当する《用詞》と《体詞》が組み合わさって《概念詞》をなし，《概念詞》が《機能辞》と対をなす品詞体系の中に位置づけられる。これらのカテゴリー名は暫定的なもので，よりわかりやすい名称があれば，それらに置き換えることには全く問題がない。体系としての実質と有効性があれば，名称は便宜的なものに過ぎないからだが，《詞》と《辞》は従来の国文法における対比を継承しており，大きな違いは《体詞》という範疇を設けている点だけである。

(70)　品詞体系の大区分(試案)

詞	用詞	動詞類・形容詞類
	体詞	名詞類・副詞類／副語基類
辞	助動辞	(従前の助動詞に相当)
	助辞	(従前の助詞に相当)

　この品詞体系は，これまでの品詞カテゴリーで言う「感動詞」などは含んでいない。語彙化が進んでいないものは，品詞に含めるべきではないという基準を立てて，それに従った結果であるが，語彙化の度合いはそれほど単純ではなく，詳細に検討する必要がある。その検討結果によっては，いずれかのカテゴリーに含めるか，あるいは，一部を上のカテゴリーの中に新たな下位範疇として加えることは考えられるが，詳論は別の機会に譲る。

また，これまでのカテゴリーのうち「接続詞」も独立した形では含んでいないが，「接続詞」については細かに論じる必要がある。その多くは《体詞》に含めることになる。例えば，「また」は，伝統的な品詞区分では接続詞とすることがあるが，副詞とも見ることが可能であり，「またの日」「まただ」のように用いる点は，連用詞としてH類であるほかに，D類のような形態特性があることからHdのように表してもいいだろう。「だから」は，「だ」と「から」の複合からなるが，これを接続詞とするときは，品詞カテゴリーとしては連用詞H類で十分であり，支配域や機能の面で従来の副詞と区分する必要があるのなら，H類の中で区分することが考えられる。

　なお，《用詞》は，動詞と狭義の形容詞のみを含み，(70)では第二形容詞あるいは形容動詞などを独立した範疇としては立てないことはすでに述べた通りである。用言としては，多くの場合，形容詞と動詞は同じように扱われることが多いが，本論では，動詞のほうが形容詞よりも，動詞の中では母音語幹動詞よりも子音語幹動詞のほうが，《用詞》としての性質が強いと考える。

　先に1.1で見たように，Croft 2003[2]は，指示と陳述に限定を加えて3つの大きなカテゴリーを立て，これをそれぞれ名詞と動詞と形容詞に対応させている（八亀2008なども参照）。(70)では，形容詞を《用詞》の下位範疇としているが，動詞と同じように活用形態を発達させているわけではない。例えば，「赤かった」は「赤くありたり」の縮約と変化によるものであり，「赤ければ」も「赤くあれば」の縮約である。多くの場合に，「ある」という動詞の助けを借りなければ，形容詞は過去形も仮定形もつくれない。また，以下に見るように，副助詞の介在によって現れる軽動詞は，動詞だけが「する」であり，それ以外は「ある」であることからも，形容詞が形態論的に必ずしも動詞タイプでないことがわかる。

　　(71)　　食べもする／赤くもある／静かでもある／学生でもある

　このことは形容詞の形態論的特性として第9章で議論するが，いずれにせよ，形容詞は《用詞》に含めても，属性叙述文をなすのが無標であり，その点でも名詞との共通性が強い。

7　日本語品詞論における機能と形態の位置づけ方

先に述べたように，Hengeveld *et al.* 2004 は，語順と品詞性を類型論的関心から検討して，品詞体系（Parts-of-speech System：Pos）が flexible/differentiated/rigid なタイプを想定している。日本語は，4 つの要素が指定される言語として differentiated なタイプに分類されている。

この分類の基本的な方向性は，名詞と動詞を両極に，それを主要部とする補部の組み合わせを連体修飾の形容詞と連用修飾の副詞を典型に見る，機能中心の分類法と見てよい。

(72)　Hengeveld *et al.* 2004 による品詞体系の類型

Part-of-speech System		Head of predicate phrase	Head of referential phrase	Modifier of referential phrase	Modifier of predicate phrase
Flexible	1	contentive			
	2	verb	non-verb		
	3	verb	noun	modifier	
Differentiated	4	verb	noun	adjective	manner adverb
Rigid	5	verb	noun	adjective	—
	6	verb	noun	—	—
	7	verb	—	—	—

類型論的な整理では，その言語の典型的な特性をデータとして考えるので，文を構成する要素としては明確に 4 つが区分でき，多くの場合，構成要素だけで品詞カテゴリーがわかることが多い日本語はちょうど中間的な位置づけでよいのかもしれない。

一方，國廣 1967，1970 や杉浦 1976 のように名詞を基軸とする見方もありうる。なお，國廣 1967：237f., 1970：181f. では，品詞を意味的な観点から(73)のように考えている。

本論は，言語の品詞体系に強い傾向があることを支持するものではあるが，厳格な普遍性だとは考えていない。冒頭で触れた Bybee 2006 は，「すべての言語が名詞と動詞を持つ」としているが，これが名詞というカテゴリーと動詞というカテゴリーがどの言語にも厳然と存在するという意味ならば，無条件に同意することはできない。名詞は確かに指示の機能を持ち，指示対象を示すの

(73)　國廣 1967，1970 による品詞カテゴリーの序列

類	referent		品　　詞			
1	独立的	特定的	固有名詞	客観的⇔主観的	弱⇔強「意味」の変容の度合	弱⇔強文脈依存度
2		普遍的	同定名詞			
3			特徴名詞			
4	付随的		形容詞・動詞・副詞			
			抽象名詞			
5	∅		冠詞・代名詞・前置詞・接続詞			
6			間投詞			

がその本質的機能であるが，述部の一部になったり，述部そのものの中核になったりするなど，述定の機能を持つことが本来の機能と矛盾するわけではない。また，動詞は行為や状態などを表して述定に用いるのがその本質的な役割であるが，抽象的な概念として指示に用いることは可能であり，やはり述定の機能を持つことと指示の機能を果たすことに矛盾があるわけではない。

「負けるが勝ち」で「負ける」が「負ける(こと)」を抽象的な概念として指示し，「勝ち」という名詞が「勝ちだ」という述定性を持っているのなら，動詞が述定を担う専用の要素で名詞が指示を担う専用の要素だとは言えない[18]。上の原則が，「本来的に動詞として用いる形式の品詞カテゴリー」や「無標の用法が名詞である形式の品詞カテゴリー」ということであれば，むろん，問題はない。しかし，その場合には，どのように対立が見られ，対立を利用しているか，どのような連続性があり，連続性をどのように不連続化するシステムがあるかを解明することが，一般言語学的には必要である。「無標の動詞というカテゴリー」と「無標の名詞というカテゴリー」が，2つの極として言語に存在しやすいと言えそうだ。國廣 1967，1970 はその一方の極である名詞により強い普遍性を見いだしている。

日本語の動詞は，形態論的な特性から母音語幹動詞と子音語幹動詞に分けられ，両者のあいだに活用や承接の差異が見られることは疑いがなく，これが膠着語である日本語の重要な類型的特性を形成していることは明らかである(本書第 5 章，加藤 2007)。しかし，日本語は名詞を動詞や形容詞に転用する形態論的なシステムを発達させており，現在の動詞と形容詞をカテゴリーとして放棄

したと仮定しても言語の用をなすと見ることは可能である。その点をとれば，名詞優位の言語の性質を潜在的に持っていると言うこともできる。現に，借用語は原則として日本語では名詞として語彙体系に取り込むという強固な原理を持っている。

　本章は，私たちが慣れ親しんでいる日本語の品詞体系と品詞分類の考え方にも，西欧文法の品詞論などを先入主としてつくられている部分があるという認識をもとに，今後精密な再検討が必要であることをいくつかの事象を取り上げて述べたものである。

　用途や目的によって品詞体系が異なるように，便宜的な面があることは重大な問題ではない。形容現象だけを深く理解するのであれば，形容詞を何種類かに分ける方法も意義を持つ。本章では，日本語を言語として理解する上で有効な，言語本質論としての品詞体系を探っているが，それが分析の枠組みとしても利用可能であれば，より「使える」品詞区分となるだろう。この点については，次章以降で取り上げる，いくつかのテーマと観点からの議論を踏まえて，再度論じることとしたい。

・本章は，加藤 2008e に加筆修正を行ったものである。
1) もっとも，この枠組みでは，名詞・冠詞・代名詞・分詞・前置詞・副詞は「思考の対象」(les objets des pensées)を表すたぐいの語であり，動詞・接続詞・間投詞が「思考の様式」(la manière des pensées)を表すたぐいの語と二分されている(Lancelot et Arnauld 1966：94)から，名詞と動詞の二極を想定する現代的な視点に通ずるものがあると言うこともできるだろう。
2) 先の二分法では，西欧語においては①②が統語的な接続詞，③を語彙的な接続詞としているが，これは，日本語との対照のための便宜的な分類である。もっと細かに分類すべき可能性は排除されない。
3) もちろん，西欧語をはじめとする諸外国語の習得や文法教授において，接続語を導入しやすくするといった便宜上の目的は考えられる。しかし，それは記述文法ではなく，教育文法や学校文法という枠組みの中でしか有効なものに過ぎない。
4) 関連性理論では，談話標識の基本機能を「手続き的解釈」とすることがあるが，英語などで談話標識とされるものは接続詞や接続副詞，間投詞が中心である。近年，日本語の「のだ」や「よ」「ね」など助動詞や助詞に手続き的解釈を設定する研究が見られ，この点は，接続助詞にも拡張されることが期待される。
5) 連体詞を最初に導入したと考えられる松下大三郎は，「副体詞」と呼んでいるが，日本語にはもともと連体詞はないこと，欧語の Adjective に相当することなどを述べてい

る(松下1930a：204-208)。城田1998は連体詞を立てず，連用修飾など他の活用形式などを欠いたものとして分類している。
6) あいだに他の要素が挿入されて介在する「その，田中先生が紹介してくださった，大学院生」のような例はあるが，この種のものは「その」の前に挿入部分を置くことが可能で，修飾関係の認定には特に問題がない。
7) 「堂々」など「堂々な態度」とは用いずに，「堂々たる態度」とすることから，『新明解国語辞典』(三省堂)など，形容動詞の活用としてダ・ナ型以外に「堂々と」「堂々たる」と活用するタルト型を設けているものもある。「堂々としている」を終止形とするか，連用形にスルのテイル形がついたと見るかは，考えの分かれるところだろう。
8) 《体詞》は，「体言」の意ではなく，体言を中心的要素として含む，体言的なものの大範疇の意である。対応させて動詞と形容詞は《用詞》と呼んでもよいが，形容動詞は含めないものの，これは用言とほぼ同じ概念となる。加藤2003では，《体詞》にあたるものを「実詞」と呼んでいるが，これは中国語学などに確立された用語法があり，「虚詞」との対立概念として紛らわしいので，この概念を表す用語としては妥当でない。よって，本論では《体詞》と称している。
9) なお，Palmer 2001^2 が言うように，moodは形態論的なシステムと規定されうる文法範疇であって，日本語ではmodalityと呼ぶべき意味機能的要素になっているので，近年「ムードの助動詞」という，一般言語学的に見て適切でない名称は使われなくなりつつある。
10) もちろん，「なり」に係助詞「こそ」を挿入すると「にこそあれ」になるなど，「に＋あり＝なり」という理解を放棄することは妥当でないが，解釈文法では整合性を大きく崩さない限り，簡略化することはやむを得ないだろう。
11) マス形が可能であることは，動詞の性質を残す特質として，塚本1991がつとに指摘している。
12) 本論では「係助詞」「とりたて詞」というカテゴリを立てず，「副助詞」として一括する(加藤2006a)。
13) 「にだけ関して」は不自然であるが，「このテーマにだけ関しては誰もかなわないというような専門家」といった，「にだけ関しては」という用例は見つかり，明らかに不適格ともしにくい。
14) 「に関連しても」は，「品詞論にも関連して展開する」の下線部と同じ意味では成立しにくいと考えられるが，譲歩的解釈であれば成立する余地はあるだろう。
15) MORP (Modified Ockham's Razor Principle)は，Senses are not to be multiplied beyond necessity.と表される原理である(Grice 1989：47)。
16) なお，松下1930aでは，いわゆる用言を「動詞」とし，「動作動詞」と「形容動詞」に分けているが，前者はいわゆる動詞，後者はいわゆる形容詞(文語ではシで終わり，口語ではイで終わるもの)を指し，ここで言ういわゆる形容動詞は，松下1930aでは「動作動詞」のうち「静止性」のものとなる。
17) 連体ナ形が可能な場合は「的だ」をつけて形容動詞をつくりにくい。例えば，規範的には「官僚な考え」は不適格だが，「官僚的な考え」は適格である。もちろん，語種な

ど別の要因で「的」がつかないことがあるので，「的」の後接と「な」による連体修飾は裏表の関係になっていないが，「健康」「確実」「平和」など一部の語彙を除けば，ある程度相補的な分布が見られる。
18) 伝統的な国文法では，「負ける」は連体形で名詞相当成分と見る。「勝ち」は動詞の連用形を名詞に転用した転成名詞であり，助動詞「だ」を補いうると見る。従って，厳密には，「負ける」を純然たる動詞と見ない考えもありうる。また，「勝ち」を名詞が述定を担っているとしない考えもありうる。

第2章　日本語における昇格と降格

　日本語は，後置詞タイプの格標示言語である。後置詞のうち，国語学で旧来格助詞と呼び習わしてきたものをここでは狭義の後置詞とし，その狭義の後置詞による格シフトの変更を観察する。そこで，格の昇格と降格について詳細に議論を行うことによって，昇格と降格について言語学的に検討したい。

1　日本語における後置詞

　後置詞(postposition)は，一般言語学的には，側置詞(adposition)の一種で格接辞(case affix)などとともに，専ら格標示を行うものと考えられている。側置詞には，英語などに見られる前置詞(preposition)のほかに，統語形態論上の主要部(たいていは名詞)の内部に入り込む中置詞(inposition)と前後を取り囲む周置詞(circumposition)が理論上は想定できるが，これらはあまり知られていないだけでなく，中置詞の場合は接辞に近く語構成上は接中辞(infix)と見るべきことも検討しなければならない[1]。
　英語を例にとると，because of や in spite of などは群前置詞(group preposition)の扱いを受けることが多いが，これらを「格」の機能を持つと見なすべきかは検討を要する。問題は，前置や後置という統語形態論的な位置に由来する区分と格標示という機能に基づく区分が，実は，形態のレベルで見ても，大まかにしか整合していないということである。英語の場合，普通名詞の形態論として格という文法範疇は，消滅に近いくらい衰退しているが，属格や代名詞の曲用など名詞そのものの形態論的な格標示が残存していると考えても，そこには少なくとも以下のような形態階層がある。

（1）　名詞曲用　＜　前置詞　＜　群前置詞

　このうち，名詞の曲用は，第1章で見た「統語関係標示を語の内部で行う」タイプであり，前置詞や群前置詞は外部で統語関係標示を行うタイプである。英語の名詞曲用は，主格，属格(生格)，与格，対格が代名詞を中心に残っており，理論的研究における狭義の格は，これらに限定されることもある。しかし，前置詞の中には他言語では格と見なされる意味機能に相当するものもあり，形態格の数が多い言語[2]の場合，英語では群前置詞で対応する意味を表すしかないこともある。意味格と形態格の対応関係は，言語ごとに事情が異なり，通言語学的な整理も複雑さと精密さを犠牲にして一般化せざるを得ないことがある。また，前置詞と群前置詞のあいだも連続的であり，単一の形態素からなるわけではなく，文法化の途上にあって中間的な位置づけをすべきものがある。英語でも during や notwithstanding や sofaras などは機能的単位としての統合性の認定に表記も関わっていることを考えなければならない。文法化の度合いや分布は言語ごとに異なるため，言語普遍的な基準を設けることは，形態格ではもちろん，意味格など抽象的なものに限定しても難しい。

　例えば，日本語の「故に(ゆえ)」は英語の because of に意味の点では近い。《原因・理由》という意味格を立てれば，それに該当するだろう。しかし，日本語の文法記述では，そもそも「故」という(形式)名詞に格助詞「に」がついたものが「故に」であって，これを複合助詞とする場合でも「故に」は(複合)接続助詞に分類するのが一般的で，格助詞とはされない。形式上「格助詞」を定めることはできても，《格》の認定については，単純で普遍的，かつ，十分な了解がないのである。しかも「故に」は連体修飾で「故の」と用いることもあり，第1章で統語関係の標示が外部にあるとした体詞に「故」を含めるのが妥当かもしれない。

　　（2）　彼が不注意であった故に，私はひどい目にあった。
　　（3）　彼の不注意故に，私はひどい目にあった。
　　（4）　彼の不注意から，私はひどい目にあった。

　また，名詞句に後接することを格助詞の基準とすれば，(2)のように用いられている「故に」は節に後接しているので格助詞ではなく，(3)で「彼の不注意故に」と用いる場合は(4)の「から」と「故に」が交替可能であり，「故に」

を格助詞と見てよいか[3]など，文法化の問題とは別に，あらかじめ整理しておくべきことが多い。なお，本論で言う後置詞は，狭義には加藤2006aで基本格助詞と呼ぶもののみを指し，広義には複合格助詞も含む。加藤2006aでは以下のような表を掲げている[4]。

助詞種別	説　　明	基本助詞	複合助詞
格助詞	名詞もしくは名詞＋格助詞につき，句の統語関係を示す	が・を・に・へ・で・と・から・まで・より・の	と一緒に・までに・について…
副助詞	主題など情報の位置づけ，量の多寡や程度など話し手の評価を示す	すら・さえ・だけ・しか・まで・から・も・は・∅・や…	とか・って・とは…
終助詞	文末もしくは文節末に現れて発話に関わる標示を行う	ね・よ・さ・な・か…	よね・かな・かね…
接続助詞	従属節について，直後の節との接続を行い，両者の関係を標示する	が・と・ば・たら・し…	けれども・のだったらば…
準体助詞	語句や節について，後接した要素を名詞化する	の	

　複合助詞は上に掲げたものだけではなく，ほかにも多くあるが，文法化の度合いは一定でなく，機能的統合度や語彙性の後退など考慮すべき基準を決めて分類する必要がある（第1章5節参照）。本論では，主に基本格助詞について昇格・降格を検討するので，複合格助詞に何を含めるかは議論しない。複合格助詞を以下では1つのカテゴリーとして扱うが，複合格助詞の中である種の小階層がある可能性は排除できないので，この点については機会を改めて検討したい。

2　格助詞の階層と格の昇降

　格助詞に一定の階層があることはすでに知られているが，本論では，以下のように格助詞の階層を設定しておく。なお，ここでの格助詞は，連用関係を形成するものに限定する。

2.1　格階層区分案

　本論では，以下の区分を出発点とし，それを階層と見て，暫定的に以下のよ

うな階層区分を提案する。暫定的とは，必要に応じて，今後修正する可能性を排除しないことの謂である。

（5）　格助詞階層区分

非斜格	斜　　　格		
基幹格	第一斜格	第二斜格	第三斜格
が	を・に	で・と・から・まで・より	と一緒に・までに・について…
基本格助詞			複合格助詞

　ここは，格助詞「が」のみを斜格でないものと扱う。ガ格については，別途第 8 章で議論するので重複を避けて要点のみを記したい。本論では「が」を基幹格というカテゴリーに入れ，「非斜格」として他の斜格格助詞と区別する。「基幹格」には，「が」以外に，連体修飾節でガ／ノ交替を見る「の」も一定の限定条件のもとで含められる。また，九州方言など主節で「の」をガ格と同じように使う方言では，「の」も基幹格に含まれる。

　ガ格を「正格」でなく，「非斜格」とするのは，三上 1955 などに見るように，ガ格を主格というような特別の格と位置づけるのではなく，最も《斜格性》の低い，least oblique な格と捉えるからであるが，基幹格の特異性も考慮して以下では「非斜格」とする。

　「を」と「に」は，斜格のなかでも筆頭の斜格という意味で，《第一斜格》とここでは呼ぶ。これは，「与える」「贈る」などの複他動詞(三項動詞)では，「X が Y を Z に〜する」のように，ニ格までが現れ，ここまでを動詞の結合度の高い必須格となることを重視するからである。「に」の用法の一部は，第一斜格よりも次の第二斜格に含めるべきものが見られるが，とりあえず，ここでは形態格を分断せずに，（5）に示したように分類しておく。なお，「に」と置き換え可能な「へ」も第一斜格に含めてもよいが，本論では扱わない。「を」と「に」を除く基本格助詞は《第二斜格》とし，残りの複合格助詞を《第三斜格》とする。

2.2　昇格と降格の定義

　日本語では，構文によって格シフトの変更が見られるが，それを格助詞に限ってみると，格助詞の交替や変更が，昇格(promotion)や降格(demotion)

と見えるものがある。以下では，格シフトの変更や格標示の変転を観察するため，極力，副助詞の「は」[5]を用いない例文を使う。また，適格性や受容度の判断には，「は」を使うべきところで「が」や「を」を使っていることを含めないことにする。

（6）　太郎が英語を話す。
（7）　太郎が英語を話せる。
（8）　太郎が英語が話せる。
（9）　太郎に英語が話せる（ものか）。

通常の他動詞文（6）の述部他動詞を可能動詞に変えたのが（7）-（9）である。（7）では，格助詞はそのまま残存し，格シフトは変わっていない。（8）は，第一斜格の「を」を非斜格の「が」に置き換える昇格が見られるが，「太郎が」の「が」が残存し，ガ格名詞句が項として2つ存在している。（9）は「太郎が」の「が」が「に」に降格しており，降格と昇格が同時に生じて，当初の格シフトから見るとかなり変わっている。

このような格助詞の変転は，日本語の多くの構文で見られる。ここでは，昇格と降格を以下のように定義しておくことにする。

（10）　昇格とは，構文特性の変更に伴い，斜格が非斜格に転じることを指す。
（11）　降格とは，構文特性の変更に伴い，非斜格が斜格に転じることを指す。

この定義に従えば，二重ヲ格制約のために「を」を「に」に変えることは第一斜格の内部での変更であるから，降格ではない。

（12）　太郎が歩く。
（13）　花子が，太郎を歩かせる。
（14）　花子が，太郎に歩かせる。
（15）　太郎が公園を歩く。
（16）　*花子が，太郎を公園を歩かせる。
（17）　花子が，太郎に公園を歩かせる。

もちろん，（12）の「太郎が」の「が」が，（13）のように「を」に，あるいは，（14）のように「に」に転じるのはいずれも降格である。（15）を（17）にする際に

「が」が「に」になるのも降格である。しかし，(13)と(14)を入れ替えても降格にはならない。また，(15)が(16)にできないのは，二重ヲ格制約[6]によるものであって，降格がブロックされる現象ではない。また，構文的なものではない格助詞の変転も昇格や降格とはしない。

(18)　私は，そのことについて，両親に相談した。
(19)　私は，そのことについて，両親と相談した。
(20)　太郎は，よそ見をしていて，通行人にぶつかった。
(21)　太郎は，よそ見をしていて，通行人とぶつかった。

これらはそれぞれ格助詞の変転が見られるペアであるが，いずれも格助詞の違い以外に異なる点はなく構文的な性質の変更も見られない。これらは「相談する」「ぶつかる」という動詞が「に」とも「と」とも共起できることによるものであり，「と」を用いると相互性が解釈に生じ，「に」を用いると一方向性が解釈に生じるという，意味的な対立がある。これらも，昇格や降格とは捉えない。ほかに，「ゲームソフトが欲しい」を「ゲームソフトを欲しい」にする場合も，構文特性の変更がないので降格とはしない[7]。

3　昇格と降格を生じさせる構文特性

日本語のどのような構文で昇格や降格が見られるのだろうか。先に(7)-(9)で見たのは，述部に可能の意味が加わったものであった。これらは，《状態性》という構文特性を顕在化させることで昇格や降格が生じたと説明できる。以下では順にどういう構文特性が昇格・降格と関わるかを見ておきたい。

3.1　属性叙述の構文

構文の述部に《状態性》を付与するタイプの文，あるいは，その文をつくる助動詞類を順に見ていく。叙述の種類としては，属性叙述の表現をつくっていると言える。

3.1.1　希望文
構文が状態性を与えられるケースとして，まず希望を表す文を取り上げる。

この場合,「を」が「が」に昇格できるが,降格は見られない。(25)のように,能動文における動作主の「が」を降格させると,不適格になる。降格だけが生じた(26)も不適格である。このことから,希望文において,昇格は任意,降格は不可と見ることができる。

(22) 太郎が水を飲む。
(23) 太郎が水を飲みたい。【残留】
(24) 太郎が水が飲みたい。【昇格】
(25) *太郎に水が飲みたい。【降格＋昇格】
(26) *太郎に水を飲みたい。【降格】

格シフトが基本文(22)と同じ(23)は,他動詞と目的語の関係が残存し,格シフトも保存されている。属性叙述という構文特性が昇格を起こす力として作用すると(24)のように昇格が起こり,他動詞・目的語の動詞句内部の意味関係が属性叙述よりも強ければ残存すると言えるだろう。このように意味的には2つの拮抗する作用が見られるが,助詞の選択には種々の要因が関わるため,これらの作用の拮抗だけでは表層の助詞は確定しない。

3.1.2 難易文

難易文とは,動詞に容易であることを表す「やすい」,困難であることを表す「にくい」「づらい」などの形容詞が複合することで,述部が動作・行為の難易を表す属性叙述構文となっているものである。

(27) 本を読む。
(28) 本が読みにくい。【昇格】
(29) #本を読みにくい。【残留】
(30) 太郎がその小説を読む。
(31) #太郎がその小説が読みやすい。【昇格】
(32) 太郎にその小説が読みやすい(だろうか)。【降格＋昇格】
(33) *太郎にその小説を読みやすい。【降格】

難易文も,希望文と同様に昇格させても残存させても文は成立する。上に見るように,単独では自然さにぶれがあるが,(28)(29)はともに文法的には成立すると見てよい。(29)はこのままでは据わりが悪く自然でないが,「本を読み

にくい環境」のようにするとやや受容度が上がる。ただ，(28)は(29)より明らかに自然であり，属性叙述の強さが昇格を起こす力として強く作用していると考えられる。(28)は「本」という事物について「読みにくい」という属性を述べており，形容詞文に近いような構造と考えれば，非斜格標示は自然なことである。「〈本が〉〈読みにくい〉」という主述構造になっている(28)に対して，「本を読む」という動詞句の構造を残存させて，それを難易表現化したのが(29)である。

次に，(30)を難易文に変えてみると，昇格だけでも成立するが，ガ格が連続しており，やや自然さに欠ける。ガ格はヲ格とは異なり，多重に存在する構造が許されるが，構造的に可能であっても受容度は他の要因の影響を受けると考えられる。ここは，昇格以外の要因ができるだけ関与しないように判断しており，(31)は「太郎はその小説が」とするのが自然ではあるが，「太郎が」でも構造上は適格文である。これは，「太郎がその小説が読みやすいなら，同じような小説をどんどん読めばいい」のように従属節に収めてしまえば，受容度が高まることからも確認できる。(32)のように，降格と昇格を同時に行った場合も成立するが，平叙文のままでは据わりが悪い。また，(33)のように降格だけでは不適格となる。この点は，次に取り上げる可能文の性質に近い。

3.1.3 可能文

可能や能力所有の述語も状態性の解釈が可能である。なお，ここでは可能や能力所有を表す述語を持つ文を，便宜的に「可能文」と呼ぶが，可能文は，助動詞「れる」「られる」を付すことでも，子音語幹動詞のみに見られる可能動詞形(語幹に -eru を付す)を用いることでも，つくれる。

(34) 次郎がラテン語を教える。
(35) 次郎がラテン語を教えられる。【残留】
(36) 次郎がラテン語が教えられる。【昇格】
(37) 次郎にラテン語が教えられる(ものか)。【降格と昇格】
(38) ?次郎にラテン語を教えられる(ものか)。【降格】

可能文では，(36)のように昇格が可能だ。(36)は「次郎は」のように一方を主題化してガ格が連続しないようにすれば，より受容度は高くなるが，(35)

(36)ともに適格と見てよいだろう。(38)のように昇格がなく，降格だけでは自然ではない[8]。しかし，日常的なやりとりの中では，「次郎にラテン語を教えられるわけないよ」は自然ではないものの，完全な非文と見なすことはできない。降格だけの文は全体として自然でないが，文脈的な操作によって受容度が上がることはあり，構造的には許容されると考える。

昇格の場合，「ラテン語」についての属性叙述文となり，(34)における動作主体「次郎」を表示しない「ラテン語が教えられる」のほうが受容度が高い。昇格と降格を同時に生じた(37)も，単純な平叙文では据わりが悪く，「次郎には」のように焦点化するか，形式上疑問文にして疑問や疑いや反語の意にするか，「次郎にラテン語が教えられることは周知の事実だ」のように従属節化しなければ自然ではない。

自動詞の場合は，可能や能力所有の述語でも昇格も降格も見られないと予想される。確かに降格だけの(40)は自然だと言えない。しかし，花子に笑う演技を要求しているようなケースで「こんな場面で，(演技の下手な)花子にうまく笑えるものか」という意味なら成立する。つまり，降格だけでも構造的には成立するのであって，降格だけの文が用いられる語用論的な条件が厳しいとやはり考えるべきである。

(39) 花子が笑う。

(40) ?花子に笑える(ものか)。【降格】

理屈としては，自動詞文では目的語になる名詞のヲ格標示が存在せず，昇格はできないから，昇格が生じ得ないのは当然のことである。しかし，場所格のヲ格名詞句がある場合は昇格が可能であり，第二斜格も非斜格に昇格できると考えられる。

(41) 葉子が20 kmのマラソンコースを走る。

(42) 葉子に20 kmのマラソンコースが走れる(ものか)。【降格と昇格】

(43) 太郎がこのゲームで遊ぶ。

(44) 太郎にこのゲームが遊べる(ものか)。【降格と昇格】

(45) 次郎があの大学に通う。

(46) ?次郎にあの大学が通える(ものか)。【降格と昇格】

(41)は，経路の場所格(第7章参照)の対格であるが，(42)のように昇格は可

能である。(44)は第二斜格のデ格からの昇格，(46)は第一斜格の与格からの昇格であるが，これらはそれほど自然とは言えないものの，「このゲームは内容が複雑で小さい子どもではうまく操作したり進行したりできないと思われる。まだ小学校に上がる前の太郎に，このゲームが遊べるわけがない」という主旨であれば(44)も成立する余地があるだろうし，「近所にある予備校にすら億劫がって通わなくなる次郎に，乗り継ぎが多くて遠く，授業時間も長くて厳しい，あの大学が通学可能とは思えない」という主旨であれば(46)も成立するだろう。これらも，先の定義に従って昇格と認めてよいが，この種のものは多くない[9]。

3.1.4 「てある」文と「ている」文

　状態性は「てある」を使った文でも得られる。「他動詞＋てある」では，対格標示の目的語を属性叙述を行う主語に昇格させることが可能であり，格助詞の変更を伴わない残留でも成立する。しかし，降格は一切できない。

　　(47)　　太郎がスペアインクを買う。
　　(48)　　太郎がスペアインクを買ってある。【残留】
　　(49)　　太郎がスペアインクが買ってある。【昇格のみ】
　　(50)　　スペアインクが買ってある。【昇格】
　　(51)　　スペアインクを買ってある。【残留】
　　(52)　　*太郎にスペアインクが買ってある。【降格＋昇格】

「てある」文は，動作が実現した結果の事物や状態の残存と考えれば，ある事物の存在状態を述べる属性叙述と見なすことが可能であり，当該の事物について昇格が起こるのは自然だと言える。「太郎がスペアインクが」と主格が多重に生じる(49)は自然ではないが，「太郎はスペアインクが」のようにすれば自然であり，「太郎は」の意味上の格は非斜格と考えられることから，構造的には昇格のみでもよいと言える。

　一方，(52)に見るように降格は一切許容されない。「太郎が」を「太郎に」に降格させて，昇格のない「太郎にスペアインクを買ってある」も非文である[10]。

　さて，「寝る」のような自動詞の場合は，目的語がないので昇格は起こらない。「勉強する」も目的語を伴わずに用いれば昇格は起こらない。もちろん，

この場合でも主格を与格に降格させることはできない。
　(53)　　試験に備えて太郎は十分に{寝てあった／勉強してあった}。
　本来は，適格文と見なさないが，「ている」がつくことで，他動詞の目的語を対格から非斜格へ昇格させた言い方が近年観察されている。(56)のような表現である。
　(54)　　あの店では，いちごを売る。
　(55)　　あの店では，いちごを売っている。【残留】
　(56)　#あの店では，いちごが売っている。【昇格】
　(57)　　あの店では，生産者がいちごを売る。
　(58)　　あの店では，生産者がいちごを売っている。【残留】
　(59)　*あの店では，生産者がいちごが売っている。【昇格】
　(60)　*あの店では，生産者にいちごが売っている。【降格＋昇格】
　(56)は「いちごが販売中だ」の意味で，いちごの属性や状態を表していると解釈すれば属性叙述文になり，昇格させる作用と認められる。一方で，降格は「てある文」と同様に一切許容されない。また，動作主体が主格のまま存在する(59)のように，「いちごが」への昇格は許されない。動作主体が名詞項として存在しなければ昇格の条件は整っていると言えそうだが，(56)を適格文とするかどうか[11]は，社会言語学的な調査が十分になされなければ，文法的に成立するとは言いにくい。ただし，「てある」文と「ている」文では，昇格について同じ特性が見られるとは言えるだろう。前者が，構造的に昇格が確立された現象であるのに対して，属性叙述を行うという共通点はあるものの，後者はいまだ変化の途上であり，昇格が確立されたとは言えず，受容度も低いと記述することになる。

3.1.5　属性叙述構文における昇格と降格のまとめ

　ここまでの観察を表にまとめておく。可能文と難易文は，降格に一定の制約があるが，降格と昇格が可能であり，可能文は降格のみも一定の制約下で可能である。昇格のみは，変化が未完成の「ている文」を含め，いずれの場合も許容されており，属性を有する事物を非斜格で標示することで，主題化に近い操作とも考えられる。

(61) 属性叙述における昇格と降格

	希望文	難易文	可能文	てある文	ている文
残留	○	△	○	○	○
昇格	○	○	○	○	△
昇格＋降格	×	○	△	×	×
降格	×	×	△	×	×

3.2 ボイスの転換

ここまで見た希望文・可能文・「てある」文(「ている」文の一部も含む)は、全体的に、昇格・降格などの格助詞の変更がない残留でも成立し、「一定の条件下で、昇格や降格を許可する」という任意のものである。しかし、以下に見る、態に関わる構文変化など、昇格・降格が義務的な場合もある。

3.2.1 受動構文

受動化は必ず降格と昇格を伴う。この場合、残留は許されない。ここで受動化と言うのは、動詞の語幹に -rareru という受動辞を後接することで行うものを指す。-rareru を後接する際には、(62)の形態音韻的規則が適用される。

(62) 形態素の境界部で子音連続が生じたときは、境界右の子音を削除する。

この規則は、「読む」「する」などの子音語幹動詞に適用されるが、「捨てる」などの母音語幹動詞では子音連続が生じないので適用されない[12]。

受動化は先に述べたように必ず格シフトの変更を伴う。(63)における他動詞「からかう」は karakaw- を語幹とする子音語幹動詞である[13]。受動化すると、karakaw-rareru → karakaw-areru「からかわれる」となるが、格シフトの変更のない(64)は、(63)の受動構文としては不適格である。これが非対称受動文として成立することについては後述する。

(63) 太郎が次郎をからかう。

(64) *太郎が次郎をからかわれる。【(63)の受動文として非文】

(63)の能動他動詞文(基本文)において、非斜格標示を受ける「太郎」と対格標示を受ける「次郎」は、受動文(65)で、「太郎に」と与格標示に降格し、「次

郎が」と非斜格標示に昇格している。(66)は、「次郎」が対格標示から非斜格標示に昇格しており、一方、非斜格の「太郎」はそのまま残留している。昇格のみでは、非文である。(67)は、「太郎」が非斜格から与格に降格しているが、目的語の「次郎」は対格標示のまま残留している。降格のみの受動文(67)は一般に間接受動文と呼ばれる。

(65) 　　太郎に次郎がからかわれる。【降格＋昇格】
(66) 　　*太郎が次郎がからかわれる。【昇格】
(67) 　　太郎に次郎をからかわれる。【降格】

英語では、自動詞は他動詞相当の群動詞を除けば受け身文をつくらないが、日本語では「雨に降られる」のような自動詞の受け身文は珍しくなく、この点には、山田1908などでも言及がある。受動文の捉え方については第3章に譲り、ここでは2種類の受動文を昇格と降格に着目して区分を行う。

直接受動文・間接受動文という名称の区分を提案した寺村1982では、「規則的に能動文に転換できる」あるいは「対応する能動文が成立する」という点で区別して、対応する能動文があれば直接受動文、なければ間接受動文としている。これは、英語の能動文と受動文の形式的な対応が適用できる直接受動文と、適用できない間接受動文という区分にほぼ相当し、その後も広く用いられている(高見2011など)が、迷惑性の有無など意味の差を重視した、三上1953などの区分とは異なる。

「対応する能動文」は、何をもって「対応する」と認定するのかが明確であれば、間接受動文と直接受動文の定義に困ることはなく、寺村1982：214ff.の規定にも、区分に窮するあいまいさは生じない。本論では、形式的に厳密な定義を与えるため、以下のように定義し直すが、これは寺村1982の区分と実質的に変わるところはない。なお、昇降格による違いを明確にするため、対で昇降格が生じて対称的な格標示変更としての対称受動文(symmetric passive)と、降格のみで非対称な格標示変更が生じる非対称受動文(asymmetric passive)とに分けて定義を与える。それぞれが直接受動文、間接受動文に相当する。

(68) 　　対称受動文とは、昇格と降格が対で生じた受動文である。
(69) 　　非対称受動文とは、昇格と降格が対で生じない受動文である。

上で見たように，単他動詞の非対称受動文とは，対格標示に変更はなく，非斜格(主格)の降格のみが生じるのであるが，定義上は(69)の規定で対称受動文との区別が可能である。

　以上の定義は形式的なものなので，動詞の意味特性や統語特性を考えずに区分できる点は従来の区分法より単純であり，恣意性の混入する余地がない。例えば，第7章で論じるように対格の格助詞ヲは対象を指しているのか場所を示しているだけなのか判然としないことが，その意味を考慮しなくても区分できる利点がある。

　(70)　花子が渡り廊下を通る。
　(71)　#渡り廊下が花子に通られる。【昇格＋降格：対称受動】
　(72)　渡り廊下を花子に通られる。【降格のみ：非対称受動】
　(73)　次郎が花壇を歩く。
　(74)　#花壇が次郎に歩かれる。【昇格＋降格：対称受動】
　(75)　花壇を次郎に歩かれる。【降格のみ：非対称受動】
　(76)　敵兵が第3ゲートを突破した。
　(77)　第3ゲートが敵兵に突破された。【昇格＋降格：対称受動】
　(78)　第3ゲートを敵兵に突破された。【降格のみ：非対称受動】

　対称受動文(71)(74)は文脈的操作を行わなければ受容度が低く，通過点を対格標示しているものの他動性も有する「突破する」などでは対称受動文も問題がない。これらは形式的には，対称受動と非対称受動を設定することができる。受容度の問題は，統語構造の意味や語用論的な解釈の問題として論じればよい。

　同じことが自動詞についても当てはまる。自動詞の場合，与格標示の名詞句を項と見れば複自動詞となるが，その判断は機械的には行えない。しかし，(68)(69)に従えば，動詞の種類を問わずに機械的に区分が可能である。

　(79)　太郎が校舎に入る。
　(80)　#校舎が太郎に入られる。【昇格＋降格：対称受動】
　(81)　太郎に校舎に入られる。【降格のみ：非対称受動】
　(82)　花子が太郎にぶつかる。
　(83)　太郎が花子にぶつかられる。【昇格＋降格：対称受動】
　(84)　#太郎に花子にぶつかられる。【降格のみ：非対称受動】

受容度の違いはあとで論じるが，形式的には，「ぶつかる」「衝突する」など相互性が読み込める動詞[14]も，「入る」のような移動の意の自動詞も，同じように扱うことができる。複他動詞も同様に扱えるが，対格と与格が共存しているため，現象はやや複雑である。

(85) 　太郎が次郎を花子に紹介した。
(86) 　次郎が太郎{*に／から}花子に紹介された。【昇格＋降格：対称受動】
(87) 　花子が太郎{に／から}次郎を紹介された。【昇格＋降格：対称受動】
(88) 　太郎{#に／#から}次郎を花子に紹介された。【降格のみ：非対称受動】

　対格標示の「次郎」が昇格したのが(86)で，与格標示の「花子」が昇格したのが(87)であるが，いずれも昇格しなかったほうの第一斜格は残留している。言うまでもないことだが，対格と与格という2つの第一斜格が共存する能動文でも，「*次郎が花子が太郎から紹介された」のように，受動化によって両方が同時に昇格することはできない。このことは，同時昇格による主格が複数存在してはいけないことを示している。

　降格のみの非対称受動(88)は，受容度が高くないが，構造的には可能である。(86)は，非斜格の「太郎」を与格に降格させると，形態レベルで与格が衝突する[15]こともあり，不適格になるが，「から」を用いれば不適格にはならない。(86)(87)では，非斜格を第二斜格の「から」にも降格させているが，これも降格という点は変わりがない。(86)の「花子に」は降格によらない本来の与格であり，区別の必要があるときは，**非降格与格**と呼ぶことにする。これに対して，主格(非斜格)から降格して与格標示になった場合，**降格与格**と呼ぶ。これらはいずれも形態上は同じ「に」であるが，降格先は「に」以外に「によって」や「から」を選ぶこともできる。

　意味上区別が可能であれば，非降格与格と降格与格の共存は可能である。(88)も，「俺は次郎を花子に会わせないようにしていたのに，太郎のヤツに，次郎を花子に紹介されてしまった。全く腹立たしい」のようにすれば，与格への降格の「太郎に」と本来の与格の「花子に」が共存しても受容度はそれほど低くならない。ただ，次のような場合では，与格の解釈が2通りあるために，

51

多義的になる。

(89)　花子が太郎に次郎を紹介された。

　1つは「太郎に」の「に」を降格与格とする対称受動文の場合である。この場合は「太郎」が「紹介する」という行為の動作主であり、「花子が次郎を紹介される」という事態が「太郎によってなされた」と解釈される。「に」の代わりに「から」も使える。

　いま1つは、「太郎に」の「に」が非降格与格の場合である。その場合、「太郎に次郎を紹介する」という事態は、格シフトが保存されたままであり、動作主は標示されていないことになる。例示として「誰か」が動作主であるとすれば、「誰かが次郎を太郎に紹介した」のであり、その非対称受動は「誰かによって次郎を太郎に紹介された」ということであり、その場合の「花子」は本来の能動文にはなく、「誰かが次郎を太郎に紹介する」というできごとの影響を受ける人物として追加されたものということになる。この非斜格追加は重要な現象で、非対称受動の大きな特徴だと言えるのだが、この点は次章で掘り下げる。この場合、(89)は「(誰かによって)次郎を太郎に紹介することがなされ、花子はそのことを不快に思っている」といった解釈になる。

　自動詞の文が受動化される場合は、対格標示を受ける名詞句が能動文に存在しないので、昇格はあり得ず、降格しか見られない。

(90)　雨が降る。
(91)　雨に降られる。【降格のみ：非対称受動】
(92)　太郎が帰る。
(93)　太郎に帰られる。【降格のみ：非対称受動】

降格のみなので(91)も(93)も非対称受動文である。この種の動詞の場合は、昇格が不可能なので非対称受動文しかつくれない。(91)は「太郎が雨に降られる」のようにすることは可能だが、「太郎」は昇格で生じたものではなく、追加されたもの(非斜格追加)である。追加は、格シフトの変更そのものではないので、非対称受動か対称受動かという判断が変わることはない。また、後述するように追加は主に非対称受動で生じ、対称受動ではあまり生じないが、構造的にはいずれも可能であり、語用論的に非対称受動では追加が無標で、対称受動では追加が有標と見ることができる。

3.2.2 使役構文

使役構文は，動詞語幹に使動辞 -saseru を後接させることで得られる．受動辞の場合と同じく (62) の規則が適用され，子音語幹動詞では，asob-saseru/odor-saseru の境界直後の /s/ が落ち，asob-aseru「遊ばせる」，odor-aseru「踊らせる」のようになる．母音語幹動詞ではそのまま tabe-saseru「食べさせる」となる．「する」は子音語幹動詞として扱い，「来る」はいずれとも異なる例外とする点も受動辞と同じプロセスで扱える．

(94)　太郎が遊ぶ．

(95)　太郎{に／を}遊ばせる．【降格】

(96)　*太郎が遊ばせる．【残留】

(97)　花子が太郎を遊ばせる．【追加＋降格】

単自動詞文の場合，使役構文では，非斜格が降格しなければならず，非斜格を残留させると不適格となる．(96) は (94) を使動化した構文としては非文である．普通は，降格のあと，(97) のように使動主が非斜格標示で追加されなければならない．降格は，主格から対格へ (降格対格) が無標だが，与格への降格 (降格与格) もでき，両者は意味的に対立する．

(98)　太郎がジルバを踊る．

(99)　太郎{に／*を}ジルバを踊らせる．【降格＋対格残留】

(100)　花子が，太郎{に／*を}ジルバを踊らせる．【追加＋降格＋対格残留】

対格標示の名詞句が存在する場合，対格はそのまま残留する．非斜格の降格は対格名詞句の存在しない文と違い，与格しか選択できない，とされることが多い．降格与格のみが許され，降格対格が許されないのは，従来，二重ヲ格制約と呼ばれてきた規則による．例えば (101) の非斜格を降格させる場合 (102) では与格のみが適格で，後続の「歩道を」の「を」と重なるために対格は不適格というのである．

(101)　太郎が歩道を歩いた．

(102)　太郎{に／*を}歩道を歩かせた．

しかし，(102) は表層で対格名詞句が連続すると非常に不自然であるものの，(103) のようにすれば，完全に自然とは言えないものの，受容度は上がる．

(103)　まだ2歳になったばかりの太郎を，たった一人で歩道を歩かせるなんて。

もしも，統語的に(形態論的に，表層的に，と言い換えてもよい)二重ヲ格が制限されるのであれば，(101)を使役文にすると非斜格は与格にしか降格できず，選択できるのは降格与格のみなので，意味的には対立せず，中和が生じるはずである。本論は，二重ヲ格を含む形態論的多重格を統語的に妨げられるものではなく，語用論的に妨げられているに過ぎないとするものであるが，詳しくは第6章で論じる。

与格では対格ほど強い多重制約はかからないが，連続するとやはり受容度は低くなる。(105)は降格与格でも降格対格でも構造的に成立するが，「花子に大学に行かせる」のほうがやや据わりが悪い。

(104)　花子が大学に進学する。

(105)　花子{#に／を}大学に行かせる。

使動化を行うと必ず降格が生じるが，対になる昇格は見られない。降格だけでは非斜格(ガ格)標示の名詞句が存在しないことになる。使役文で，非斜格標示は使動主を表すので，使動主名詞句を追加する際に非斜格を用いることになる。使動化が項を1つ増加させることは通言語学的に見てごく一般的な現象である。

なお，複他動詞の場合，使動化することで非斜格を降格させると，もともとある対格(非降格対格)とも与格(非降格与格)とも重なることになる。

(106)　太郎が花子を山田さんに紹介した。

(107)　太郎{に／*を}花子を山田さんに紹介させた。

(108)　*山田さんに花子を太郎に紹介させた。

先ほどの(103)のような措置を施しても(107)では対格を適格にしたり，受容度の高い形にすることはできない。これは典型的な二重ヲ格制約と言うこともできるだろう。与格に降格させることは可能だが，(108)に見るように，非降格与格よりも動詞に近い位置に降格与格を置くことはできない。

3.3　構文と昇降格(まとめ)

ここまで見たことを以下のようにまとめておく。

(109) 《状態性》付与によって昇格を任意に生じさせることが許される。昇格は任意なので、助詞はそのまま残留してもよい。状態性を付与する構文には、希望文・難易文・可能文・「てある」文・「ている」文などがある。降格が許容されるかどうかは構文種により異なる。

(110) 希望文では、任意の昇格のみが見られ、降格は許されない。

(111) 難易文は任意の昇降格が可能だが、昇格を伴わなければ降格はできない。一方、降格を伴わない昇格は可能である。

(112) 可能文は任意の昇降格が可能である。

(113) 動作主を顕在させなければ「てある」による《状態性》の付与によって任意の昇格が可能である。ただし、降格はできない。「ている」にも同様の傾向が見られるが、変化途上と考えられ、昇格の認可力は弱い。

(114) 受動化では、昇降格が対で生じれば対称受動文になり、対の昇格が見られず、降格だけが生じれば非対称受動文になる。

(115) 使動化では、義務的に降格が生じ、使動主が非斜格で追加されて項が増加する。非降格斜格と衝突しない降格は成立するが、位置的制約がある。

4　昇格と降格に見る構文特性

前節に見たように、状態性付与は昇格を生じさせる力(＝昇格作用)となるが、その力が強ければ昇格は義務になり、その力が弱ければ昇格が可能だが任意となると考えられる。ここで見たものについて概略をまとめれば以下の通りである。

(116) 構文における昇格作用

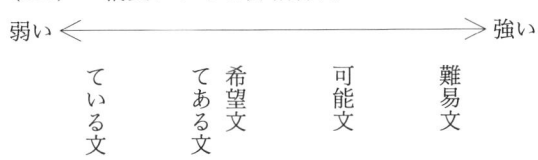

弱い ⟵──────────────⟶ 強い

　　ている文　　てある文　　希望文　　可能文　　難易文

昇格作用だけを属性叙述性の尺度とすれば、難易文が最も強いことになるが、

これは動詞を前項とし,形容詞を後項とする複合用言における形容詞性の強さによると見ることができる。可能文と希望文は,自立性の低い形態素で構文を形成しており,また,動詞が持つ本来の格関係が強く残されることもあり,昇格が任意になっているのだろう。なお,対称受動文では昇格と降格が対で生じるが,昇格だけが生じることはなく,非対称受動文と使役文については昇格は見られないので,属性叙述文と同じ尺度では評価できない。

　ここでは,昇格によって生じる主格名詞句の多重化について論じておく。属性叙述文において,昇格のみが生じると,もともと非斜格標示(=非昇格主格)だった名詞句が残り,新たに昇格による非斜格標示(=昇格主格)になった名詞句がそれに加わるため,1つの述語と結びつくガ格標示の名詞句が2つ存在することがある。

　　(117)　太郎がオペラを歌う。【基本文・他動詞文】
　　(118)　太郎がオペラを歌える。【可能文・対格残留】
　　(119)　太郎がオペラが歌える。【可能文・昇格】
　　(120)　?オペラが太郎が歌える。

　他動詞文(117)を対格残留のまま可能文にしたのが(118)であり,対格から非斜格(主格)へ昇格させた可能文が(119)である。(119)における「太郎が」の「が」は変更がない非斜格(=非昇格主格)であり,「オペラが」の「が」は対格から昇格した昇格主格である。よく知られているように,日本語では非斜格名詞句が複数存在しても許容される。

　昇格主格は,「歌える」の一部をなす「歌う」という動詞と目的語の関係であった名詞句が対格標示から非斜格に転じたもので,動詞句の内項の特性を残していると考えられる。これは,昇格が任意で対格のまま残留できることとも合致する。(119)は「太郎」の属性として「オペラ歌唱可能」ということを述べているとは考えられるが,「オペラ」の属性として「太郎が歌唱可能」という解釈は成立しにくい。このことは,昇格主格を文頭に出した(120)が不自然であることと一致する。以上から,形式上同じ「が」であっても,昇格主格と非昇格主格は異なるものだと本論では考える。

　多重主格構文の典型は,総主文であろう。「象は鼻が長い」では,主題化をせずに格助詞で文をつくれば「象が鼻が長い」となる。(119)も主題化して

「太郎はオペラが歌える」としたほうがより自然であるが，これは日本語が主題卓越型の言語であることもさりながら，属性叙述が主題を提示した上で，その属性を陳述する主題解説構造を基準とする(益岡2004, 2008)からだと考えられる。

「象は鼻が長い」式の構文を総主文の典型とすると，「鼻が」の主格は昇格して生じたのではないので，非昇格主格であり，可能文の昇格主格とはその点で異なる。しかし，総主文と可能文の共通点は，非斜格(主格)が置かれる階層が異なることである。松下1930a：649ff. では，(121)(122)のような例を挙げている[16]。

(121) 　一番下のお嬢さんが，英語が会話がよくお出来になる。

(122) 　お子さんが，お嬢さんのほうが，殊に一番下の方が英語が会話がよくお出来になる。

これらの文の受容度は，即時に解釈する際の負担の大きさも関わるので，ここでは論じないが，構造上，これらが可能で，かつ主格の存在する構造が異なるのだとすれば，主格名詞句は階層的に文構造を形成していけると考えられる。もっとも，松下は文が階層的だなどとは言っておらず，より動詞に近い小主語とより遠い大主語という区別を示しているだけである。本論では，小主語がそれと対応する小述語との組み合わせで1つの述語をなし，それと呼応できる主語と組み合わさって述語相当となる，と見なすことにする。この点は第8章で詳述するが，以下のような構造を反復することで多重主格が可能になると考える。

(123) 　回帰的主述階層

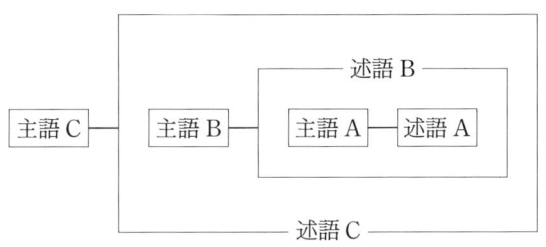

階層的主述構造では，主語Aと述語Aが1つの述語Bとなって，述語Bが主語Bと組み合わさって述語Cをなし，述語Cは主語Cと結びついて1つ

の述語となり，それがまた主語と結びついてさらに大きい述語をつくっていく，というように反復して適用される規則によって階層構造がつくられると考える。(119)では「オペラが歌える」が主語Aと述語Aの結びつきに相当し，述語Bをなす。「太郎が」が述語Bと結びつく主語Bとなる。(123)でのBよりもAを下位(の階層)，CよりもBを下位(の階層)とすると，構造上より内部にあるほうが下位で，外部に近いほうが上位ということになる。(119)では，「オペラが」という最下層の主語と「歌える」という最下層の述語が，上位の述語「オペラが歌える」をなし，同じ階層の主語「太郎が」がそれと結びついているということになり，「オペラが」と「太郎が」は構造上の階層が異なるわけである。(120)が不自然なのは，階層位置の違反があり，語用論的に違反が妥当となる文脈が与えられていないからだと説明できる。

以上の考え方は，非斜格(主格)が現れている構文の場合にのみ当てはまるものである。提題標示や他の格助詞が関与する場合は，さらに構造が複雑になる[17]。また，この回帰的構造の基本には，日本語において文は述部を必ず含み，述部があることが文の成立の必要十分条件だという見方がある。このことは，「水だ」だけでも文と認めるという立場と重なる[18]。また，日本語において非斜格名詞句が存在しなくても文が成立可能とする見方にもつながるが，これは降格だけが生じた文に非斜格名詞句が欠けていても適格たりうる事実とも合致する。

主題化を行えば，(120)は「オペラは太郎が歌える」となり，特に不自然ではないが，この場合，「オペラが歌えるのは太郎だ」という分裂文に近い解釈になる。これは，総主文「象は鼻が長い」を「鼻は象が長い」とした場合と同じである。他動詞文の属性叙述化による昇格で生じた多重主格構文は，このように総主文と多くの共通性を持つので，本論では総主文に準ずるもの(準総主文)として扱う。なお，「XはYがZ」という形式をしていても二重主格構文ではない場合もある。(124)は形式上は総主文と見分けがつきにくい。

　　(124)　　ギターは，太郎が弾く。

　　(125)　　ギターを，太郎が弾く。

　　(126)　　太郎がギターを弾く。

属性叙述と異なり，(124)は他動詞文であり，(125)のように「は」は格助詞

に置き換えると「を」にしかならず，(126)から派生したものだと考えられる。(125)も分裂文的に解釈されるという共通点はあるが，本節で扱うものとは異なる。総主文とは似ていて非なる「疑似総主文」として扱う。

・本章は，加藤 2008c に加筆修正を行ったものである。
1) 自立性の評価によっては，接中辞と区別すべき中置詞を必要としないことも考えられる。
2) Blevins 2006, 2009 ではエストニア語について 16 の形態格を名詞の曲用として示しており，Cherachidzé 1991, Blevins 2009 はアヴァール語(Avar)について，基本となる絶対格・能格・属格・与格のほかに，4 つの場所格の下位分類を行い，superessive/subessive/apudessive/inessive を設け，それぞれが所格・向格・奪格・転格の 4 種類を持つと記述している。これを形式の差異で数えると，20 の形態格になる。
3) 「彼の不注意の故に」とも用いうるが，このときは「故」を名詞として扱う以外に，「の故に」を格助詞(後置詞)として検討してもよい。この場合，「A 故に」のほうが「A の故に」よりも文法化が進んでいるとするかなど，さまざまな問題と関わりうる。第 1 章 5 節も参照されたい。
4) ここに引用した表に掲げている分類は，一般的に用いるべき 1 つの形を示したもので，筆者の最終的な分類とは異なるが，本論での議論に大きく影響しないので，ここでは，細部に立ち入らない。この表では，係助詞は現代日本語に係り結びがないことから，副助詞に統合しており，並立助詞として扱われることのあるトやヤもそれぞれ格助詞と副助詞の用法の拡張として分類している。
5) 本論も加藤 2006a にならい，係助詞を立てず，「は」を副助詞と扱う。
6) 二重ヲ格制約については第 6 章で議論する。本論では，二重ヲ格制約について従来の形態的な制約とする見方を棄却し，意味的な制約と見ることを主張している。従って，(16)は不自然であるが，一定の条件を満たせば受容度が上がると本論では考える。
7) むろん，以下で扱う希望文における昇格と関係のある現象であり，類推も作用していると考えられるが，構文それじたいに関わる現象として捉えたい。
8) (38)は受動文と見れば成立するので，それが受容度の判断に干渉するおそれはある。
9) 「通う」は「A に」を意味的に必須とする複自動詞であり，「遊ぶ」も「どうやって？」「なにで？」という問いかけの回答部が重要な情報になることから，単自動詞のみの用法と考えないほうがよいであろう。
10) 降格による与格でなく，着点や受益者を表す本来の与格と考えるなら成立するが，本章の議論の対象でないので，ここでは立ち入らない。
11) 話しことばでは，「あのお店，いちご，売ってるよ」のようにいずれもゼロ助詞になることが多い。
12) 境界部右の子音は r なので，具体的には r を削除して /areru/ を語幹に付加する操作に等しい。「来る」はこの規則では統一的に説明しにくいが，受動辞や使役辞の後接に限れば，語幹を /ko/ とすればよい。なお，ここでの形式化は語幹の認定や未然形との

区分を示すものでなく，形態音韻的生成を定式化するだけである。
13) 子音語幹動詞の場合，基本形(終止形)は，語尾 -u を付すが，/wu/ は「ウ」となる。
14) 「A と B とが〜する」といった格シフトが可能なものを相互動詞と見ることができるが，相互性の解釈をするには，A と B とが同等のものと認知され，「A が B に〜する」のように一方向性解釈とならない格シフトであることが必要である。人間同士であれば相互性が容易に解釈できるが，一方のみが移動しているのであれば相互性は低くなる。
15) 形態格の二重制約を本論では否定する(第 6 章参照)が，ある条件のもとで衝突・競合が生じることはある。
16) 松下 1930a は，三上 1960 と同じように「多くの場合は大主語は小主体(広義)の所有を表す」としているが，本論は所有関係は現実世界における事物間の関係であり，文法的関係と見るべきでないと考える。
17) 複雑になっても，回帰的な階層構造は成立すると考えるが，具体的な議論は稿を改めたい。松下 1930a：778ff. では，ハに置き換えられた場合についても，複層的題目語として論じ，第一題目，第二題目(あるいは，大題目語，小題目語)のように扱い，題目についても同様の階層性を想定しているが，主格標示と提題標示が混在した場合など，もっと場合分けをして論じる必要がある。
18) 「水！」など軽動詞を欠いている形式(名詞一語文)についても，述部と認めるのであれば，同様の扱いになる。

第3章 日本語の受動構文

　本章では，格シフトに着目して構文的な観点から受動化を検証し，受動文の持つ迷惑性が非対称受動構文から得られる一種の推意であることを論じる。

1 昇降格から見る受動文のタイプ

　前章に述べたように，日本語における2つの受動文のタイプは，昇格と降格による格シフトの変更という観点から捉えることが可能である。
　（1）　　太郎が　　　　　花子を　　　　　呼び出す。
　　　　　非斜格　　　　　斜格（対格）　　他動詞
これは普通の他動詞能動文であるが，この文の述部に受動辞を後接することで受動文をつくるとき，昇降格が対になって生じる場合がある[1]。
　（2）　　太郎に　　　　　花子が　　　　　呼び出される。
　　　　　降格与格　　　　昇格主格　　　　他動詞＋受動辞
この文では，「太郎」は能動文のガ格標示（非斜格）から受動文のニ格標示（第一斜格）へ降格し，「花子」は能動文のヲ格標示（第一斜格）からガ格標示（非斜格）へ昇格している。このように降格と昇格が同時に対になって生じた受動文を対称受動文と定義する。
　（3）　　次郎が窓ガラスを割る。
　（4）　　窓ガラスが次郎に割られる。
　他動詞能動文（3）は，「窓ガラス」という非情物が対格標示を受けており，受動文（4）ではこれが昇格している。同時に「次郎」が能動文の非斜格から第一斜格（与格）に降格している。山田1908や松下1930a，1930bは，このよう

に非情物がガ格に昇格した対称受動文は，不自然な文あるいは不適切な文として，分析対象とせずに棄却しているが，本論では，不自然さがあるとすれば，それは構文論的なものではなく，語用論的なものであると考え，構造的に（4）は成立すると見て議論を行う[2]。

さて，受動文には，対になって昇格と降格が生じないものも見られる。

（5）　太郎に　　　　花子を　　　　呼び出される。
　　　降格与格　　　残留斜格(対格)　他動詞＋受動辞

他動詞能動文（1）に対応する受動文（5）は，「太郎」が能動文での非斜格（主格標示）から第一斜格（与格標示）へと降格になっているが，能動文の「花子」は受動文でも対格標示が残留している。これは降格のみで昇格がなく，昇降格が対で生じた受動文ではない。このような受動文を非対称受動文と定義する。

1.1　非対称性と項追加

対称受動文は，昇格と降格が対で生じ，非斜格（主格）は一増一減なので数は変わらない。降格は，非斜格から第一斜格になる場合，第二斜格になる場合，第三斜格になる場合，が考えられる。以下では，（a）の能動文の非斜格「審査員が」が（b）（c）（d）の受動文では降格しているが，それぞれ与格（第一斜格），奪格（第二斜格），複合格助詞（第三斜格）に転じている。（a）で対格標示だった「太郎の作品」は受動文ではすべて非斜格に昇格している。

（6）(a)　審査員が太郎の作品を賞賛した。
　　　(b)　太郎の作品が審査員に賞賛された。
　　　(c)　太郎の作品が審査員から賞賛された。
　　　(d)　太郎の作品が審査員によって賞賛された。

このように対称受動文では，昇格と降格が対で生じる「対称性」がある。このとき，昇格が形態論的に「を」から「が」へと指定されているのに対し，降格は「が」の降格先の格形態が，一定の制約はあるものの，一義的に指定されてはいない。この点で対称性は不完全だが，降格だけの非対称受動文に比べて，昇降格は対称的に生じている。

一方，能動文に受動辞付加と降格が生じただけの非対称受動文は，そのままでは主格名詞句が存在せず，構造的に欠落した要素があるように見えると同時

に，意味的にも不足が感じられる。文脈的にわかるものを表示しない省略の場合は，形式的に表示されていなくても，構造上はあるものと見なしてよいが，降格のみで非斜格項が空項になっている場合は明確に構造的欠落があると言える。以下のようにまとめておく。

(7) 対称受動文では昇降格が対称的に生じ，構造的欠落は生じない。
(8) 非対称受動文では降格のみが非対称的に生じ，構造的な欠落が生じる。この欠落を埋めるため，空項への項追加を行うことがある。

例文とともに見ておこう。

(9) 太郎に花子を呼び出される。(=(5))
(10) 次郎が，太郎に花子を呼び出された。
(11) *次郎が，太郎が花子を呼び出した。

通常は，(9)だけを与えられれば，「誰が，太郎に花子を呼び出されるのか？」と問い返したくなる。(10)は空項になっている非斜格名詞句を追加して補充する措置を行ったもので，「次郎が」が追加されることで空項が充足され，意味的な不足は感じられない。つまり，非斜格項の追加は，非対称性による構造的欠落を解消する機能も持つことになる。

また非対称受動文(＝直接受動文)は「能動文に戻せない」と言われるが，非対称受動文に項の追加を行ってから能動文に変えようとすると，追加された項がいわば「余る」ことになり，意味解釈も適切になされないからである。非対称受動文(10)を能動文に変えた(11)は不適切である。非対称受動文にすることによって生じた非対称性とそれによる空項は，能動文にはないので埋め合わせる必要がない。理由のない項追加は当然許容されないが，理由のある項追加なら許容される余地はあり，あとは，意味的に項を追加することを可能にする条件を満たすことと，項追加が妥当となる文脈が存在することで成立しうる。

非対称受動文で追加される項は非斜格(主格)名詞句であるが，「太郎に花子を呼び出される」という「できごとの受け手」であり，有形か無形かを問わず何らかの形で「できごとの影響を受ける受影者」であり，そこから「できごとを捉えるための視点となる視点者」と見ることができる。影響を受ける度合いは事象によってさまざまであるが，何らかの影響を被る受け手であり，認識上の視点を有する者と言うことができる。

本論では，以下のように暫定的にまとめておく。
  (12)　非対称受動における視点者追加
　　　非対称受動文に付加される非斜格標示の名詞句は，構造的には，構文上欠落した非斜格項を埋め合わせる機能を持つ。意味的には，事象把握の視点者であり，それはできごとの受け手としての受影者と見なされる。
  視点性の実質，また，受影度についてはこのあとで検証するが，ごく一般的に考えて視点となる以上，それに伴う制約がある。
  (13)　視点者の意味機能制約
　　　視点者は人間を典型とする有情物，それに準ずるもの，認識主体あるいは人格と捉えうるもの，あるいは，擬人化されたもの，でなければならない。
  「灰皿」や「時計」といった非情物は，それが擬人化されているのでない限り，視点者として，追加することはできない。Kuno 2004 では，共感人間性階層[3] を提案して，共感的叙述になるには人間かそれに近いほうがよいとしている[4]。これはきわめて常識的で普遍性があるが，本論では，人間に近いか，共感性の強い存在かどうかは言語使用者の世界理解あるいは世界認知（また，それに基づいて構成される世界知識）に依存すると考える。この場合，人間に近いという一般的な序列は，我々が我々の現実世界としている世界 W_0 について成り立つものであり，物語世界 W_1 などでは成立しないこともありうる。W_0 は世界理解の基準となるが，世界知識のすべてではなく制約となるものでもないと本論は考える。
  (14)　次郎が，太郎に花子を呼び出される。
  (15)　*ベンチが，太郎に花子を呼び出される。
  たとえ，呼び出した場所が「ベンチ」であっても，それが有情物でなくモノであれば，追加項にはなれない。すなわち，(13)に違反するために(15)が成立しないと説明できる。しかし，「魔法の鏡」が「女王」を見守る登場人物として扱われる物語では，異なる世界 W_1 が想定され，人間相当として扱われ，「魔法の鏡が，白雪姫に女王を呼び出された」のような文でも受容可能になる。「次郎」は人間であるから，視点者になるだけの意味機能制約(13)をクリアするが，妥当な受影性を認めるだけの関わりや視点者としての妥当性があるかは

語用論的に判断することになる。(14)のできごと，あるいは，「花子」と相応の関わりを持っていなければ，「次郎」が語用論的に見て追加項として不適切になる。

1.2　対称性と項追加

先に見たように，対称受動では昇格と降格が同時に対になって生じるので，非斜格名詞句は欠落しない。能動文も対称受動文も欠落のない構文であるが，そこに前項で見た《視点者追加》ができるかどうかも確認しておこう。(17)–(23)では，「花子」が「太郎」の母親であるとする。

(16)　　山田先生が太郎を励ました。
(17)　??花子が，山田先生が太郎を励ました。
(18)　?花子は，山田先生が太郎を励ました。
(19)　　花子は，山田先生が太郎を励ましてくれた。

能動文(16)に対して，「花子」を非斜格で視点者追加した(17)は自然とは言えない。「花子」を主題化5)した(18)では受容度がやや増すが，「葉子は，田中先生が息子の次郎を励ましたのだが，花子は，山田先生が(息子の)太郎を励ました」のように対比的な解釈がないと不自然さは免れない。(19)は，主題化とともに，「てくれる」を付加したベネファクティブ構文であるが，利益性を判断する視点者を伴うことが妥当で，より自然な文となる。

(20)　　太郎が山田先生に励まされた。
(21)　??花子が，太郎が山田先生に励まされた。
(22)　?花子は，太郎が山田先生に励まされた。
(23)　　花子は，太郎が山田先生に励ましてもらった。

対称受動も構文的欠落がない点では能動文と同じであり，視点者追加の成立に関しても同じように考えられる。非対称受動のように構造的な欠落を埋めるという機能があれば容易にできる視点者追加を，構造的に欠落のない能動文や対称受動文では，原則として行わないものであり，行う場合は相応の条件を満たさなければならないとわかる。構造的な不足がない以上，非斜格項を追加すると構造的にも意味的に過剰になることが考えられ，構造的・意味的な過剰性を補償するだけの解釈が成立すれば受容度が高くなる。

非対称受動文における視点者追加は，非斜格項の追加でも構文的欠落を埋める，統語形態論的機能を持つのであるが，対称受動と非対称受動のそもそもの違いは，前者が対の昇降格，後者が降格のみが第一段階として生じる点である。しかし，両者に共通しているのは，いずれも非斜格の降格が生じるという点であり，日本語において受動文は根本的に非斜格項の降格という操作を伴うと考えることもできる。Shibatani 1985：837 は，受動文の語用論的な基本機能を「動作主の脱焦点化」だとしているが，これも動作主が非斜格でマークされることを考えれば，降格によって後景化する操作だと考えることができ，大枠において合致する考え方だと言える。

2　動詞と非対称受動文のタイプ

　普通の自動詞能動文の場合は，対格標示（第一斜格）の名詞項が存在しないので，これを昇格させることはできない。昇格がなければ，「対で昇格と降格を生じる」という対称受動文の定義を充足しないので，自動的に非対称受動文のみが受動文として生成されることになる。しかし，場所格などの対格は「道を歩く」「交差点を通る」「故郷を離れる」など，自動詞と見られるものでも，第一斜格の名詞項が存在することがありうる。その一部は，昇格を許し，降格と対になって生じるので，対称受動文が可能である。従って，「自動詞は非対称受動文しかつくれない」とするテーゼは，厳密には正確でない。

2.1　単自動詞文の受動化

　ここでは，まず(24)のような自動詞文を考える。これを受動文にするために「眠る」に受動辞をつけると，(25)のように「次郎に」という形への降格が必要になる。
　　(24)　　次郎が眠る。
　　(25)　　次郎に眠られる。
　　(26)　　花子が次郎に眠られる。
非対称受動文(25)では，やはり視点者がないと意味的な不足が感じられる。これに視点者追加を行うと(26)になる。この場合，「花子」の目から見た事象

把握ということになり，花子はできごとの受影者となる。本論では，このように視点者となる主格標示の名詞句を加える操作を視点者追加と呼ぶ。対格名詞句を持たない非対称受動文も，原則として視点者追加が必要だと言うことができる。これは「雨が降る」などの気象現象を表す単自動詞「(雨が)降る」「(風が)吹く」などでも同じである。

「晴れる」「曇る」など 0 項動詞と見うるものも「空が晴れる」のように単自動詞と同じように用いられるが，通例主格項は現れず，受動化したときも「空に晴れられる」のように「空が」を与格に降格させると不自然である。これはもともと非斜格が必須ではなく，存在することが有標だと考えれば，動詞のみの用法が無標であり，受動化も「晴れられる」「曇られる」のように動詞単独での用法が基本だと考えることができる。よって，「空に」など降格与格を明示する動機が解釈されないと成立しにくい[6]。これらも，単自動詞の特殊なタイプと見ていいだろう。

2.2 複自動詞文の受動化

自動詞の中には，複自動詞と呼ばれる与格(第一斜格)標示の名詞句をとる動詞がある。例えば「乗る」は与格項が必須と考えられるので，複自動詞と見なす。ただし，何が必須項かの認定は動詞の意味によって異なることから，ここでは典型例を見るにとどめる。

(27)　葉子がバスに乗る。
(28)　葉子にバスに乗られる。
(29)　?バスが，葉子に乗られる。
(30)　太郎が，葉子にバスに乗られる。

能動文(27)を受動文にした(28)では降格のみが見られる。このとき，能動文の「葉子が」は降格して「葉子に」になり，「バスに」と同じ与格として形態格が重複するため多少不自然な印象を与えるが文としては文法的である。そして，(28)は無視点の非対称受動文であり，視点者を提示しないと意味的な不足を感じる。そこで，視点者追加の措置をしたのが(30)である。この場合，「バスに」の格標示は残留したままである。

与格名詞句「バスに」を「バスが」に昇格させて，(29)のようにすると昇降

格が対で生じており，本論での基準で言う対称受動文になる。しかし，これは不自然である。複自動詞の場合には対称受動文がつくれないと考えることもできるが，少し例文を工夫すると成立する例もある。この点は，本章2.5で再度議論する。

(30)では，「太郎」が視点者であり受影者であることは明らかであるが，これだけではどういう影響を被ったのかが明確でない。(30)は「先にバスに乗られる」「勝手にバスに乗られる」「一緒にバスに乗られる」のようにすれば，「太郎」の受影度が明確になり，太郎を視点者として追加する理由や動機も妥当であることがわかる。ここで，視点者追加とその条件を以下のように簡単にまとめておく。

(31)　視点者追加と語用論的適切性条件
　（A）　非対称受動文で，不足する非斜格名詞項を視点者として追加する操作を《視点者追加》と呼ぶ。
　（B）　視点者追加が適切に成立するには，①受影度が文脈や推論あるいは世界知識によって理解可能か推論可能であること，②視点者を追加する動機に妥当性があること，が必要である。

対格は1動詞句に対して重複して存在すると不自然に感じられること(いわゆる二重ヲ格制約)があるが，与格は形態論的な重複だけでは不適格にならない。例えば，(28)においては，もとからある与格(非降格与格)「バスに」と主格から転じた与格(降格与格)「葉子に」が共存可能である。

複自動詞は，主格と与格を項にとる二項動詞であるが，ここでは主格と対格を項にとる二項動詞についても検討する。対格をとる自動詞とは，動詞そのものは移動行為を表す自動詞で，移動主体が主格でマークされ，意味的に「場所格」にあたる対格7)で名詞句をマークしていると言える。意味格としての場所格は，一般に意味格としての対象格とは区別されるから，場所格であることが明らかならば，動詞は自動詞と見なすことができる。なかには，対象格と場所格の中間的な例もあるが，これについては第7章で扱う。

(32)　葉子が庭を歩く。
(33)　葉子に庭を歩かれる。【降格】
(34)　花子が，葉子に庭を歩かれる。【視点者追加】

非対称受動文では場所格の「を」は残留したままである。視点者追加を行った(34)は，自然な非対称受動文として成立するが，もちろん《視点者追加の適切性条件》に従って「花子」は当該の事態の影響を受け，視点者として導入する動機がなければならない。例えば，「花子」が「庭」の所有者であれば，この条件は満たされる。

(35) 次郎が家を出る。

(36) 次郎に家を出られる。【降格】

(37) 花子が，次郎に家を出られる。【視点者追加】

場所格の「を」には大きく分けて，経路格と起点格[8]の用法がある。(32)が経路格，(35)が起点格であるが，いずれも対格を残留させたままの非対称受動文がつくれる点で意味用法による差はない。しかし，対格を昇格させることも可能で，場所を表す対格でも対称受動文をつくることができる。ただし，以下に見るように，一般に対称受動文は，経路格では可能だが，起点格では適格にならない。

(38) 葉子がうちの庭を歩く。

(39) 葉子にうちの庭が歩かれる。

(40) 次郎が山田先生の研究室を出た。

(41) *次郎に山田先生の研究室が出られた。

(41)などの起点格の受動化が成立しないことは，すでに指摘がある(寺村1982：228)。寺村1982では，昇降格として論じてはいないが，対称受動文や非対称受動文にできるかという観察を行う中で，「出どころは一般に直接受け身にならない」ことと，「通り道が単なる移動空間では受け身の主格に立てないが，話し手がその動作を受けるかのように」認識すれば対称受動化は可能としている。「出どころ」は本論で言う「起点格」「離格」にあたり，「通り道」は本論で「経路格」とするものに相当する。受影性が属性表現のように解釈される「この道はこれまで多くの旅人に歩かれている」のような場合は受容度が高くなる。つまり，統語的に受動化できないのではなく，受動化で生じた文が成立するかどうかが語用論的な解釈によって左右されると考えるべきなのである。

受動文の成立が語用論的な解釈の影響を受けるのだとすれば，起点格だけが成立しないと統語論的に規定しておくのは妥当でない。これは経路格と起点格

の意味的な違いではなく，むしろ昇格させる名詞の意味的な問題だと考えられる。

(42) 太郎が我々の団体を脱退する[9]。

(43) 我々の団体が太郎に脱退される。

(44) 太郎は有能な人材だ。しかし，我々の団体は，お世辞にも待遇がよいとは言えない。まだ後進が育っていない以上，我々の団体が太郎に脱退された場合には，存続そのものに関わる事態になるだろう。

例えば(43)はあまり自然ではないが，「我々の団体」は視点者になる条件を満たしていると考えることができ，(44)のように受影性が明確になれば十分成立する。(41)は起点格(離格)だから不適格なのではなく，「山田先生の研究室」は場所であって，意味的に不適切なのである。非対称受動文では「山田先生は，次郎に研究室を出て行かれた」のようにすれば成立するが，直接的な受影関係が認定できない(41)は適切にならない。このことは，離格のほうが経路格より他動性が低く，対称受動化しにくい可能性を示唆するが，視点者の適切性条件でも説明できる。

2.3 単他動詞の非対称受動文

ここで単他動詞と呼ぶのは「X が Y を～する」のように，必須格の名詞項を主格と対格の2つしかとらない他動詞である。

(45) 花子がパソコンを買う。

(46) 花子にパソコンが買われる。【降格＋昇格】

(47) 花子にパソコンを買われる。【降格】

他動詞能動文(45)について，受動化をした際に，降格と昇格が対で見られる(46)は対称受動文，降格だけが見られる(47)は非対称受動文になる。(47)の非対称受動文は，無視点のままなので，視点者追加の措置をとって(48)のようにすると，「太郎」を視点とする文になり，太郎の受影度は被害や迷惑として認識されることになる。受影度を明確にするには，(48)は，「先に」「勝手に」「無断で」などの表現を伴う形にするか，文脈をあつらえる必要があり，受影度が明確になれば受容度も高くなる。

(48) 太郎が，花子にパソコンを買われる。

対称受動文(46)と非対称受動文(48)では，非対称受動文のほうがやや自然に感じられるが，対称受動文も構造的には適格である。

非情物を主語とする他動詞文（英語の無生物主語構文に相当）の場合も，同じように成立することがある。(49)は対称受動文(50)，非対称受動文(51)のようになる。降格した「に」は「によって」でもよいが，対称受動文の場合だけ，原因と解して「で」で置き換えることも可能である。非対称受動文では降格与格を「で」に置換しにくい。

(49)　太郎の機転がその子を救う。
(50)　太郎の機転にその子が救われる。【降格＋昇格】
(51)　太郎の機転にその子を救われる。【降格】
(52)　太郎の機転でその子が救われる。
(53)　??太郎の機転でその子を救われる。

2.4　複他動詞文の受動化

複他動詞は「ＡがＢをＣに与える」のように，主格（非斜格）・対格・与格のいずれも必須項として用いる。複他動詞文では，降格や昇格によって生じた格が，格の変転を生じなかった格と重複することが考えられる。

(54)　次郎が花子にその本を貸す。
(55)　*次郎に花子にその本が貸される。【降格＋昇格】
(56)　次郎{から／によって}花子にその本が貸される。

対称受動文の場合，「次郎が」の「が」の降格先を「に」にすると，他動詞能動文から残留している着点格の「に」と形式上重複する。与格の形式上の重複は必ずしも不適格になるとは限らないが，(55)は不適格である。これは格標示の衝突であるが，このとき，本来の格標示（非降格与格）が優先され，降格によって生じた与格（降格与格）は許容されないと見ることができる。降格与格をさらに別の形態格に変えれば成立する[10]。(56)のように，「から」や「によって」に変えると対称受動文として成立することが確認できる。ここでは以下のようにまとめておく。

(57)　降格による格標示の衝突により不適格になる場合は，非降格の格助詞を残留させ，降格による格標示をさらに別の斜格に代替することで衝

突を回避する。

　なお，一般に，主格標示は複数存在することに制約がかからないので，昇格による格の衝突は起こらない。降格によって実現するのは対格と与格であるが，前者は使動化によって生じ，原則として二重ヲ格制約がかかる。後者は受動化や属性叙述によって生じ，意味用法によっては共存が可能な場合もあるが，上に見たように衝突が生じる場合もある。本論では，格標示の衝突は，形態論的なレベルで生じるのではなく，意味的・語用論的なレベルで生じるものだと考えるが，詳論は第6章に譲る。

　次に，複他動詞の受動化による，非対称受動文を見る。

　(58)　次郎が花子にその本を貸す。(=(54))
　(59)　*次郎に花子にその本を貸される。【降格】
　(60)　次郎{によって／から}花子にその本を貸される。

非対称受動文の場合は，降格だけが生じるが，降格によって格標示の衝突が生じるので，(59)は不適格になる[11]。これを回避する措置をとった(60)のような形にすれば成立しうるが，これもそれほど自然とは言えず，(61)のほうがより受容度が高い。(61)では「次郎に」は降格与格，非降格与格を「花子へと」のように第三斜格に変え，語順も変わっている。これに視点者追加を行うと(62)のようになる。

　(61)　次郎にその本を花子へと貸される
　(62)　私が，次郎にその本を花子へと貸される。

この場合も視点者の適切性条件に従い，受影度が明確になるように，文脈から「その本」の所有者が「私」であることがわかるようにしたり，「無断で」などの表現を補ったりすると，より受容度が高くなる。

　(63)　葉子が太郎にネクタイを贈る。
　(64)　*葉子に太郎にネクタイを贈られる。【降格】
　(65)　葉子から太郎にネクタイを贈られる。

他動詞能動文(63)も同じように受動化で格標示の衝突を伴う(64)は不適格となり，(65)のように第二斜格へと降格すれば適格になる。(65)は，無視点なので，第三者「次郎」を視点者として追加すると，(66)のようになる。この場合，やはり「次郎」は太郎の恋敵であるなど，受影性が明確になることが必要であ

る。

 (66) 次郎が，葉子から太郎にネクタイを贈られる。

　また，視点者は「太郎」自身であることも許される。しかし，動作主である「葉子」が受け身の視点者になることは許されない[12]。

 (67) *太郎$_i$が，葉子から太郎$_i$にネクタイを贈られた。

　上の(67)では，視点者「太郎(が)」と着点「太郎(に)」が同一人物であるため，不適格になる。この「太郎」が，名前が同じだけの別人だとしたら，(66)の場合と全く同じケースとなり，問題なく成立する[13]。(67)では，重複を解消するために「太郎$_i$に」のほうを削除すれば適格となる。追加する必要があってわざわざ追加した視点者を削除することは一貫しない操作であり，格階層で上の非斜格を残留させるほうが望ましいことによると考えられる。(67)は(68)のようにすれば成立する。

 (68) 太郎が，葉子からネクタイを贈られた。

　この文では，「太郎」は視点者としての扱いを受けているが，着点(ネクタイを受け取る人物)としても解釈される。このように視点者と重複する他の名詞項(着点など)を削除することで，視点者にその意味も統合する措置を，視点者統合と呼ぶ。(68)は与格の重複がなくなるため，「葉子に」としても適格である。

　視点者統合は，視点者追加を行ったあとに，重複要素を削除することでなされる。

2.5　与格と対格の昇格について

　前項で見た複他動詞は「AがBをCに〜する」のように，1つの非斜格名詞句(主格)と，2つの第一斜格名詞句(対格と与格)が能動文において存在する構文をなす動詞である。降格は，非斜格から斜格へと転じるものだが，非斜格が1つしかない場合は，降格できるものはすでに確定しており議論の余地がない。ただ，第一斜格には対格と与格があり，昇格についてはいずれが非斜格に転じるのかという問題がある。

 (69) 太郎が花子に指輪を贈った。
 (70) 花子が太郎に指輪を贈られた。【受動化：与格が昇格，対格が残留，

非斜格が与格に降格】

(71) 指輪が花子に太郎{から／によって}贈られた。【受動化：対格が昇格，与格が残留，非斜格が第二斜格／第三斜格に降格】

(72) 花子が山田君を佐々木さんに紹介した。

(73) 山田君が花子{??に／から／によって}佐々木さんに紹介された。【受動化：対格が昇格，与格が残留，非斜格が第一斜格／第二斜格／第三斜格に降格】

(74) 佐々木さんが花子に山田君を紹介された。【受動化：与格が昇格，対格が残留，非斜格が第一斜格に降格】

「昇降格が対で生じるのが対称受動文，昇降格が対で生じないのが非対称受動文」という基準(第2章(68)(69))に従えば，上の(70)(71)も(73)(74)も1つの構文の内部で昇格と降格が生じており，対称受動文に分類されることになる。言うまでもないが，(69)(72)に対して，与格と対格が両方とも昇格すると「花子が指輪が太郎に贈られた」「山田君が佐々木さんが花子に紹介された」となり，いずれも不適格な文となる。

また，以下に見るように，昇格だけが起こり，降格が生じない(非斜格が残留する)ことは許容されない。

(75) *太郎が花子が指輪を贈られた。【受動化：与格が昇格，非斜格が残留，対格が残留】

(76) *太郎が指輪が花子に贈られた。【受動化：対格が昇格，非斜格が残留，与格が残留】

また，降格だけが起こることは許容されるが，その場合，非対称受動文になり，非斜格項が欠落しているので，そこに視点者を追加しなければ不自然になる。以下は，( )の視点者追加があれば受容度が高くなる[14]が，視点者追加がなくても構造的には許容される。

(77) (僕は)太郎{?に／から}花子に指輪を贈られた。

(78) (葉子は)花子{?に／によって}山田君を佐々木さんに紹介された。

視点者は先行文脈で明示されている場合，文脈から推定が容易な場合なら，形式上追加がなされなくても，受容度は低くならない。これは，視点者が，単に構造上必要な要素なのではなく，むしろ解釈上必要とされる語用論的な要素

だからだと考えなければならない。ここで観察したことを以下にまとめておく。
- (79) 複他動詞の文を受動化する際に，対格と与格がいずれも同時に昇格すること(二重昇格)は許容されない。
- (80) 複他動詞の文を受動化すると，対格が昇格する場合と与格が昇格する場合の2通りの受動文がつくられ，いずれも対称受動文となる。
- (81) 複他動詞の文を受動化する際に，降格だけが生じることは許容される。(主格標示の名詞句は視点者と解される語用論的要素であるが，語用論的に形式的な追加が必要なければ，追加をしなくてもよい。追加される視点者は，構造的に空項となっている主格項を充足するので，構造的には望ましい措置であるが，追加を行わなくても構造的に不適格になるわけではない。)
- (82) 追加された視点者が非降格斜格と同一の場合，追加視点者(主格)を残留させ，非降格斜格句を削除しなければならない。(視点者統合)

もう1つ，複自動詞の与格項の昇格について，検討しておこう。本章2.2で見たように，複自動詞の与格を昇格させて対称受動文をつくっても成立しにくい。
- (83) 花子がバスに乗った。
- (84) ??バスが花子に乗られた。

しかし，(85)のような例では昇降格を対で起こして対称受動文(86)にすることはできそうだ。また寺村1982では，(87)は(88)のような対称受動にはできないが，(89)(90)は成立することから，「動作の対象という感じで話し手が使おうとする」場合には対称受動(寺村1982では「直接受動」)もありうるとしている。
- (85) バスジャック犯がその高速バスに乗り込んだ。
- (86) その高速バスがバスジャック犯に乗り込まれた。
- (87) 子どもがお風呂に入る。
- (88) *お風呂が子どもに入られる。
- (89) この部屋はゆうべ何者かに入られたらしい。
- (90) この都電は，一日，約7万5千人の都民に乗られている。

これらは，寺村1982も指摘しているように，受影度が明確であればあるほ

ど成立しやすいと言うことができる。「花子が乗る」ことは「バス」が受ける影響はほとんどないか，言及する必要がないほど軽微であるが，「まわりの乗客に迷惑をかけることで有名な花子」の場合ならば，「バスが花子に乗られる」と表現できる文脈的状況が整う。「子どもが入浴する」場合，浴室は受影性が明確でないが，(86)や(89)は違法な侵入であり，その点で影響を受けていると見ることができる。本論では，受影性は「視点者」の成立要件の1つと見ており，(86)における「その高速バス」，(89)における「この部屋」は，いずれも視点者として追加されたものとして扱う。

なお，寺村1982では成立するとされている(90)は，筆者にとってはあまり自然でない。数万人の乗客が乗ることで摩耗や消耗という物理的な影響があるとも言えるが，これは「利用されている」に相当する表現と近い意味で範列関係性があって入れ替え可能に見える「乗られている」に置き換えられたものとも考えられる。その場合は，同じ二項動詞でも，「乗る」という複自動詞ではなく「利用する」という単他動詞として捉え，その対称受動文と扱うことになる。よって，(86)や(89)と同じように扱えないので，ここでの議論からは除外する。

本論がこれらの複自動詞の受動化を対称受動ではなく非対称受動とするのは，与格項を残留させたまま視点者追加が可能で，その後視点者として統合されたと考えるからである。

(91)　バスジャック犯にその高速バスに乗り込まれた。【(85)の非対称受動文】

(92)　(山田さんは，午後11時A市発B市行きの高速バスの運転士である。挙動不審な男がいたので注意を払っていたのだが，)山田さんは，バスジャック犯にその高速バスに乗り込まれた。【(91)への視点者追加＋主題化】

(93)　その高速バスは，バスジャック犯に座席後方に乗り込まれた。

(94)　*その高速バスは，バスジャック犯にその高速バスに乗り込まれた。

(95)　その高速バスは，バスジャック犯に乗り込まれた。【非対称受動文＋視点者追加＋視点者統合】

(96)　*この部屋は，ゆうべ何者かにこの部屋に入られたらしい。

与格が重複している(91)は受容度が低いが，これは語用論的な問題であり，構造的に(91)は不適格でないと本論は考える[15]。(92)のように，もともと視点者の資格を備えた「山田さん」を視点者として追加すると，視点者のある非対称受動文となる。これは，(93)のように「高速バス」を視点者として追加し，与格項が「その高速バス」そのものではなく，その内部の場所「座席後方」であるような非対称受動文も同じ構造だと考えられる。(93)では「その高速バス」は有情物ではないが，擬人的に有情物相当とし，視点を持つべきものとして扱われている。(94)は同じように「その高速バス」を視点者として追加しているが，同一名詞句が与格に残留しているため，重複を避けるにはこれを削除しなければならない。(94)の下線部を(82)の規則に従って削除したのが(95)で，これは(86)と同じものになっている。(89)も同じように，与格名詞句が残留した文に視点者追加を行い，同一の名詞句((96)の下線部)を削除することで成立したと見ることができる。この重複している名詞句を削除する操作は，次項で詳しく論じるが，《視点者統合》というプロセスである。このように，複自動詞の対称受動文と見えるものは，実際は非対称受動文であると本論では考える。

2.6　視点者統合と視点者再追加

　これまで見たように，単他動詞文(97)は(98)のような対称受動文にすることができ，(99)のような非対称受動文にもできる。(99)のままでは視点のない非対称受動文であり，これに視点者追加を行うことで(100)のような非対称受動文もつくることができる。

(97)　　先生が息子の絵をほめた。
(98)　　先生に息子の絵がほめられた。【降格＋昇格→対称受動文】
(99)　　先生に息子の絵をほめられた。【降格のみ→無視点の非対称受動文】
(100)　山田さんが，先生に息子の絵をほめられた。【降格のみ＋視点者追加→(有視点の)非対称受動文】

　しかし，これまでに見たものとは異なる(101)のような受動文も想定可能である。これは，これまで「もちぬし受け身」(鈴木 1972：280f.)や「所有物被動」(松下 1930a：354，寺村 1982：216)などと呼ばれてきたものである。(101)における「絵」は(99)の「息子の絵」のことであろう。しかし，(103)は成立するの

に，(102)は成立しない。
　(101)　息子が，先生に絵をほめられた。
　(102)　*息子$_i$が，先生に息子$_i$の絵をほめられた。
　(103)　息子が，先生に親友の絵をほめられた。
　この(102)は形式的には不適切であるが，「息子の」を削除すると適格な(101)が得られる。一方で，(101)(102)(103)は，文法構造上「AがBにCをほめられた」と同じであり，(103)における「絵」は(息子の)親友の「絵」であり，厳密には息子の所有でないのに成立している。このとき，「息子」は「親友の絵」の関係者であり，「息子」から見たできごとを述べていると理解することができる。(103)における「息子」は前項で言う《視点者》であり，できごとの受け手である。対格標示される事物(人間などの有情物も含む)は視点者と関係が深く，その事物に働きかけることが視点者への影響と解釈される必要がある。このとき，その事物が視点者の所有物であるというのが，語用論的に最も単純な推論で得られる解釈であって，所有者という大まかな推論で不首尾なく文が解釈できるに過ぎない。
　そもそも(97)の「息子の絵」は，「息子が描いた絵」か「息子が所有している有名画家の描いた絵」か「息子が画商から借りている無名画家の絵」か「友人が所有する，作者不明の絵で，息子が一時的に預かっているだけのもの」か，完全にその指示的意味を確定することはできない。「先生」がいるから学校であり，「先生」は息子の担任教師で，息子が生徒であれば，「息子が学校内で描いた絵」とする推論が最も単純，かつ，成立の可能性が高い推論[16]である。息子が中学生で「先生」がその中学校の教諭であっても，「息子の絵」が「息子が所有している有名画家の描いた絵」である可能性は，低いものの，排除されない。つまり，「持ち主」とは，最も可能性の高い，一般的解釈のわかりやすい典型であって，その指示範囲を限定しているわけではなく，語用論的に言えば，「《視点者＝受影者＝できごとの受け手》が成立する関わりのある事物」ということになる。
　所有者受け身という考え方(鈴木1972に言う「もちぬし受け身」や松下1930aに言う「所有者被動」など)では，(97)の能動文から(99)の非対称受動文へと受動化が行われ，「先生に息子の絵をほめられた」の下線部が主語に転

じると考えることも可能であろうが，本論は，①非対称受動化→②視点者追加→③視点者統合という段階を踏むと考え，属格句(連体成分)が昇格したとは考えない。視点者統合は，重複による形式的冗長性を回避し，解釈を一義化するためのものだが，形式的な操作でもあり，以下のように規定しておく。

(104)　視点者統合
　　視点者追加によって非斜格の名詞句が非対称受動文の視点者(＝受影者)として標示されたとき，同じ節に第一斜格ないし属格の名詞句として同一指示物が存在する場合，第一斜格句もしくは属格句を義務的に削除することで視点者が統合される。

これは，非対称受動化(①)で生じた非斜格名詞句の欠落を埋める視点者の非斜格名詞句を追加(②)し，その結果重複した斜格名詞句・属格名詞句を削除(③)という手順のうち主に③を指しているが，当然のことながら，非対称受動文で視点者追加を行ったあとでなければ視点者統合は行えないので，実質的には①②③の手順全体を含むと言える。

もちろん，①②まで行われても，重複していなければ(103)のように，視点者統合はしないままである。視点者追加には，もう1つ，重要な特質がある。それはここで**視点者再追加**と呼ぶものである。

(105)　先生が息子の絵をほめた。(＝(97))
(106)　先生に息子の絵をほめられた。【受動化＋降格】(＝(99))
(107)　*息子が，先生に息子の絵をほめられた。【視点者追加】
(108)　息子が，先生に絵をほめられた。【視点者統合】
(109)　山田さんが，息子が先生に絵をほめられた。【視点者再追加】
(110)　山田課長は，息子さんが先生に絵をほめられたそうだ。【主題化】

実際には(109)は単独では据わりが悪いが，構造的には成立している。(110)のように主題化や伝聞表現化を施せば，自然な文となる。(109)では，「先生に絵をほめられた」事象は「(山田さんの)息子」が視点者として捉えられており，さらに「息子が先生に絵をほめられた」ことが「山田さん」を視点者として叙述されるという，階層構造ができている。これが可能なのは，階層的主述構造が日本語において許容されているからだと考えられる。

構造的には(109)(110)には「息子(さん)」を視点者とする事象に，「山田さ

ん・山田課長」を視点者として再追加しているので2視点が存在しているとも考えうるが、異なる視点者が同じレベルで存在しているのは不自然である。(109)(110)では、まず「山田さん・山田課長」が視点者だと解釈するのが普通だろう。

(111) 視点者の再追加

すでに視点者のある文に、さらに重ねて視点者を追加すると、当初の視点者は視点性を抑制され、叙述事象の受影性のみが前景化する。よって、新たに追加された視点者が、全体の唯一の視点者になる。

非対称受動文に対する最初の視点者追加は、構造的に欠落している非斜格の名詞句を補い、欠落を解消するという機能もあったが、視点者再追加は欠落のない構造に追加を行う点で異なる。構造的な要請は特にないので、意味的に視点者を再追加するだけの動機とその解釈を成立させる文脈が必要になる。

なお、非斜格名詞句の追加は、対称受動文でも可能な場合があることを確認しておきたい。対称受動文は対称的な格シフト変更により非斜格名詞句を持っているので、追加によって構造的欠落を埋める必要はなく、語用論的に必要だから追加するものであって、非対称受動文における視点者再追加に相当すると考えられる。

(112) 何者かが露和辞典を持ち去った。【他動詞能動文】
(113) 何者かに露和辞典が持ち去られた。【降格+昇格→対称受動文】
(114) 何者かに露和辞典が持ち去られた。【降格のみ→非対称受動文】
(115) 太郎は、何者かに露和辞典を持ち去られた。【視点者追加・主題化】
(116) ??太郎が、何者かに露和辞典が持ち去られた。【(113)への視点者追加】

対称受動文は、項の不足がなく、視点者の要求もないので、(113)のままで成立しているが、非対称受動文(114)は無視点で非斜格項を欠くので意味的にも構造的にも不足がある。このため(115)は不足のない文として成立する。対称受動文に視点者追加を行った(116)は据わりが悪いが、これは、(117)のように「太郎」を主題化すれば受容度が高くなる。ただ、(117)は「太郎」を視点者とする解釈が(115)ほど明確でなく、(118)のように主題化された「太郎」に

対比解釈ができる文脈をあつらえると，より自然になる。

(117) 太郎は，何者かに露和辞典が持ち去られた。

(118) 最近図書館内での盗難が多いのだそうだ。花子は，席を外したすきに愛用の万年筆がなくなってしまったというし，<u>太郎は，何者かに買ったばかりの露和辞典が持ち去られてしまった</u>という。

対称受動文では，昇格した非斜格名詞句が一義的な動作の受け手であって，追加された非斜格名詞句は視点性が低いようである。特に主題化されていると，主題解釈(特に対比解釈)が前面に出るため，非対称受動文における追加視点者のような《受影性のある視点者》という解釈は抑制される。文脈的な解釈から(118)では下線部の内容について「太郎」が被害者であるということはわかるが，構文においては「買ったばかりの露和辞典」が「持ち去られた」事象の直接的な受影者であり，解釈上間接的に受影者となる「太郎」とは扱いが異なる。しかも，(117)(118)は，以下のように能動文でも構造的には成立しうる。

(119) 太郎は，何者かが露和辞典を持ち去った。

(120) 最近図書館内での盗難が多いのだそうだ。花子は，席を外したすきに愛用の万年筆がなくなっていたというし，<u>太郎は，何者かが買ったばかりの露和辞典を持ち去ってしまった</u>という。

これは階層的主述構造が成立すれば非斜格名詞句が付加される，日本語の特性によって成立するものだと言える。以上の観察から，本論では以下のようにまとめておく。

(121) 非対称受動文の視点者再追加では，それまでの視点者の視点性が抑制される。同様の形式的操作を対称受動文や能動文に行う場合は，階層的主述構造が成立する必要があり，追加した名詞句を主題化する必要がある。対称受動文に対する形式上の主題句の付加は能動文に対する主題句付加と同じ機能を有し，非対称受動文に追加される視点者とは機能を異にする。

2.7 非対称受動のまとめ

ここでは，以上で検討してきた動詞の統語タイプごとの非対称受動文についてまとめておくことにするが，先ほどの複自動詞文の受動化で一見「対称受動

文」に見えるものが「非対称受動文」だとした見方に少し補足をしたい。移動動詞の着点として与格が用いられる文の場合である。「入る」「乗り込む」などは，境界を越えて領域内部に到達することから，「行く」「来る」のような移動動詞よりも，他動性（また，受動文における非斜格名詞句の受影性）がもともと高いとも言える。しかし，接触などを含まず，そのぶん他動性や受影性が低いと考えられる動詞でも，同じような現象が見られるのである。

(122) *太郎が花子に来る。
(123) 太郎が花子のところに来る。
(124) 花子が太郎に来られる。
(125) *花子が太郎に花子のところに来られる。

「来る」といった自動詞は，場所を意味する名詞を与格標示でとるので，(122)のように場所と解釈されない「花子」では不適格となる。適格文にするには，場所性のない「花子」を「花子のところ」のように場所性のある表現に変えなければならない。ところが，一見(122)を対称受動文にした文(124)と見えるものが成立する。これが適格でない(122)を受動化したのだとすれば，全く不首尾な説明にしかならない。本論では，適格な(123)は，降格だけで生じた非対称受動文「太郎に花子のところに来られる」に《視点者追加》を施した(125)について，重複している下線部を削除する《視点者統合》を行うことで(124)が得られると考えるが，こちらのほうが一貫した記述になる。これは，先に2.5で見た「花子がバスに乗った」を「バスが花子に乗られた」という受動文に派生する場合，非対称受動化→視点者追加→視点者統合というプロセスを経るとする見方とも合致する。

「会う」は，意味差はあるものの与格に代えて共格（＝ト格）も使えるが，以下のように与格・共格で標示した相手「山田先生」を昇格させて受動文をつくることはできない。これは，「会う」という行為が明確に相互性を持ち，一方が他方に「会う」がその逆は成立しないということがないためだと考えられる。

(126) 次郎が山田先生{に／と}会った。
(127) 次郎に山田先生{に／と}会われた。【降格のみ→非対称受動文】
(128) 花子は，（勝手に）次郎に山田先生{に／と}会われた。【非対称受動文＋視点者追加・主題化】

(129)　*山田先生は，次郎に山田先生{に／と}会われた。
(130)　*山田先生は，次郎に会われた。

　ここまでの観察からすれば，(130)は非対称受動化→視点者追加→視点者統合という手順を踏んでいるので成立するはずであるが，不適格である。(129)は重複によって成立しないはずだが，(130)で重複を解消しても成立しないままである。ということは，これらの受動文で「山田先生」を視点者とすることができないとしか考えられない。視点者は，受動的事象を捉える立場にあり，それにより何らかの「受け手」という解釈や受影者という解釈が得られるわけであるが，相互性や双方向性は双方に「受け手」を想定させるので，一義的な視点者になり得ない。つまり，視点者の条件には，事象に一方向性があること，あるいは，鏡像的双方向性のない事象であることが加えられなければならない。

　以上は，複自動詞の場合である。以下のようにまとめておく。

(131)　自動詞は対称受動化ができない。複自動詞の文で，見かけ上対称受動文に相当する文が得られる場合は，非対称受動化に引き続き，視点者追加・視点者統合を行ったものであって，非対称受動文の一種である。

(132)　非対称受動文に追加される視点者は，①視点性を持つ有情物か擬人化などを通じてそれに相当する物であることが必要であり，②表されている事象の中で受影性や事象の受け手という解釈が成立する一方向性が担保されていなければならない。

　なお，複他動詞の場合は，与格から非斜格への昇格は可能である。対格が昇格することも可能なので，対称受動文は2種類ありうる。

(133)　心ない利用者が，蔵書に落書きをする。
(134)　蔵書が心ない利用者に落書きをされる。【降格＋昇格→対称受動文】
(135)　蔵書に心ない利用者によって落書きがされた。【降格＋昇格→対称受動文】
(136)　心ない利用者に，蔵書に落書きをされた。【降格のみ→非対称受動文】
(137)　市立図書館は，心ない利用者に，蔵書に落書きをされたそうだ。【非対称受動文＋視点者追加】

動詞ごとに以下のようにまとめておく。

(138) 単自動詞の文は，非対称受動化のみ可能で，対称受動化はできない。

(139) 複自動詞の文は，非対称受動化のみ可能で，対称受動化はできない。見かけ上対称受動文に見える文は，非対称受動文に視点者追加と視点者統合を行った文で，非対称受動文である。

(140) 単他動詞の文は，対称受動化も非対称受動化もできる。所有者受け身は，残留した対格名詞句が含む属格名詞句が視点者統合によって削除された結果生成された非対称受動文である。

(141) 複他動詞の文は，対称受動化も非対称受動化もできる。対称受動化は，対格と与格のいずれが非斜格名詞句として用いられるかにより，2種類のタイプがある。ただし，対格と与格を同時に昇格させることはできない。非対称受動は，対格と与格がともに残留し，降格だけが生じる受動化によるが，与格が衝突した場合は降格与格を別の形式に変える必要がある。

3 迷惑性の解釈

本節では，非対称受動構文における迷惑性が，常に得られる解釈ではないことを，この迷惑・被害の意味合いが推意として得られるものであるとする仮説によって説明する。前節で確認したように，自動詞は単自動詞・複自動詞ともに非対称受動文のみが成立し，対称受動文は成立しないが，他動詞は，単他動詞・複他動詞ともに対称受動文・非対称受動文の双方が生成可能である。複他動詞では対称受動文に2つのタイプがあり，いわゆる所有者受け身（もちぬし受け身）は単他動詞の非対称受動の一種であると考えられる。

非対称受動文を類型ごとに見ていこう。文の自然さを考え，以下の例文では，追加された視点者を主題化している。

(142) 昨日，私は冷たいにわか雨に降られた。【単自動詞の非対称受動】

(143) 次郎は，下級生に先にバスに乗られた。【複自動詞の非対称受動】

(144) 花子は，妹に先に新聞を読まれた。【単他動詞の非対称受動】

(145)　息子は，先生に作品をけなされた。【単他動詞の非対称受動・視点者統合】

(146)　太郎は，花子に足を踏まれた。【単他動詞の非対称受動・所有者受動】

(147)　葉子は，恋敵の花子に断りもなくブランドものの時計を山田君にプレゼントされてしまった。【複他動詞の非対称受動】

(148)　田中さんは，息子さんが評論家に作品をけなされたそうだ。【単他動詞の非対称受動・視点者再追加】

　非対称受動文は上に見るように，被害や迷惑，望まないことや好ましくないことが出来したと感じられるのが普通であり，事象の受け手としての視点者がネガティブな感情を持つなど，否定的な評価をその事象受動に与えていると解釈される。本論では，このような意味をまとめて「迷惑性」と呼ぶことにする。非対称受動がいわゆる「迷惑の受け身」と呼ばれるのは，多くの場合非対称受動がこのように迷惑性を伴うことによる。

　しかし，非対称受動文でも迷惑性を伴わない場合や，迷惑性が読み込まれない非対称受動文が存在することもこれまで指摘されている。また，対称受動には迷惑性が読み込まれない，すなわち，迷惑性が非対称受動に限定されるのかと言うと必ずしもそうではない[17)]。

(149)　太郎が私につきまとっている。

(150)　妹が私のケーキを食べた。

(151)　私のケーキが妹に食べられた。

　能動文の(149)からも「私」が「太郎がつきまとう」ことを迷惑だと思っていると推定され，単他動詞の能動文(150)とそれに対応する対称受動(151)も「私」が迷惑だと感じていることが推定される。しかし，これらは構文的に得られる迷惑性ではなく，叙述内容から推定される迷惑性である。もちろん，これらの文は，そのあとに「でも，私はそんなことを気にしていない」と続けることで，迷惑性の解釈を抑制することは可能であり，特に(150)では「やっと食べてくれた。うれしかった」のように続けて迷惑性を完全に消し去り，肯定的・好意的な評価を与えることもできる。しかし，「つきまとう」のように，語彙から迷惑性が読み取れる場合は，構文に関係なく，迷惑解釈が得られ，特

殊な文脈がない限りその解釈を消去することは難しい(加藤 準備中で言う「語彙推意」に相当する)。また，対称受動の(151)についても「やっと食べてくれた。うれしかった」のように続けるのはあまり自然ではない。これは，「私のケーキ」の変化事象という叙述が，普通は所有権や使用権の侵害と解釈されるからだろう。

　以下の対称受動文では特に迷惑性はなく，中立的な解釈か肯定的な評価となるだろう。つまり，対称受動文でも迷惑性の解釈はありうるが，それは語彙か叙述内容から解釈されて得られるものであって，構文的なものではないと考えられる。

　　(152)　構内に新しい学生会館がつくられた。
　　(153)　がれきが除去された。

　しかし，非対称受動文は多くの場合迷惑性の解釈が生じ，それが構文的なものであることを疑わせる。ところが，迷惑性の意味はすべての非対称受動文に当てはまるわけではない。また，迷惑性が非対称受動文に固有の意味なのだとすれば，容易に失われたり，後退したりはしないはずであるが，以下に見るように迷惑性がない場合や，逆に肯定的な評価と解するべき場合も多い。

　　(154)　太郎は，心地よい夜風に吹かれた。【単自動詞の非対称受動】
　　(155)　息子は，先生に作品をほめられた。【単他動詞の非対称受動・視点者統合】
　　(156)　田中さんは，息子さんが評論家に作品を賞賛されたそうだ。【単他動詞の非対称受動・視点者再追加】

　非対称受動文が，一般に迷惑性を表すと解釈されながら，ときにそれが成立しないのは，前提の追加で解釈が不成立になりうる推意(implicature)の特性に合致する。

3.1　推意としての迷惑性

　推意をどう定義し，どう利用するかは，研究者によっても異なる。ここでは，Levinson 2000：15 の挙げる会話推意(conversational implicature)[18] の特質を参考する(Huang 2006, 田中 2002)。レビンソンは，次のような特質を推意に認める。

(157)　推意の特質
　　①取り消し可能性(cancellability)，②非分離可能性(nondetachability)，③計算可能性(calculability)，④非慣習性(nonconventionality)，⑤強化可能性(reinforcability)，⑥普遍性(universality)

6つの特質のうち，①から④までの4つはグライスの考えにあるもので，⑤⑥はレビンソンが追加したものだという。ここでは特に①「取り消し可能性」を重視して推意を捉える。すなわち，ごく単純に「前提の追加により推意は取り消し可能である」という原則を出発点にする。しかしながら，「取り消し可能」という特性を細かに見てみると，「取り消しやすさ」に違いがあることがわかる。本論では，構文が構造として持つ推意を考え，以下のように定義する。

(158)　構文推意(constructional implicature)
　　特定の統語的構文が持つ無標の解釈のうち，語彙の変更や前提の追加で取り消しが可能なものを構文推意と呼ぶ。

例えば，「雨に降られた」と言うと，被害や迷惑などの意味を読み込む「迷惑読み」が普通だが，これは，次のように前提を追加していくことで，そういった意味が希薄になる。

(159)　昨夜，太郎が家路を急いでいると，雨が降り出した。傘は持っていなかったし，夏の雨に濡れるのも悪くないかと思って，<u>夏の雨に降られた</u>のだった。最初はぬるいシャワーのようだったが，家に着くころには爽快で気分がよくなっていた。

(160)　山田さんの作品は構図も色使いも優れており，仲間の評判は上々だった。しかし，全国レベルともなると，ほかにも優秀な作品がたくさん出品されている。山田さんは，<u>作品をある審査員に厳しく批評された</u>そうだ。地元では，賞賛やお世辞ばかりで今後の制作に活かせないと感じていた彼は，厳しい批評が大変ありがたかったのだという。

例えば，(159)は「雨に降られた」が通例「望ましくないこと」という解釈を受けるものの，前提の追加(文脈のあつらえ)によって，その解釈が取り消される例である。また，(160)でも「作品を厳しく批評される」ことは「いやなこと」であり，迷惑性が容易に読み込めるものの，後続の一文でそれは棄却される。これらは，下線部だけでは迷惑性が解釈されるので，推意としての迷惑

性を非対称受動文に認めることができる。

　重要なのは、非対称受動文のデフォルトの意味解釈として迷惑性を認めることができるかということである。(161)を非対称受動化して、視点者「太郎」を追加した(162)は不適格ではないが、「花子に卒論を書かれた」ことと「太郎」との関係がわかりにくく、据わりが悪い。それでも「花子に卒論を書かれる」ことを「太郎」が好ましく思っていないと推測できるが、「花子が花子自身の卒論を書く」ことが「太郎」にどのような利害関係があり、どのような影響を受けるのかは、(162)だけでは推し量り得ない。好ましからざる影響があると思われるのにそれがどのようなものかよくわからないのが、据わりの悪さの主因であろう。このことは、非対称受動文の構文推意としての迷惑性を示している。

　　(161)　　花子は卒論を書いた。
　　(162)　　?太郎は、花子に卒論を書かれた。【非対称受動化＋視点者追加】
　　(163)　　太郎は、花子に卒論を先に書かれた。

「先に」を加えただけの(163)は、太郎は花子よりも卒論を先に書き上げようと思っていて、完成の早さを競っていると考えれば、「花子に卒論を先に書かれた」ことが好ましくないことであり、太郎の個人的な感慨であれ、完成の早さを競って負けたという解釈が得られることから、非対称受動文の迷惑性がきちんと解釈され、据わりの悪さが解消される。

3.2　マルファクティブとしての非対称受動

　非対称受動文が格シフトにおいて、ベネファクティブ構文の「〜てもらう」文と平行性を持っていることは、寺村1982をはじめ多くの先行研究が指摘しているところである。

　　(164)　　太郎が自転車を修理した。
　　(165)　　太郎に自転車を修理された。【非対称受動化】
　　(166)　　太郎に自転車を修理してもらった。【受益構文化】

単他動詞の能動文(164)を非対称受動化すると、非斜格の降格だけが生じて対格は残留するが、「てもらう」の受益構文でも、同じ格シフトになる。ベネファクティブ(benefacitive)に対して bene と対義の male を使ったマルファク

ティブ(malefactive)という呼称で呼ぶことが行われている。非対称受動文をマルファクティブ構文と見なすことは，ベネファクティブ構文との対比では常識的な扱いと言えるだろう(加藤 2004a，Tsuboi 2010)。

　能動文の(164)は無視点の文であるが，特に意味的な不足はなく，言ってみれば非主観的な叙述だと言えるだろう。一方，非対称受動文(165)や受益構文(166)は，視点者追加をしないと意味の不足が感じられる。つまり，マルファクティブやベネファクティブでは，受害性や受益性を叙述するために特定の視点が存在することが無標なのだと考えることができる。このことは日本語が主観的把握を好むという見方(池上 2003，2004 など)とも合致する。

(167)　花子は，太郎に自転車を修理された。
(168)　花子は，太郎に自転車を修理してもらった。
(169)　花子は，太郎に自転車を壊された。
(170)　花子は，太郎に自転車を壊してもらった。

　視点者追加を行った(167)(168)は(165)(166)よりも据わりがよい。しかし，(167)は「自転車を修理される」ことの受害性が明確でないために，「無断で」などを加えないと解釈上安定しない。一方，受害性が明確な(169)はこのままで自然である。受益構文は(168)が自然に成立するのは当然だが，(170)も特に不自然さはなくそのまま成立する。これは，受益構文が「もらう」という語彙的資源を使って成立しているのに対して，非対称受動文は受動辞という文法的要素と格シフトという構文的特性を利用しているため意味解釈の限定性が弱いことによると考えられる。

　語彙的資源でつくられる受益構文は，「もらう」の語彙的意味が直接かつ明示的に残っていることから受益性が真と認められ，意味的な整合性は求められない。「自転車を壊す」ことは否定的な解釈あるいは迷惑性に傾くが，受益構文を使えば(170)のように，「自転車を壊す」ことが必要であり，望まれているという語用論的解釈を一義的に誘導可能である。

　これに対して，語彙的資源を用いず文法的資源のみで間接的かつ派生的に成立している非対称受動文の受害性は，受益構文の受益性ほど明確ではなく[19]，最初から真と認められているとは言えない。このため，語用論的に受害性が読み取れる文脈の支えや前提の追加が必要になる。単独では(167)の受容度にや

や問題があるのはこのためである。また，一方で構文的に受益構文と平行性を持ち，運用上選択関係にあることから，非対称受動文と「てもらう」文のあいだには，機能分担が自然に生じ，運用の中でそれが固定していったことも考えられる。受益構文は，その受益性の解釈がもともと明確なので，分担と対立によって意味が明確になるという恩恵を受けるのは非対称受動文である。ここでは以下のようにまとめておく。

(171) 語彙的資源により成立する受益構文（=「てもらう」文）は，自立的に受益的解釈が成立し，その意味は取り消すことができない構文的意味である。

(172) 統語的資源で成立している非対称受動文は，間接的に受害的解釈が得られ，それは文脈的操作で無効化可能な構文推意となる。受害的解釈は，受影者としての視点者の追加のほか，文脈的一貫性や受益構文との機能分担関係によって成立する。

いずれの構文においても，受影者としての視点者が明示されるが，それが受益構文においては受益者，非対称受動文においては受害者と見なされる。しかし，重要な違いとして踏まえておくべきは，非対称受動文における視点者は構造的にあとから追加されたものに過ぎないのに対して，受益構文では本来的に《視点者＝受益者》が「もらう」という補助動詞と呼応する構成要素であることだろう。これは受益構文が本質的に受益性を示すための構文であるのに対して，非対称受動文の受害性が推意として文法化のプロセスで得られるようになった点によく表れている。

日本語では，受益構文と受害構文としての非対称受動文は，機能分担上は対立しており，平行性があるが，ここまでに見たように語彙的資源と統語的資源，構文的意味と構文的推意のように不完全な対称性しか認められない。

3.3 非意志関与性と受動辞

非対称受動文が受益構文との対立的機能分担や統語的平行性，視点者追加などにより，受害性という推意を得ているという理解は，ある意味で，共時的分析を前面に出したものである。受動化がなぜ受害性と関わるのかについて，少し記して本章を終えたいと考える。

ここで特に考えたいのは，なぜ受動構文が無標の推論によって得るべき意味として迷惑性を持つのか，ということである。

(173)　カメラマンがそのタレントの写真を撮った。

(174)　カメラマンにそのタレントの写真を撮られた。【非対称受動化】

(175)　そのタレントが，カメラマンに~~そのタレントの~~写真を撮られた。【視点者追加＋視点者統合】

(176)　そのタレントが，カメラマンに写真を撮ってもらった。【受益構文】

(177)　そのタレントは，写真集の出版を計画している。今回，海外で，カメラマンに写真集に使う写真を{撮ってもらった／??撮られた}。

　通常は，タレントが写真集に使うための写真を撮影するのは，仕事であるから，事前に了承しているのが普通である。こういう場合には，事前に了承済みであるから迷惑・被害ということにはならない。(175)は「無断で」「勝手に」を付加すれば受容度が増すが，非対称受動文では「了解なくなされる動作・行為」が，了解していない視点者にとって受害性と解釈されることが多い。これは受害性の成立の１つのあり方であろう。

　もちろん，事前にわかっていても受害性が解釈されることはある。

(178)　「ケルプ」は，もとの飼い主が見つかるまでのあいだだけ面倒を見るという約束で私が飼っていた，迷い犬のポメラニアンだった。拾ってきたときに汚い緑色になっていたのを見た姉が，昆布みたいだと言って「ケルプ」と名付けた。半年ほど経って，飼い主が見つかったと連絡があった。飼い主のもとに戻るはずの日になっても，ずっと私と一緒にいてくれるような気がしていたが，約束通り以前の飼い主がやってきた。私は，<u>ケルプを連れて行かれ，</u>しばらく人目もはばからず泣いてばかりいた。

　この場合，下線部は「私がケルプを以前の飼い主に連れて行かれた」という非対称受動文（上では追加された視点者が主題化されている）と見ることができるが，連れて行かれることは事前に知っており，ある意味で了解済のことである。しかし，「私」の「意向に沿わないこと」「望まないこと」であるために，非対称受動文になっている。以下のように理解することができるだろう。

(179) 非対称受動構文は，非斜格標示で追加される視点者の意思・意向・意志が介在しない形で，事象が生ずることを示すことによって，迷惑性の推意を得る。

 何かを「される」ということは，視点者にそれを支配したり，コントロールしたりすることが許されていない《非意志関与》の状態にあることだと考えられる。動作の意志や意向も，動作の原因も，動作主にあるのはあたりまえのことであるが，これを動作を受ける視点者から見ると，視点者側の考えや意向は動作者の行為・動作には反映していないことになる。自分の思い通りにならない状況で，その事態を受け止めるのは，誰にしてみても，決して望ましい状況ではなく，愉快な状況でもなく，不愉快であったり迷惑であったりすることが多い。もちろん，他の動作者の行為を受ける場合でも望ましいことはありうるが，それは受益構文で「～してもらう」と表せばよい。《非意志関与》という非対称受動構文の実質が，迷惑性の推意として確立することは十分に整合性のある説明となる。

 柴谷1997，2000でも，使役構文との比較から，受動文の特質に非意志性を見いだしている。英語では，John had his car stolen. のように，意図性があれば使役に解釈され，意図性がなければ迷惑受け身に近い解釈になる(柴谷1997: 19)。柴谷1997では，非対称受動文は，主語の非意志性が明確であり，意志と無関係な事象との関係を理解する際に「なんらかの心理的作用を被ったであろう」と想定されるとし，これに我々の世界観が関わって「意味補給」として迷惑意味の解釈が生じる，としている。

 自分の意志や意向が無視される形で生じるできごとが望ましくないということは，一般化しやすく，経験的に確立した知識(世界知識)に組み込まれる。しかし，自分の意志が介在しなくても，贈り物を贈られたり，ほめられたりすることは，望ましいと解釈できる。「風に吹かれる」際に，どのように吹かれるか，風向きや風力などは，自分ではコントロールできないことであり，いわば風任せである。それでも，風に吹かれることが不快であるとは決まっておらず，心地よいと思ってもいいわけである。「風に吹かれる」心地よさを「風に吹いてもらう」と言い表すことも可能ではあるが，こちらは意向の反映という意味が前面に出る。なお，可能構文などで非意志関与性が見られることはすでに指

摘がある。
　(180)　この料理を食べる。
　(181)　この料理が食べられる。
　(182)　太郎は，この料理が食べられる。
　(183)　そのレストランでは，この料理が食べられる。
　他動詞文(180)にラレルを付して，(181)の能力文をつくっているが，これは昇格も同時に生じている。(182)は能力可能に，(183)は状況可能に解釈されるが，ラレルを伴うと非意志関与性が確認できる。自発構文も見よう。
　(184)　Ａ氏が犯人だと思う。
　(185)　Ａ氏が犯人だと思われる。
　自発は，意志によらない状況の自然的な変化と定義されることもあるように，非意志関与性は明確である。尊敬用法の場合は，非意志関与性は明確ではないが，敬意の対象者の心的状態への言及を避けることが1つの敬意表示法になると考えることができる。ただ，レル・ラレルの敬意用法は他の用法と異なり，格シフトの変更がなく，他の用法と扱いを同一にする必要はないとも考えられる。
　(186)　Ａ氏が参加した。
　(187)　Ａ氏が参加された。
　(188)　Ａ氏は参加されるおつもりだ。

4　まとめ

　本章では，格シフトにおける昇格と降格の観点から，対称受動文と非対称受動文を区分すること，非対称受動文については，視点者追加という項の追加がなされ，関連して，視点者統合や視点者再追加というプロセスが想定されることを述べた。
　また，非対称受動文の持つ迷惑性の解釈は，構文が持つ推意の特質を有し，無標の解釈として得られるが，文脈的操作で取り消すことが可能な解釈であることから，《構文推意》と認められることを述べた。構文推意の形成には，受益構文との対立・分担関係によるマルファクティブ構文としての位置づけや，

意志が関与しないという意味特性があずかって大きな力を持っていることを主張した。

・本章は，加藤 2004a，2008d に大幅な加筆修正を行ったものである。
1) 格助詞「が」で表す非斜格(主格)が，対格・与格などの第一斜格や，それ以外の格助詞類(第二斜格・第三斜格)に転じるとき，これを降格と呼び，斜格から非斜格へ転じることを昇格という。前章参照。
2) 本章も前章と同様，いずれの格助詞を用いて構文が成立するかを専ら検討の対象とするため，自然な文となることを配慮して「は」などに置き換える措置をとらない。従って，構造的に成立するかどうかを見ていく場合には，語用論的に形を整えていないことで不自然に感じうるが，それはここでの議論や判断からあらかじめ除外している。
3) Kuno 2004 では，いくつかの共感階層の 1 つとして，以下を掲げている。HUMAN-NESS EMPATHY HIERARCHY: It is more difficult for the speaker to empathize with a non-human animate object than with a human, and more difficult to empathize with an inanimate object than with an animate object.
4) 高見 2011：61ff. では「人間度」という尺度を用い，人間(2 点)＞動物(1 点)＞自然の力・機械類(0 点)＞無生物(－1 点)という評点法で，他の 3 つの尺度とともに間接受動文の適格度を説明している。
5) 本論では，形態論的な操作の 1 つとして「主題化」を見ており，名詞＋格助詞に副助詞「は」をつけることを主題化と言う。主格や対格は主題化により格助詞が義務的に消去される。与格は意味によるが，消去が任意になることもある。第二斜格以下は格助詞に「は」が後接する。「は」は提題よりも対比や限定など他の機能が前面に出ることもあり，意味的には「主題」と必ずしも解釈されない場合もある。
6) 例えば，「これから富士山をバックに集合写真を撮ろうというときに，曇られると困る」などでは，「空に」があると逆に不自然である。
7) 本論では，主格・対格・与格などは形態格を指して用いている。
8) 加藤 2006d では「離格」と呼ぶ(第 7 章参照)。
9) 「脱退する」は，「A を脱退する」とも「A から脱退する」とも使えることから，ヲ格を起点格と見なすことができる。
10) ときには，降格与格のままでもそのあとにポーズを置くことで受容度が高まったり，別の副詞的な要素が挟まることで受容度が高まったりすることはよく見られるが，ここでは，議論を単純化するために，そのような現象は検討から除外する。
11) 語順を変えて「次郎にその本を花子に貸せる」のようにして与格が隣接しないようにすれば受容度が多少上がる。これは多重格制約の問題として後章で論じる。
12) 視点者を分断するケースを除く。
13) 「大学生の太郎」「会社員の太郎」のように区別できれば混乱がなく受容度が高いが，名前が同じであることによる混乱は語用論的なものであり，構造的なものではないので，統語的には適格である。

14) 受影度が明確になる「勝手に」「無断で」などがあればより受容度が高くなる。（ ）内は追加の視点者項が主題化されているが，主題化したほうが受容度が高くなる。また，非斜格を与格に降格すると降格与格と非降格与格が重複するが，意味解釈の違いが容易にできるようになれば，受容度が高まる。
15) この問題は，格標示の多重性の問題なので，第6章で詳しく論じる。
16) 最も単純に行える推論で，かつ，成立の見込みが高いことは，語用論的には，推論のコストという点で重要である。これは一見すると関連性理論における関連性の考え方に近いように思われるかもしれないが，関連性理論では「関連性」は，文脈効果に比例し，処理コストに反比例する関係と規定されるので，前者については違いがあり，同じではない。(Sperber and Wilson 1986, 1995^2 : 125, 解釈のコストは加藤 2003)。
17) これについては，Howard and Niyekawa-Howard 1976，久野 1983，柴谷 1997 などで指摘されている。
18) 以前は，conversational implicature を「会話の含意」と訳すことが多かったが，本書では一貫して implicature を「推意」と訳すので，「会話(の)推意」とする。
19) 受益構文と受害構文を扱った Zúñiga and Kittilä (eds.) 2010 でも，その報告分析がほとんど受益構文に偏っており，通言語学的に見ても，いずれかを標示する上では，受益構文がより無標なのだと考えることができる。Zúñiga and Kittilä 2010 でも，形態論的な標識として言及しているものはほとんどが受益の標識で，かなりの偏りが認められる。Amberber 2002 (Zúñiga and Kittilä 2010 にも引用あり) はアムハラ語で，-ll- と -bb- という2つの形式が形態統語論的に benefactive と malefactive の完全な平行性を保っていることを紹介しているが，両者が完全な平行性を保っている例は少数と考えてよいだろう。

第 4 章　日本語における文法化と節減少

　本章では，日本語において新しい機能的単位が生じている現象を概観して整理し，それらの構造，また，それらにかかる種々のレベルの制約について考察する。以下では，どのような機能的単位が形成されているのか，また，それによってどのような構造変化が生じているのかについて十分理解を深めた上で，日本語の類型的特質を考えたい。

1　主要部後置と文法化

　ごく単純に統語構造を主要部と非主要部(補部)に分けて捉えるとき，日本語は主要部が右方(後方)に置かれるという強い性質を持つ。これは，修飾部と被修飾部では必ず維持される関係であり，これに違反する「後置」などの現象には一定の制約がかかるとされている。「かなり甘い」など語彙的要素が連続する場合は，被修飾の主要部があとに置かれることが確認しやすいが，機能的な要素が関わる場合には統一的に説明しにくいケースも生じる。
　(１)　　甘くありませんでした。
　(２)　　甘くなかったです。
　例えば，[[[[[甘く]あり]ませ]ん]でし]た] のように，機能的主要部を認め，最右端にあるタを主要部と想定すると，(２)の [[[[甘く]なかっ]た]です] の場合には同じ最右端の要素「です」が主要部となり，整合性を確保するために理論的操作か場合分けの説明が必要になる。本論は，この種の事象を議論するものではないが，主要部が右方にあるという原理が，形態論的なレベルと統語論的なレベルが明確に区分されないままに適用されると枠組みの整合性

の上で重大な問題になることに意を用いたい。

　しかも，日本語の場合，述部複合については，形式名詞などを用いた文法化が多く見られる。述部複合に用いられるのが形式名詞の場合と一般名詞の場合では，異なる構造を想定すべき場合があるが，管見では十分な議論が蓄積されているとは言いがたいようだ。

　（3）　駅がある。

　（4）　私が毎日利用している駅がある。

　例えば，（4）では「私が毎日利用している」という節が「駅」を修飾しているが，構造は（3）と変わらず，「ある」という述部と「駅が」という名詞句が主節をなしている。（4）では「私が毎日利用している」が「駅」を修飾する従属節[1]と分析され，（4）は複文に分類される。（3）は従属節を含まない単文であるが，（3）（4）とも主節部分は同じ形式と構造をしている。単純に同じ考え方をすれば，（5）は「ことがある」という主節と「こと」を修飾する関係節「骨折した」からなる複文である。

　（5）　骨折したことがある。

　しかし，（4）と（5）には，以下のような違いがある。便宜上，（4）をA型，（5）をB型と以下では呼び分ける。

　（6）　A型は主節だけで文が成立するが，B型は主節だけでは文は成立しない[2]。

　（7）　A型は主節が実質的な主節のままであるが，B型は従属節が実質的な主節に相当する意味を担う。

　（8）　B型では，本来の主節を含むシンタグマが助動詞相当の機能を持つ。

「ことがある」は，（5）においては，「経験を示す」と説明されることがあるが，これは必ずしも正確ではなく，特定個人についての事象叙述でなければ経験とは解釈しにくい。「ことがある」が経験と解されるには，「こと」の前の述部がタ形でなければならないが，それだけでなく，スコープと構文の問題が関わる。

　（9）　太郎は，骨折したことがある。

　（10）　花子は，太郎が骨折したことがある。

　例えば，（9）は太郎が「骨折する」という経験を有することだが，（10）では

「太郎が骨折する」というできごとを花子が経験したことを示す。また，(10)は太郎が花子の身内であるなど経験者と事象に有意な関係性があることが意味的な適格性条件として想定される。加えて，(9)と(10)はいずれも「Xは，〜したことがある」という形式[3]で，Xを主題とする文になっており，Xが「ことがある」のスコープには入らない点も考慮するべき課題となる。

　本章で扱うのは，主節が主節でなくなるという現象である。(5)に従属節＋主節という日本語の構造を想定すると，「ことがある」が主節で，それに先行する部分が従属節に相当することになる。これは複文としての解釈である。一方で「ことがある」が複合的な助動詞だとすれば，主節は文全体であり，「骨折した」を含む句を主要部として後続部分はそれに付属する補部と解釈される。この場合，「骨折したことがある」は単文である。

　「形式主義的には複文であるが，機能主義的には単文である」とする考え方もあろうが，本論はこれを捉え方の枠組みの問題ではなく，言語それ自体の構造変化と考える。

2　文法化と単文化

　言語の変化と捉えるということは，意味や機能の実質性が形態に優位に作用することによって生じた文法化と考えることであり，「ことがある」が助動詞という機能的単位としての特性を確立させたと見ることでもある。「ことがある」が一種の複合辞だとすれば，それを文法化とするのは特殊な捉え方ではないが，本論では，これが「ことがある」がみずから主節であることをやめて助動詞という機能辞になり，従属節が主節になった，という点を重く見る。ここでは機能辞となることで(主)節であることを放棄することを《非節化》(de-clausalization)と呼ぶ[4]。節から助動詞に転ずれば，主節か従属節かを問わずに「節」でなくなる。

　つまり，「ことがある」の文法化は，非節化でもあり，文全体の中では従属節が主節に格上げされて（＝主節化），従属節が存在しないことになり（＝従属節減殺），複文であったものが単文となる（＝単文化），節減少（clause reduction）と見るべき，多面な変化でもある。変化事象としては単純であるが，そ

れを統語構造の面から見ると複合的な現象と捉えることができる。本論では，これを簡単に現象全体については《節減少》，特定の範囲については《非節化》と称する。

　非節化が見られるのは，「こと」のように形式名詞に解されるものが関わっている場合が多いが，それがすべてではない。ほかにも，以下のような例が見られる。

　　（11）　期日までに論文を提出しなければならない。
　　（12）　申込書は提出しなくてもいい。
　　（13）　期日までに申込書を提出すればいい。
　　（14）　太郎は委員会に出席しないかもしれない。
　　（15）　この本を読んでみたらどうですか？

　これらの下線部は形式名詞を含まないが，いずれも接続助詞を含み，そのあとに述部が後続する形をとっている。形式論的には，（11）は「期日までに論文を提出しなければ」が従属節であり，（12）は「申込書は提出しなくても」が，（13）は「期日までに申込書を提出すれば」が，（14）は「太郎は委員会に出席しないかも」が，（15）は「この本を読んでみたら」が従属節である。それぞれの文において，これら以外の部分が主節であるが，（11）の「ならない」は，「どうにもならない」のように語句を補うか，「事態が立ちゆかない」のように言い換えなければ，現代語では単独で意味がとりにくい。また，（14）の「しれない」は「知れる」の否定形であるが，分析的に捉え直せばその本来の意味は理解可能であるものの，一般には「わからない」などに置き換えないと理解しにくい。単独で意味がとりにくいということは，助動詞としての統合が進み，意味的に見て自立性を喪失したことの1つの現れにほかならない（尺度 A）。

　ほかにも，これらは本来的に主節であるはずの後続部を省略して用いることが可能なものが含まれている（尺度 B）。

　　（16）　期日までに論文を提出しなければ。
　　（17）　??申込書は提出しなくても。
　　（18）　*期日までに申込書を提出すれば。
　　（19）　太郎は委員会に出席しないかも。
　　（20）　この本を読んでみたら？

これらは省略されることで文体レベルが下がるため，主に話しことばで用いられる。(17)のような言い方は「そんなに怒らなくても」のような形では成立するが，(17)をそのまま(12)の意には解しにくい。(18)はイントネーションも関わるが，後続部がないと(20)に近い意味の「提出すればどう？」のような《推奨》の解釈が優勢となり，(13)の意には解釈されない。

　後続部の自立性は，先行する従属節部と後続部のあいだに，副詞や感動詞[5]などの別の要素を置くことができるかどうかでも確認できる(尺度C)。これは，《弱境界》[6] を含むかどうかの検証と同じである。

(21)　*期日までに論文を提出しなければ，必ず，ならない。
(22)　　申込書は提出しなくても，たぶん，いい。
(23)　　期日までに申込書を提出すれば，たぶん，いい。
(24)　*太郎は委員会に出席しないかも，もしかしたら，しれない。
(25)　???この本を読んでみたら，例えば，どうですか？

　以上の観察をまとめると，以下のようになる。3つの尺度のうち，AとCは成立しないほうがより文法化が進んでいると見られるが，Bは逆に成立したほうが文法化が進んでいると見られる。評価の向きが異なるものが混在してわかりにくいので，文法化が進んでいるものを1とし，そうでないものを0として，参考点方式で示しておく。もちろんこれらのみに尺度が限定されるわけではなく，また，3つの尺度の重みが等しいという保証もない。以下は，単純な比較のための便宜上の取り扱いで，参考評価に過ぎないことを断っておく。

	尺度A	尺度B	尺度C	合　計
なければならない	×(1)	○(1)	×(1)	3
てもいい	○(0)	△(0.5)	○(0)	0.5
ればいい	○(0)	×(0)	○(0)	0
かもしれない	×(1)	○(1)	×(1)	3
たらどう(です)か？	○(0)	○(1)	△(0.5)	1.5

　ここでの参考点を見る限り，「なければならない」と「かもしれない」は，文法化の度合いが高く[7]，「てもいい」と「ればいい」は低い。「たらどう(です)か？」は，その中間ということになるが，他が認識モダリティ助動詞に分類できるのに対して，これのみが発話内力(illocutionary force)を明確に持つ

101

ており，判断よりも広義の行為要求(推奨・勧奨)を表すことが多い。以上だけを見ても，文法化しているかどうかは離散的な特性ではなく，連続的に捉えるべきものであることは確認できる。

　重要なことは，文法化が進むことで，本来の主節が主節でなくなるという点では，形式名詞を含む場合と同じだということである。形式名詞を含む場合は，従属節がそのまま主節に入れ替わるが，ここで検討したタイプのものは，本来の従属節の一部と主節の全体を含む部分が助動詞相当の機能単位となっている点が異なる。従属節の一部を含む場合，接続形は，未然形・連用形・仮定形・終止形などさまざまである。このうち，終止形に承接する「かもしれない」[8]は，いわば命題についていると見ることのできるものであり，「するかもしれない」と「したかもしれない」のように，いわゆるテンス分化が可能であって，次章に言う《強境界》があると言うことができる。

　「かもしれない」は命題につく認識モダリティの助動詞とも見なされるが，文階層を命題層・モダリティ層などと分けるとすると，所属する階層が命題とは異なり，境界もあることから「なければならない」と比べても自立性が高い。「なければならない」は動詞未然形につくときは境界が存在せず，また，命題ではなく，動詞(句)についていると見られる点でも自立性が低い。

3　連体修飾節を含むタイプの機能単位

　形式名詞を含まないタイプの文法化が連続的と考えられること，そのための尺度がいくつか想定できることを前節で見たが，形式名詞を含むタイプの場合はどうだろうか。一般に連体修飾では，「雨が降る日」を「雨の降る日」とするように，ガ格をノ格に置き換えるガ／ノ交替が見られる。ここではこれを1つの基準として用いる。

　(26)　　花子{が／の}知らない事実がある。
　(27)　　誰もが知っているようなことを，博識な花子が知らなかったことがある。
　(28)　　*誰もが知っているようなことを，博識な花子の知らなかったことがある。

これらはいずれも「事実」「こと」を主名詞とする連体修飾構造になっているが，(26)は「(その)事実を花子が知らない」という文から関係節構造をつくったものであり，寺村1982などに言う，いわゆる「内の関係」である。一方，(27)(28)は「外の関係(内容補充型)」であり，英語などで同格のthat節をとるタイプのものに相当する。後者は「こと」が形式名詞として用いられ，「ことがある」が文法化して助動詞相当の機能単位になっている。興味深いのは，この場合，標準語では，ガ／ノ交替が許されないことである[9]。このことは，連体修飾という性質を失ったことを示すと考えれば，単純で一貫性ある説明が可能である。形式名詞「よう」「はず」からつくられた「ようだ」「はずだ」は，さらに文法化の度合いが高く，助動詞としての特性が確立しているので，やはり，ガ／ノ交替はできない。

(29) 次の大会では太郎{が／*の}優勝するはずだ。
(30) 明日は雨{が／*の}降るようだ。
(31) 明日の研究会の司会は太郎{が／*の}引き受けることになっている。
(32) うちの研究室では，外部からの問い合わせに助教{が／*の}答えることにしている。

このことは(31)(32)に見るように「ことになっている」「ことにしている」「ものだ」でも同様である。実は，これらの文では，ガ格ではなく，主題化してハを使うのが一般的で，ガ格を使うと排他解釈になるので，中立的な意味でテストする形にはなりにくいという問題もある。しかも，ハを用いた場合，連体修飾節のスコープから離脱していると考えるべきであり，このテストは参考にとどめておきたい。当面，尺度Dとしておく。

「ことがある」を文法化された1つの助動詞として扱うべきかについては，統合度の問題も考えなければならない。

(33) 花子は宝くじに当たったことが，かつて一度だけ，ある。
(34) 花子は宝くじに当たったこと{も／は／すら}ある。

「ことが|ある」は，弱境界を含み，(33)のように境界部に副詞的要素を介在させたり，(34)のように境界部に副助詞を付加させたりできる。「が」は「は」「も」「すら」などを付加すると消去される(この点は後章で論じる)が，いずれにせよ，弱境界という明確な切れ目を内部に含んでいる。このことは，複合助動

詞が機能的には全体が1つの単位であるにもかかわらず、形態論的には完全に統合されていないことを示している。

　益岡2007：85-108では、「わけだ」「ことだ」「ものだ」「のだ」を説明のモダリティを担う形式としてまとめて論じている。「の」を益岡2007のように形式名詞に含めるかどうかは別にして、これらは、形式内部に境界を持たず、(33)のように別の要素の介在を許すわけではない。境界を含まない形式の場合、別の要素が介在可能かどうかを考える必要がないので、ここでは境界を含むかどうかを尺度Eとして立て、境界を含むものについて境界部への他要素の介在が可能かどうかを尺度eとして検証する手順をとる。

　もう1点は、格助詞を含む場合、(34)のようにそこに「も」「は」「すら」などの副助詞が挿入可能かどうかということである。これについても、当該の機能的単位が格助詞を含むかという尺度Fを立て、格助詞を含む場合に副助詞（とりたて詞）が挿入可能かという尺度fを検証するという手順をとる。

　「ことがある」は上で見たように尺度eも尺度fも満たす。では、(31)(32)で見た「ことになる・ことになっている」「ことにする・ことにしている」の場合はどうだろうか。

　(35)　提出書類には副指導教員がサインしてもよいことに<u>も</u>なっている。
　(36)　講演の依頼は断ることに、とりあえず、している。

これらは、いずれも尺度e、fを満たす。ここで見たものを以下に整理しておこう。

	尺度C	尺度E	尺度e	尺度F	尺度f
のだ	×(1)	×	―	×	―
ものだ	×(1)	×	―	×	―
ことだ	×(1)	×	―	×	―
わけだ	×(1)	×	―	×	―
ことがある	○(0)	○	○	○	○
ことにしている	○(0)	○	○	○	○
ことになっている	○(0)	○	○	○	○

　この表を見ると、連体修飾節を含む形式は、大きく2つに分けられることがわかる。「のだ・ものだ・ことだ・わけだ」をA群、それ以外をB群と便宜

的に呼び分けておくことにしよう。ここでは，尺度Cが成立しないほうが，助動詞としての文法化が進んでいると評価されるが，これは特にA群とB群で明確に対立している。

　尺度E, Fをクリアしない場合は，そもそも尺度e, fは問えない(このため，表では―で表示している)が，一方で，尺度E, Fをクリアしているものは尺度e, fをクリアしており，形態論的な特徴にだけ着目すれば区分が可能である。よって，以下では，尺度eは尺度Eに，尺度fは尺度Fに統合する。問題は，「ことだ」と「ことがある」「ことにする」「ことになる」など，いずれも「こと」という同一の形式名詞を含む機能形式をどう扱うかということである。

(37)　太郎は参加しないということだ。
(38)　太郎は参加しないということにする。
(39)　太郎は参加しないということになる。

　本論では，「ことだ」と「ことにする」「ことになる」に派生関係があるものとして扱う。「～(という)ことだ」は，「AとはBということだ」のように説明のモダリティで用いられる(益岡2007など)が，「～ということにする」「～ということになる」では「という」の介在で意味が変わることはなく，前者は「ある事態を意志的に現出させる」という意味で，後者は「ある事態が非意志的に現出する」という意味である。前者は，意志性と他動性が読み込まれ，決断の意にもなるが，後者は，非意志性と非他動性が読み込まれ，事態の変化のみを非主観的に表現する。

(40)　無理な注文は引き受けないことだ。
(41)　無理な注文は引き受けないことにする。
(42)　無理な注文は引き受けないことになる。

　ただし，(40)は中立的な判断ではなく，当為判断になり，「～ほうがいい」「～べきだ」の意に解される(このとき意味を変えずに「という」は介在できず，挿入すると伝聞の解釈になるのが普通である)。特に文脈がなければ，(41)は決断と意思表明に解され，(42)は変化の見込みを述べる認識モダリティに相当するものに解される。モダリティの意味というものは一般に多様で，なかなか単一の意味にしぼって記述しにくいものではある。ただ，この「ことだ」とい

う形式では,「Aは〜することだ」のAにあたる「ことだ」と呼応する要素が表層にないとき「重要なこと」「必要なこと」の意がAとして読み込まれる潜在的推論プロセスが考えられる。

　ここでは「ことだ」という属性叙述(非時間表現)の無標の意味を基盤として,「ことに」という連用形式に意志性・他動性を標示する「する」がついて「ことにする」が派生し,同じく非意志性・非他動性を標示する「なる」がついて「ことになる」が派生したものと考える。つまり,「ことだ」とその派生形「ことにする」「ことになる」を本論では機能的に一括したい。ただし,「ことにする」「ことになる」はいずれも弱境界を含んでいる点で「ことだ」と明確に異なる。

　「のだ」「わけだ」「ものだ」は,同じように「のにする・のになる」「わけにする・わけになる」「ものにする・ものになる」という形式を機能的な単位として派生させてはいない[10]。よって,形式名詞を含むものの中では「ことだ」のみが派生形式を持っていることになる。同じような状況は,一般名詞でも見られる。

　なお,「ことだ」の義務モダリティ的表現については,その前の命題部分でテンス分化は起こらない[11]。つまり,(40)を「無理な注文は引き受けなかったことだ」とすると不適格になる。これは日本語記述文法研究会(編)2003:225 に言うように,「こと」だけで,「早く起きること」「忘れ物をしないこと」のように,厳守事項や規則にあたるものを箇条書きふうに列挙する用法との関連が考えられるが,本論では,「だ」の有無による差を重視したい。「先生のお話はよく聞くこと！」のような使い方は,義務提示ないし命令で行為要求性が明確である。しかし,「先生のお話はよく聞くことだ」は,「そのほうがいい」という意味が前面に出て,助言あるいは勧奨とも解され,行為要求性は低下する。もちろん,「だ」が陳述性を有することにより,「ことだ」が1つの判断の提示に傾き,「こと」は軽動詞ぬきで使われるために叙述性を欠き,発話内力の顕示に傾くことには合理性がある。通例,複合助動詞の「ものだ」と終助詞化している「もの・もん」とは区別されるが,「ことだ」と「こと」も同様の扱いを考えるべきだろう。「ことだ」が「こと」との関連で,規則や必要事項という解釈が繰り返されることで語用論的な強化が生じ,その意味がモダリ

ティ用法を形成したと通時的には考えられるが，詳しい議論は機会を改めたい。

また，「ことだ」ではテンス分化がなくても，「ことにする」「ことになる」は直前の命題部をタ形にすることが可能である。「太郎に会ったことにした」は，「太郎に会った」という認識に判断を意志的に転じたことを意味し，現実と認識判断にずれがあることを推意する。「太郎に会ったことになった」は同様の認識に判断が無意志的に転じたことを意味し，事実と認識に本来齟齬があったことを推意する。これらは，「実際には太郎に会っていない」という推意[12]を伴うことが多く，これを前章で見た《構文推意》の一種と見ることができる。

4　有派生タイプと一般名詞の文法化

前節での観察は，形式名詞 X について，無標叙述形式で始まる文法化がさらに「X になる」「X にする」という動詞述語での機能形式を派生させているかどうかに分布の違いが見られることを確認した。

無標叙述形式	有標叙述形式
X だ	X になる　（無意志的・非他動的） X にする　（意志的・他動的）
属性叙述形式で無標の解釈では「無時間」的意味	動詞述語の形をとり，事象叙述形式で「時間」的解釈となる

（→）

無標の叙述形式は，いわゆる名詞述語文と同じ形で属性叙述表現と解され，無時間的な意味になるのが普通だが，時間の副詞句などを共起させることで，時間的な意味にもなりうる。ここから派生される形式は，動詞述語文の形をとり，一般に事象叙述に解釈できる時間的な表現になるが，これも文脈によっては無時間的な解釈が可能である。ここで言う「無時間的」とは，時間軸の中に位置づけた叙述ではないことを指しているが，日本語の場合，「夏は暑い」「氷は冷たい」など，形容詞の非タ形は無時間的な表現になっており，名詞述語文や形容詞述語文は，非タ形で用いられると，特定時に成立する事象ではなく，成立する時間や時点というテンス的制約から自由な属性叙述になる。動詞述語文の場合は，未来の事象を叙述する時間的な表現でなければ，習慣的な反復事

象の叙述となり，時間性が希薄になって，より属性叙述に近づく。

前節で見た派生のある「ことだ」を有派生の α 型とし，「ものだ」「わけだ」「のだ」など派生のないものを無派生の β 型と便宜上呼び分けることにする。管見の限り，これまで複合辞，特に複合助動詞をこの観点で分類することはほとんど行われていないようだ。「こと」や「もの」は形式名詞以外にも，一般名詞の用法があるが，形式名詞にのみ用いる「はず」「よう」などは複合助動詞の用法がすでに確立していると言える。

(43) 太郎はすでに新大阪駅に到着しているはず{だ／*にする／*になる[13)]}。

(44) 花子の遅刻は電車のダイヤが乱れたため{だ／*にする／*になる}。

以上からわかるように，「はず」と「ため」は有標叙述に用いない β 型である。一方，「ようだ」は以下に見るように，有標叙述に派生することのできる α 型である。

(45) 花子が来春学会発表するようだ。
(46) 花子が来春学会発表するようにする。
(47) 花子が来春学会発表するようになる。

通常，「ようだ」は証拠性のある認識を表すモダリティに用い，「Xだ」の活用としては「ような」と「ように」という連体修飾形式と連用修飾形式を考えるのが普通であろう。前田2006では，ここで見た「ようにする」「ようになる」を変化構文として，「ようだ」から従属節を導く「ように」が派生し，「ように」がその用法の中で思考内容→命令内容→結果目的内容と派生していった結果，最終的に得られるものの1つに位置づけている。

「ようにする」「ようになる」の場合は，認識モダリティではなく，変化を意図性と非意図性から叙述している形式と見ることができるが，非意図的叙述はときに変化の予測と解されることも多い。興味深いのは，(46)のように「ようにする」に先行する節が非タ形のときには，そのことを実現するべきことと意図して働きかけるという意味になるのに対して，タ形の場合は(48)のように実際は事実でないことを事実であるかのように働きかける(簡単に言えば，偽装する)という意味になる点である。これは前節で見た「〜したことにする」などと共通の構文推意と考えることができる。

(48)　花子が来春学会発表したようにする。
(49)　パソコンが突然壊れたようになる。

　タ形の従属節が「ようになる」をとるのは，実際はそうではないがそう思わせるような類似の事態になるという意味のときで，(49)は「実際には壊れていない」という推意を伴うのが普通である。前田 2006 は類似事態の用法を派生のプロセスに含めていないが，これは用法の記述と派生の説明だけではなく，「する・なる」のような軽動詞の代わりに語彙的な一般動詞を用いた場合の制約も含めて，考えるべき複雑な現象でもあるため，機会を改めて論じたい。
　さて，形式名詞「こと」は，「ことだ」とその派生「ことになる」「ことにする」のほかに，別系列として「ことがある」という機能形式を認めることができた。この形式は，連体修飾節がタ形の場合，過去における経験や記録的事実の存在を意味するが，非タ形の場合，以下のように，頻度(一定期間内での生起の可能性)の成立を意味する。

(50)　次郎は温泉に行くことがある。

　この「ことがある」は，「ときがある」「場合がある」などでも近い意味を表せる。また，従属節がタ形になる「富士山に登頂したことがある」における「ことがある」は「経験がある」でもほぼ置き換え可能である。これらは，形式名詞と一般名詞が paradigmatic な関係をなしているわけだが，形式名詞のなかには形式名詞にしか用いないものと形式名詞と一般名詞の双方に用いるものがある。「とき」は後者であり，「はず」「よう」「ため」などは前者である。形式名詞にしか用いない，これらの形式は，一般名詞用法との対立(連体修飾の有無の対立)がないので，より文法的な形式に特化していると言える。
　形式名詞と一般名詞の置き換え以外にも，連体修飾節を従属節にとらない(51)などは(52)に置き換えができる。

(51)　花子は小説家になれないかもしれない。
(52)　花子は小説家になれない{可能性／おそれ}がある。

　「かもしれない」はあとで言及するように，本来的には「知れない」が主節であり，非節化によって助動詞化したものと言えるが，ここでは英語の may や can に相当する１つの助動詞と考えよう。「かもしれない」に先行する部分は，終止形で終わる文であり，いわば「かもしれない」は命題についていると

言うことができる。同じような意味を表す(52)は「可能性」「おそれ」という名詞を修飾する連体修飾の従属節についている。なお，「可能性がある」「おそれがある」は「可能性だ」「おそれだ」とは用いないので，派生の有無を考慮する必要はない。

　ほかにも，「感じだ」「様子だ」などが「ようだ」「みたいだ」等と同じ位置と意味で用いられることがある。このため(53)と(54)は近い意味になる。(53)のほうが，外形的に認知された状況にあることの推定に重点がある点が異なるが，同じように文法化のプロセスにあると見てよいだろう。しかし，(53)は語彙性もかなり残しており，文法化が進んで助動詞形式のカテゴリーに達していると見てよい(54)とは異なる。このことは，(55)の「～する感じだ」の据わりが悪く，「～しそうな感じだ」あるいは「～しそうだ」のほうが据わりがよいという判断とも合致する。

　(53)　太郎は論文が書き上がらず困っている{感じ／様子}だ。
　(54)　太郎は論文が書き上がらず困っている{ようだ／みたいだ}。
　(55)　この建物はすぐにでも倒壊する感じだ。

「感じだ」に対して「感じにする」「感じになる」という形式が存在するが，派生形とは認められない。しかし，それらとは別に「感じがある」「感じがする」という表現もある。「感じがある」は相対的に客観的な属性叙述で，「Aに(は)～感じがある」という構文になり，Aが「～感じ」を所有する，あるいはそのような属性が存在することを示す存在構文の形をとる(→(56))。一方，「～感じがする」は主観的判断の叙述に傾き(→(57))，「～と思われる・～と感じられる」といった自発判断に近い。「～気がする」にも同じ説明が当てはまるだろう。

　(56)　花子には，どんな問題にもひるまず取り組む感じがある。
　(57)　次郎の負担が大きくなる感じがする。

　ここでは以下のようにまとめておく。「感じだ」は，印象として判断したことを伝える。これは，論理的に提示することによって相手のネガティブフェイスを圧迫するFTA (Face Threatening Act)となることを回避することから，緩和語法としてポライトネス機能を持つこともある。「感じがする」は命題について，その命題の判断が自然に(非意図的に)なされたことを示す。「にする」

と「になる」との対比では,「にする」は意志性を明示するが,「感じがする」が非意志性に傾く点は興味深い。「感じになる」は,命題の示す状態に自然に変化することを示す。「感じがある」は,命題につくモダリティということではなく,「Aに(は)〜感じがある」のように属性の存在として述べ,属性について外形的な印象として認知したことを示すものなので,命題につくものとは区別しなければならない。「感じにする」「感じになる」は,命題につくわけではなく「Aを〜感じにする」という他動構文や,「Aが〜感じになる」という自動変化構文を形成する点で異なる。

(A) 命題につく	(1)	感じだ	印象判断
	(2)	感じがする	自発的印象判断
(B) 命題につくのではない	(3)	感じがある	属性存在文
	(4)	感じにする	他動構文
	(5)	感じになる	自動変化構文

本論で,非節化の対象として論じているのは,命題につき,その命題の従属節が主節に転じるタイプである。上の5種では(A1)と(A2)が考察の対象であり,(B3)(B4)(B5)はそこから除外される。(A1)と(A2)はいずれも外形的印象に基づく感覚的推論による判断という点で共通するが,(A2)は自発性に関する標示があり,(A1)はそれを欠くという点で無標である。

同じような形式の表現には,ほかにも「〜する義務がある」「〜する必要がある」などがあり,これらも「〜しなければならない」などに置き換え可能な場合がある。

(58) 事前に文案を検討する{必要／義務／仕事}がある。

(59) 事前に文案を検討しなければならない。

(58)と(59)は意味が近く,ほぼ同義と見てよい場合もあるが,(58)で「義務」を用いると,義務を課される人物が明確化し,「必要」を用いると当該行為そのものの必要性が前景化して,その動作・行為の主体は後景化する。「仕事」を用いると,仕事そのものの存在が前景化して,その仕事の具体的内容として「事前に文案を検討する」ことが示され,仕事から義務や必要が推意として読み込まれるため,語用論的に近い解釈になる。これに対して(59)は主体が明示されなければ前景化されないという点ではやや「必要がある」に近いと言

えそうだ。また(59)は「なければ」の直前が活用語の未然形(N＋ダならN＋デの形式)になるので，テンス辞の「た」は介在の余地がない。この制約は(58)でも同様にかかる。

(60)　*事前に文案を検討した{必要／義務／仕事}がある。

連体修飾節がタ形になってはいけないという制約は形態論的なものとは考えられないので，(60)が不適格になるのは意味論的な原則に背馳するからだと考えるべきだろう。

このように一般名詞を用いた機能形式は，全体に「Nがある」か「Nだ」の形をしており，後者は「Nにする」「Nになる」という派生形を持つ場合がある。また，これとは別に「Nがする」という形もあるが，この場合は一般名詞は感覚や心理を表す名詞に限定され，その中で文法化の度合いが高いものは「気」「感じ」など一部の名詞に限られる。「感じ」は先ほど見たように「感じだ」「感じがする」が命題につく助動詞タイプである。

(61)　変な{感じ／におい／味／音}がする。
(62)　次郎は悪事に手を染めている{感じ／?におい／?雰囲気／*味／*音}がする。

感覚を表す表現として(61)はいずれも成立するが，「なんとなく感じられる」というモダリティ的な意味で使えそうなのは(62)で見るように「感じ」と「におい」だけである。(62)の「におい」は実際の嗅覚での知覚の意で成立しにくいが，「感じ」に近い意味に意味漂白が生じていれば，あるいは，比喩化していれば，成立する。「雰囲気」も「感じ」の意に解すれば受容度が上がる。しかし，「味」「音」については同じことが見られない。

大島2010では，連体修飾構造について主名詞の語彙的意味から細かに分析する手法を提案している。ここで観察する限りでは，語彙性が後退して文法機能が顕在化するほど(62)の「感じ」の用法で使いやすいと思われるが，この種の文法化と語彙特性の関係についても，細かにデータを検討して記述の精度を高めていくことが望ましい。機会を改めて論じたい。

さて，本論では，整理の便宜のために，存在動詞を用いる「Nがある」のタイプをⅠ型，コピュラを用いる「Nだ」のタイプをⅡ型，「Nがする」のタイプをⅢ型とする。これまでに見たように，Ⅱ型には派生形式を持つαタイ

プと無派生の β タイプがある。I 型と II 型には形式名詞を用いるもの以外に一般名詞を用いるものがあるが，III 型では形式名詞を用いるものはなく一般名詞を用いるものだけに限られる。以上の I 型-III 型までの 3 類型に分類できないもの(その他)を IV 型とする。

実は，これら以外の機能形式の形態タイプも若干見られ，否定表現の形との対応も見ておく必要がある。ここまで見たものをタイプ別に整理し，以下，例文とともに示す。

	名詞種別	派生関係	例　文
I 型	形式名詞		(63)-(67)
	一般名詞		(68)-(72)
II 型	形式名詞	α 型	(73)-(74)
		β 型	(75)-(80)
	一般名詞	α 型	(81)-(83)
		β 型	(84)-(89)
III 型	一般名詞		(90)-(92)
IV 型	形式名詞・一般名詞		(93)

(63) 沖縄に行ったことがある。(経験)

(64) エステに行くことがある。(頻度)

(65) 何も釣れないときがある。(頻度)

(66) 散り際の桜には切ないものがある。(程度性)

(67) 納得できないところがある。(部分性)

(68) 彼女は不合格になる可能性がある。

(69) 書類が受理されない{場合／ケース}がある。

(70) 停学になった{経験／過去}がある。

(71) 大学院に進学した理由がある。

(72) 納得がいかない{点／部分／箇所}がある。

(73) 体調の悪いときはよく寝ることだ。

(74) 太郎は言語学を専攻するようだ。

(75) 赤ん坊は泣くものだ。

(76) なるほど君が緊張するわけだ。

(77)　次郎は何も知らない<u>のだ</u>。
(78)　太郎は合格する<u>はずだ</u>。
(79)　君が行く<u>べきだ</u>。
(80)　彼女は行く<u>みたいだ</u>。

　II型形式名詞β型に含めた(79)の「べきだ」の「べき」と(80)の「みたいだ」の「みたい」は厳密には形式名詞ではない。特に「べき」は「べし」の連体形であり，連体修飾のときはそのまま「～するべきN」のように用いる。「みたい」は形容詞との形態的類似性から「みたく」のような連用形が俗調で観察されることがあるが，活用上は最も齟齬が小さいと見て，以上のように分類した。

(81)　彼の話し方は人を諭している<u>感じだ</u>。
(82)　彼女は進学する<u>つもりだ</u>。
(83)　与党としては野党案を受け入れた<u>形だ</u>。
(84)　首相は総選挙に打って出る<u>構えだ</u>。
(85)　彼は就職する<u>気だ</u>。
(86)　来週は天気がよくなる<u>見込みだ</u>。
(87)　午後から雨が降る<u>予報だ</u>。
(88)　学部を改組する<u>予定だ</u>。
(89)　幹事長は打開策を模索している<u>模様だ</u>。
(90)　彼女は何か心に秘めている<u>感じがする</u>。
(91)　この事件は，A氏の背後に黒幕がいる<u>においがする</u>。
(92)　今回のことに関して彼は全く何も知らない<u>気がする</u>。
(93)　朝ご飯は食べたほうがいい。

　ここではII型の一般名詞にα型とβ型を分けている。「Xだ」から「Xになる」「Xにする」が派生するなら「有派生タイプ」としてα型に含めることを基準にしているが，(85)などは「就職する気になる」のように「Xになる」は派生するが，「*就職する気にする」という「Xにする」の形式の認定は難しい。(85)の「彼は」はガ格の主題化と見られるが，「Xにする」の派生形は「彼を就職する気にさせる」としないと現れない[14]。つまり，「Xになる」があって「Xにする」は成立しないと見られるのである。これは「AがBだ」

と「AがBになる」が格シフトの変更を伴わないのに対して,「(Cが)AをBにする」では他動化ないし使動化と見てよい格シフト変更と項の追加が見られ,構造の変化が大きいためではないかと思われるが,この点を論証するにはもっと多くの用例を子細に検討しなければならないので,管見の範囲で, α 型と β 型のあいだに「X になる」という派生形のみを持つ β' 型があることを指摘するにとどめたい。

　もう1点,見ておくべきことがある。否定の形である。
 (94)　　彼は来るはずだ。
 (95) ???彼は来るはずでない
 (96)　　彼は来るはずがない。
 (97)　　彼女が小説家になるわけだ。
 (98)　?彼女が小説家になるわけでない。
 (99)　　彼女が小説家になるわけがない。

「Xだ」の単純な否定形式「Xでない」でなく「Xがない」のほうが自然だという点では「はず」も「わけ」も同じである。(95)の「はずでない」は「はずではない・はずじゃない」ならば受容度が上がるが,このままでは自然でない。(98)は(95)ほど受容度が低いわけではなく,「なるわけでは̲ない」ならば自然である。これらは「は」の介在によって否定焦点化が見られ,「は」の有無で意味がどう異なるか[15]も検証する必要があるので,機会を改めて考察する。

5　連体修飾を含まない文法化のタイプの整理

　形式名詞や一般名詞などが後続の要素とともに文法化して,本来連体修飾の従属節であったものが,主節化するタイプをやや細かく整理して見てきた。これ以外にも第2節で見たように,連体修飾節と名詞を軸に文法化するのとは異なるタイプもある。ここではそれを命題(終止形)につくタイプ(V型)と動詞句(その他の活用形)につくタイプ(VI型)に分けて整理しておきたい。後者は,活用形と言っても,連体修飾がなく(形式的には終止形は連体形と同じなので一括する),連体形・終止形は除外する。加えて,現代日本語では命令形も接

続の活用形と考える必要がないので除外し，Ⅵ型については未然形と連用形と仮定形で分ければよいことになる。

	活用種別等	例　文
Ⅴ型	引用形タイプ	(100)-(101)
	疑問辞タイプ	(102)-(103)
	仮定節タイプ	(104)
Ⅵ型	未然形	(105)-(106)
	連用形	(107)-(108)
	仮定形	(109)-(110)

(100)　今年の夏は猛暑になるという。

(101)　今年の夏は猛暑になるって(いう)。

(102)　太郎は合格するかもしれない。

(103)　太郎は合格するやもしれぬ。

(104)　教えてくれるといい。

(105)　休まなければならない。

(106)　休まざるを得ない。

(107)　休んでもいい。

(108)　休んだらいい。

(109)　休めばいい。

(110)　教えてくれればいい。

　Ⅴ型の引用形タイプは後ろに「話だ」「噂だ」などを続けることが可能で，この場合は，形式上Ⅱ型に分類できる。引用辞トやッテの前には被引用表現が置かれるので，統語形態論的には制約がなく，意味的な制約だけが与えられる。「早く結論を出せよという発言」では引用辞トの前に動詞命令形や終助詞ヨが用いられているが，「早く結論を出すという方針」を「早く結論を出せよという方針」にすると受容度が明らかに低い。これは，引用辞トの前が特定の発話をそのまま引用している(写像度の高い引用を行う)ことが許されると考えれば，統語形態論的なレベルでの制約ではなく，「方針」など特定の発話の直接的な引用と整合しない主名詞では不自然になるという意味論的な制約と考えられる。

(102)(105)(108)などは接続助詞までを残して，後続部を消去しても通じるだけの文法化が進んでいることは先に見たとおりである。接続助詞を含むこれらは，節と節のあいだの弱境界を含むことが重要な特徴になっている。
　VI型は，活用形が指定されているのでテンス辞が介在する余地はないが，以下のように，ボイス辞・アスペクト辞・否定辞などは介在させることが可能である。

(111)　休ませなければならない。(使動辞の介在)
(112)　休んでいてもいい。(アスペクト辞の介在)
(113)　休まなければいい。(否定辞の介在)

　VI型は統語要素の介在は可能だが，テンス分化が許されない(タ形にできない)ので，強境界を形式の開始部に持つV型とは異なり，形式の開始部には次章で言う強境界も弱境界も存在しないことになる。
　つまり，V型「かもしれない」とVI型「なければならない」について，対照的に示すと以下のようになる(強境界を‖で示す)。

(114)　V型　‖かもしれない‖
(115)　VI型　なければならない‖

　強境界が冒頭部にあるかどうかはテンス分化が可能かどうかの違いになるが，タ形が用いられるかどうかは意味論的制約の影響を受けると考えられる。

6　日本語の類型的特性と非節化

　本章冒頭でも述べたように，日本語は主要部右方型の言語で，修飾するものが先(＝左)に来て，修飾されるものがあと(＝右)に来るのが原則である。ただ，これは語彙性のある要素の関係で，句と句，節と節，あるいは，節と句(ここでは「句」は「語」単独も含む)などの場合である。
　一般的には，本来，日本語のような言語では，線条的にあとに生じるもの(＝右側にあるもの)が構造的にも意味的にも主たる要素として主要部になっていると考えられる。しかし，形式名詞が主要部になる場合，意味的には左方で修飾している連体修飾の従属節のほうが解釈上は主たるものであって，情報的にも従属節の内容が重要であり，かつ，構造上も長いなどの偏りがあって，全

体として形式名詞は文法的な要素に近づく。そして，このような現象は，一般名詞であっても意味的に特殊でない場合には生じる。

(116)　太郎が音素の概念を理解していない|の|が問題なのだ。
(117)　太郎が音素の概念を理解していない|こと|が問題なのだ。
(118)　太郎が音素の概念を理解していない|事実|が問題なのだ。

　これらはいずれも下線部が連体修飾の従属節で「の」「こと」「事実」がそれに続いている。「の」は国文法では準体助詞であるが，益岡 2007 のように形式名詞に含める立場もある。機能的には，(117)の「こと」と「の」は近いが，「こと」には形式名詞でない用法もあり，自立性という点でも両者は異なる。本論では，「の」は，それじたいが自立的な語とは言えないことから，単なる機能辞の一種(名詞化辞)と捉えたい。(117)と(116)が意味的に近いことを重視すると，「こと」は語彙的意味を喪失しつつあり，下線部のほうが情報上具体的かつ重要であって，意味的な重心が構造上の主要部を主要部でない状態にする作用を果たしていると見ることができる。(118)における「事実」は語彙的な意味を失ってはいないが，語彙的な意味が背景化していることは確かであろう。これは，以下の原則を立てて考えることができる。

(119)　意味的重心の作用(Semantics-over-morphology Principle：SoM 原理)
　　　連体従属節＋主要部名詞という構造において，意味的な重心が前者に置かれるとき主要部名詞は，意味的に背景化し，それに対応して，その統語構造上の役割が後退することがある。この作用が強まると，主要部名詞は自立性が低下し，主要部としての特性も弱まる。

　この作用は，形態構造に対する意味機能の優位原則が顕在化した例の 1 つだと考えられる。また，この原理は，大まかな理解においては，意味の重心によって構造解釈が変わりうるとするものであり，さらに，それが語彙的要素から文法的要素(機能単位)への変化を起こす動機になっていると考えてよい。単純に言えば，構造に対して意味が優位的位置に置かれ，それが機能的な特化を促す作用を持つ，ということでもある。つまり，ここでの SoM 原理は，言語変化の 1 つの動力(drive)となる機能重点化であり，それによって形態論的な制約が徐々に弱まるという言語内的な変化だと考えられるわけである。しかし，

SoM 原理は言語内的な変化の力や動機とは別に，研究者が言語を捉える研究手法に見られる傾向と考えることも可能である。つまり，研究者が言語現象を記述したり分析したりする際により機能重視や形態論軽視の姿勢や手法をとることはありうるが，これは意味論を形態論より上に位置づけてはいるものの，言語そのものの外にある研究の枠組み設定のことなので，ここでは両者を区別する[16]ことが重要だと考える。

　SoM 原理は言語において機能する動的な力というだけではなく，研究の枠組みとして主流になっていることで重大な影響力を持っていると思われる。例えば，I am going to attend the meeting. の本来の解釈は，I と am going が主部と述部で，to attend the meeting を副詞句とするものである。しかし，going の語彙的意味が後退し，be going to が機能単位となるときには，[be going to] が助動詞と解釈され，本動詞（あるいは動詞主要部）が attend であると見なされる。このときは，本論で言うような非節化は起きていないが，境界部の移動(to の直前から to の直後へ)が生じており，主要部が主要部であることを停止し，主要部以外にその役割を譲るという変化が生じている。また，日本語は主要部右方型と分類されてきたが，これは助動詞類を除外して捉えたもので，主要部と補部という関係について助動詞類を含めて意味的に見ると，述部複合構造は必ずしも右方優位でない点も重要である。

　　(120)　　食べ-させ-ていた-らしい-よ

述部複合では，語彙的な動詞が先頭に置かれ，それに後続するのは助動詞か助詞である。しかも，動詞の語彙性は構文形成上重要な特性であり，ボイスなど格シフトを含む構文特性を支配する統語要素は語彙的動詞の直後に置かれるのが重要な規則になっている。さらに，述部複合を階層的に記述することが多いことからもわかるように，動詞から順に重要な要素が配され，任意の要素は単に付加されていくだけであることが多い。つまり，語に機能的要素を付加して形成する述部複合では左方に主要部が置かれ，右方に補部などが置かれると見ることができるわけである。これは，意味的観点からは日本語が右方主要部型であり，機能的観点からは日本語が左方主要部型の言語であるということになる。つまり，意味と機能で構成原理の分裂が見られるのである。ここではこのことを(121)のように理解しておきたい。

(121)　日本語の構成原理の分裂性（意味的右方性と機能的左方性）
　　　　日本語は，語彙的要素など意味的な関係をなすものは主要部を右方に配する傾向が強いが，統語要素など機能的な関係をなすものは主要部を左方に配する傾向が強く，構成原理が異なっている。

　便宜上，わかりやすいように「意味的右方性と機能的左方性の分裂」と言うことにすると，この分裂は，構成原理がそれぞれの分担を守って作用している限りは，分担の1つのありようでしかなく，問題にならない。しかし，意味が構造に対して優位に作用する SoM 原理が関わると，分担関係は崩され，意味論が形態論を侵略するがごとく，意味の関係が形態論的な関係を抑制して主要部や主節を無化し，形骸化することになる。これが，《非節化》を可能にし，また，《非節化》を起こす大きな要因だと考えられるのである。

　加藤 2007, 2009a などで言う《非節化》は第 1 節で言う B 型などに生じるものであるが，端的に言えば，複文構造が単文構造になるような，節を1つ減ずるようなプロセスである。構造的には「X がある」という主節と X を連体修飾する従属節を伴う「〜する X がある」を見比べると，いずれも主節部分は同じはずであるが，(122)の下線部が頻度や生起可能性を述べる助動詞のような役割を持っている形式と見なされると，(122)は本来従属節であるはずの「たまにはお酒を飲む」が主節になり，「ことがある」は助動詞のように機能し始め，主節の一部たる「飲む」を主要部としてそれに付属する要素に降格し，単独で節を形成しているとは見なされなくなる。これが，節であることを停止してしまうと見て，ここで《非節化》と呼ぶプロセスにあたる。

(122)　たまにはお酒を飲む<u>ことがある</u>。

　これは，「ことがある」という機能形式の誕生と見れば《文法化》ということもできる。ここでの機能単位は，おおむね助動詞に相当するものが多いので，助動詞化と言ってもよい。また，本来「ことが」という主格名詞句と「ある」という動詞句からなるものが，1つの単位にまとまって単一の機能を持つという《統合化》でもあり，統合化は，構造的境界を背景化して意味的境界を実質的な境界にするプロセスと見ることもできる。(122)で言えば「ことが＋ある」の「こと」に先行する節が付属している構造から，「お酒を＋飲む」の「飲む」に「ことがある」が助動詞的に付属している解釈に転じるので，(123)から

(124)への変化と記述することも可能である．つまり，非節化を切れ目の変更として見れば，構造の《異分節》でもある．

(123) （たまにはお酒を飲む）ことが|ある

(124) （たまには）お酒を|飲む（ことがある）

節を形成しているものが助動詞になって節でなくなれば，節の数は1つ減る．この《節減少》は，複文を単文に変えるという《単文化》として象徴的に表すことができる．もちろん，従属節の中に従属節を含むような構造であれば，《節減少》があっても，分類上は複文のままである．しかし，(122)のような単純な構造では「ことがある」が主節でないとすれば，単文化したと言うことができる．

以上のように形式名詞を含む場合が典型的な例であるが，「かもしれない」のようにどの部分が主節なのかわかりにくい例もある．「〜かもしれない」の「知れない」は「わからない」という意味なので「〜」の命題部分は本来ガ格でマークされて「〜（かどう）かが知れない」という意味合いである．ここでは「か」が節につくことで名詞化が生じているが，「の」と異なり「か」を名詞化辞として扱うことは少なく，「かもしれない」の統合性が高いため，これを主節と見ることも少ない．さらに「〜すればいい」の場合，本来の構造では「いい」は対応する主格名詞句が存在せず，「いい」だけが主節で，それ以外は連用的な成分に過ぎない．しかし，「ればいい」の統合性が高まって「いい」が自立性と語彙性を失うことで，「ればいい」全体が助動詞のように見なされるわけである．

7 終わりに

語彙的な意味の後退が文法化と連れだって生じるのは，通言語学的に見ても，一定の普遍性のある現象だろう．もちろん，Norde 2009 が言うように，語彙化と文法化が単純に向きの異なる変化と見るのはあまりに単純過ぎる考え方ではあるが，両者が対称性を有する変化傾向であることが否定されるわけではない．その中で，語彙性と文法性が両立したり，共存したりする可能性はあるものの，変化が一方の機能へと中心が移行するものであれば，そこに後退・弱

化と前景化・強化という対立的な変化が生じることにも合理性がある。

特に形式名詞を中心に名詞が本章で見たような文法化に深く,かつ広汎に関わっていることは重要である。本章ではその理由を以下のように考える。

(125) 名詞が文法化に関与しやすいのは,連体修飾節においてテンス対立などが標示しやすく,名詞のあとにさまざまな述語形式を選択することができ,時間性や意志性,また,境界部に副助詞類を介在させることも可能で,微妙な差異が表現しやすいからである。

名詞の前後でテンス対立を標示したり,意味的差異を明示したりできる[17]ということは構造が複雑になることでもある。

加藤2003では,修飾を,構造的修飾,機能的修飾,意味的修飾に分けているが,典型的にはこの3つが重なり合うものの,すべてにおいて一致するわけではない。本論で言う非節化は,意味に牽引されて機能や構造の変化が生じており,それらの方向性は同じであるものの,同じ段階を連動して経て変化していくのではなく,むしろ,何らかのずれが生じるものであり,そのタイムラグがこの種の現象の興味深いところだとも言える。

意味が構造に対して優位に立って,本来主節であるはずの形式が補部的な位置づけになる現象は,条件が整えば,どの言語でも生じる可能性はある。例えば,英語の It looks that ... では,その本来の構造においては It looks が主節で that 節が従属節であるが,意味上 It looks は Seemingly などに置き換えられる場合もあるような副詞的な要素になっている。これは,Looks に省略されることからもわかるように,機能単位化が進んでおり,意味的に重心のある that 節が主節に感じられるようになる。

ただ,語彙性を残しつつ文法化するなど,両者の拮抗する連続的な状況もあり,どういう条件下で非節化が生じやすいか,また,生じにくいかは,個別の形式を子細に観察して記述するところから始めなくてはならないだろう。また,今回提案した分類は,現象の記述に基づいているもので,《非節化＝文法化＝統合化＝節減少＝単文化》というプロセスの観点からは,また異なる分類が考えられる。このことは,いくつかの残された課題とともに,今後機会をつくって詳しく論じたい。

第4章 日本語における文法化と節減少

・本章は，加藤 2009a，2011a に加筆修正を行ったものである。
1) 従属節は連体修飾と連用修飾に二分され，前者を関係節と呼ぶ。関係節の定義については，加藤 2010b に従い，主名詞を含まない。
2)「こと」を「深刻な事態・重大事」などの意で「(これは)ことだ」「(これは)ことになる」などと言うことはあるが，「(これは)ことがある」とは言わない。よって，ここでの解釈は除外する。
3) 一般名詞「経験」を使った「X は，〜した経験がある」では「X には」とすることが可能だが，形式名詞「こと」の場合には，「X には，〜したことがある」で経験主としての X と解することは自然でない。
4) Lehmann 1988：193 では，従属節がより名詞句に近づくことを desentencialization と呼んでいる。これは，文でなくなるという変化を指し，Sandra decided that she would not go to the meeting. が Sandra decided not to go to the meeting. に転じても意味はほとんど変わらないが，前者の下線部が明確に節の性質を持っているのに対して，後者の下線部は動詞が定動詞でないなど節でない(あるいは節としての性質が減ずる)と見ることができる。また，We are waiting for John to arrive. が We are waiting for John's arriving. さらに We are waiting for John's arrival. と転じる場合，下線部はより名詞性が強まっている。日本語に関しても「私たちは太郎が帰国するのを待つ」と「私たちは太郎の帰国を待つ」では，意味は大きく違わないが，下線部は前者よりも後者のほうが文の性質を失い，名詞句の性質が強くなっている。Lehmann 1988 では異なる例を用いているが，これらの変異を desentencialization と呼ぶ。これは「脱文化」「非文化」のように訳しても誤解を招く可能性があること，また，従属節の変異を議論していることもあり，本論ではそのまま非節化(declausalization)という用語を用いる。desentencialization も declausalization も全体として節減少である点では同じである。
5) 感動詞は伝統的品詞区分での名称で，間投詞や談話標識，フィラーと呼ばれるものを広く含む。
6) 弱境界については，次章で論じる。「は・も・だけ・すら」などの副助詞が介在できる場合に，これらが弱境界の直後に介在できるとするが，ここでの検証のように，一旦切って副詞が介在できることも多い。
7) 加藤 2006a では，この2つを「モダリティ助動詞」に分類している。高橋 2003 では，扱いが保留されている一群に含まれる。
8) 名詞述語(いわゆる形容動詞も含む)の場合は，厳密に言えば，終止形でなく，名詞のみ(形容動詞語幹のみ)になる。
9) 肥筑方言をはじめとする九州方言では，主節においてもガ格をノ格にして成立することがある。この種の方言では，ガ／ノ交替をテストに用いることはできないであろう。東京方言をはじめとする多くの方言では，連体修飾節でしかガ／ノ交替が許容されないので，この種のテストが成立する。
10) ただし，これらは形態論的に不適格ではない。
11) 日本語記述文法研究会(編) 2003 では，「ことだ」に「わざわざ出迎えとはご苦労なことだ」のような《関心・あきれ》の用法も示している。この用法ではテンス分化があ

り,「よくまあこんなに食べたことだ」とも言えるが,夕形になるときは「ことだ」ではなく「ものだ」のほうが自然である。また,「よくまあこんなに食べたこと!」のように軽動詞がない形ならば自然であり,このときは「ご苦労だこと!」のように,形式名詞と言うよりも終助詞に近く,さらに,話しことばでは「ご苦労だことだね」のような言い方も聞かれることから,義務モダリティの用法とは区別したほうがいいようにも思われる。

12) この場合の推意は,語用論的には,一般会話推意(Generalized Conversational Implicature:GCI)に相当すると考える。GCI と PCI (Particularized Conversational Implicature)については,Grice 1989, Levinson 2000, 加藤 準備中を参照。

13)「はずにする」が明らかに用いない形であるのに対して,「はずになる」の不適格性がそれほど明白でないと判断する人もあるようだ。これは「9時に東京駅を発ったのなら,昼過ぎには新大阪に着いているはず(だ)ということになる」の意の縮約表現としての「はずになる」が口語の破調として聞かれうることが判断に干渉しているためだと考えうる。(44)でも同じように,「〜乱れたため(だ)ということになる」の縮約が干渉している可能性がある。しかし,これらは単独では適格だと認めにくいものでもある。

14) このため,「彼を就職する気にする」を適格なものと判断する人も見られる。こうした判断は,「気にさせる」の縮約形と見るべきか,「〜を気にする」など類似する形式の存在が判断に影響して生じると考えるべきなのか,簡単に結論を導きにくい。しかし,本論では,これは干渉の結果,判断がゆれたものと見ることにしたい。すなわち,「彼を就職する気にさせる」が適格で,「彼を就職する気にする」は文法的には不適格と扱う。

15) 否定表現にハが介在するのが無標か,介在しないのが無標かは,地域差があることが知られている。北海道・東北などでは,「行くのでない」のように「は」が入らない形式(口語では「行くんでない」)が無標であり,関東以西では「行くのではない」のように「は」が入るのが標準の形式(口語では「行くんじゃない」)であるが,後者の場合は,介在が無標で「は」のない形式は用いないのが普通なので,対立がなくなって,中和している。一方,前者では,「は」を含む「行くんではない」のような言い方も可能であり,意味差がある(否定の焦点の明示など)ので対立があると言えるようだ。

16) 前者を言語内的な SoM 原理,後者を言語外的な SoM 原理などと呼んで区別することが可能だが,本論では詳しく扱わない。

17)「来るはずがない」に対して「来ないはずだ」など,意味差があまり明確と言えない場合もある。肯否で形式に対称性がないことも考慮する必要がある。

第5章　日本語の述部構造と境界性

　古典的な言語類型論では，日本語は膠着語に分類されている。本章では，膠着性が特に強く現れる述部構造に着目し，そこに日本語に特徴的な統語特性や類型特性を見いだすことをめざす。

1　問題点の整理

　日本語の述部構造は，動詞に助動詞と助詞が後接する形で膠着的に複合体をつくると考えられている。その際に，活用を行う要素(動詞・形容詞・助動詞)は後接する要素との関係で活用の形態が指定され，また，後接が許されない要素もある。
　（1）　　食べさせられていなかった
　（2）　　食べる＋させる＋られる＋て＋いる＋ない＋た
　例えば，(1)は(2)に基本形(終止形)を挙げた各要素が活用して接続することで複合体になったものである。このとき「*食べるさせる」は形態論的に許されず，また「食べさせて」のように接続助詞の「て」があると，その直後に「れる・られる」という助動詞を接続させることは，その活用形の如何を問わず，できない。また，記述上は，音便をどう扱うかという問題もありうるが，これは言語事実の問題ではなく，記述の体系性の問題である。切れ目(＝境界)に促音というモーラ音素が現れることをどう見るか，これを活用形の1つとして取り出すべきか，ということも含めて，活用体系をどう設定するか，という問題になる。これが，1つめの問題である。
　次の問題は，用言複合体に現れる要素の順序に指定があるということである。

これについては，渡辺 1953，1971 で体系化され，その後，北原 1970，1981 で文の構造と結びつけて理解することが提案された。また，仁田 1989a 等で承接順序が「層状のカテゴリー」としてまとめ直されることで，述部構造の特性として理解されることが一般的になり，その後のモダリティ研究の出発点ともなっている。

　これらの先行研究が，どのように用言複合体における助動詞の出現順序を示しているかは，あとで詳しく検討するが，おおむね渡辺 1953，1971 が形態論として論じ，北原 1970，1981 が統語論として論じ，仁田 1989a が意味論として論じているように理解することは可能である。やや意味的な特性も視野に入れているものの，統語的なレベルで分析していると見てよいものに，阪倉 1966，1979 があり，現在の言語研究からすれば，語用論的な要素も繰り入れているものに林 1960 や南 1974，1993 があるが，これらには述部構造に関する限り形態の指定と理解するべきところもあり，統語のレベルを中心に広く形態と意味を考慮しつつ論じているように思われる。

　問題は，用言複合に出現する要素の順序に明確な規則があるのかということ，承接順に決まりがあるのならそれはどういう規則なのかということ，である。ここでは，文に階層を設定し，それらが叙述機能のレベルと対応しているとする考え方(便宜的に《文階層論》と呼ぶ)を基盤にしていると言うことができる。承接は文階層の制約を受けるのか，逆の作用が見られるのか，また，その種の制約が見られるならば，それをどう記述すべきか，というふうに課題を設定し直してもよい。これが第 2 の問題点となる。本論はのちに示すように，それほど単純化して出現順序を規則化することはできないと考えている。また，丹羽 2005 も，地域方言を例に，承接の順序を論じている。また，工藤 1995 では，広義のヴォイス性がアスペクトにおいて解釈性の異なりを生むことを指摘しているが，これもヴォイス構造を形成する要素がアスペクト構造を形成する要素に先行することを前提としているようだ。用言複合体を形成する要素については，通言語学的な一般化とも関わりがあると考えられるので，Forey and Van Valin 1984, Bybee 1985, Hengeveld 1989, Van Valin and La Polla 1996 なども参考にしながら，構造特性を考えたい。

　そして，用言複合を形成する個々の要素の体系的位置づけが第 3 の問題とな

る。この問題は、テンスやアスペクトが、少なくとも日本語の用言複合の中で、どう定義され、どういうカテゴリーと見ることができるか、という問題と関わる。また、文階層論において各階層がどのような統語特性・意味特性を有しているかという点では、第2の問題とも深く関わっていると言えるだろう。

　活用の形態とその体系を捉え直すという第1の問題は、日本語の根幹に関わる重要な問題である。三上 1953 では、「切れ具合」を動的に捉えていて非常に示唆的であるが、これは現代的視点から再度検討する余地があると考えられる。「切れ具合」という、かなり感覚的な概念を明確に尺度化した上で、通言語学的な視点も含めて検討し直すことが必要だと思われる。この問題はあとに回し、先に第2の問題点から検討したい。

2　膠着要素の出現制約

2.1　先行研究瞥見

2.1.1　渡辺実 1953

　膠着要素の承接順序に関する研究の嚆矢と見てよいのは、渡辺 1953 であろう。渡辺 1953：29 は、「直接体言にも後接し得るもの」を甲種、「用言にしか接し得ないもの」を乙種として、以下のような表を掲げている(縦組みを横組みにして引用)。

　(3)

種類	第 1 類				第 2 類		第 3 類
甲種	だ(である)				らしい		だろう
乙種	せる(させる)	れる(られる)	たい	そうだ	ない(ぬ)	た	う(よう)
				まい			

　渡辺 1953：29-31 は、時枝 1941、1950 が使役の「せる・させる」と受動の「れる・られる」などを接尾語としたのを踏まえて、乙種第1類に「動詞の一部をなすもの」を含めるとする。名詞述語文の一部をなすと見れば、「だ」が甲種第1類であることは首肯できよう。第2類は「述語の外で働く」とされ、第3類は終助詞に近づいており、体言化することの難しいもので、「陳述の次

元に迫っている」と見なされる。なお,「終助詞」は第3類とは区別され,第3類のあとに現れるとされる。これは,述部構造を階層的に捉える見方と言うことができ,筆者に,(4)のように図示して理解しうるものである。ここにおいて,①は第1類を表し,実線で囲まれた部分が述部を表す。①は動詞の一部となる接尾辞のたぐいと見ることもできるだろう。②は第2類を表し,述部である実線部分の外側に置かれる。③は第3類を表し,文を表す点線で囲まれた部分の外に置かれ,文についているように見える。図示することで,述部に階層を想定した捉え方であることが確認できるだろう[1]。

(4)　　動詞+①　　+②　　+③

承接の順序については,「第1類は常に第2類に先立つ」が,第2類は「異種相互が承接しあい,浮動的で無秩序である」とされる。例えば,「ない+らしい」「らしく+ない」「た+らしい」「らしかっ+た」などが,例として挙げられている。渡辺の立論を文法史的に位置づけるならば,時枝の文法論を踏まえている点,「陳述」の成立という観点から説明している点,範列関係に基づくカテゴリーを設定している点,そして,3つのカテゴリーが「動詞の一部である第1類,文の叙述に対して後接する第3類,その中間的な第2類」というように,構文論的機能に基づいている点を,挙げなければならない。

渡辺1953でも認めているように,この承接関係は第2類を中心にこの原則通りにはいかないところが見られる。また,「食べさせたい・そうだ・らしい」では,3つの範疇に分けることができるが,その各範疇の直後に「食べさせたかった・そうだった・らしかった」のようにタを出現させることができる。これを,本論では,多重テンス(multiple tense)の問題と呼ぶが,「た」が時制を標示しているのか,それが重なることがありうるのか,という意味論的な問題につながる。

2.1.2　北原保雄 1970

すでに渡辺1953でも,承接する助詞類の順序を単なる形態論的な規則ではなく,階層性を有する構造と見ているが,北原1970,1981では,連用修飾成

分のたぐいも含めた階層構造へと拡張して考えている。つまり，述部階層と対応する連用成分が文に存在すると見る。北原1981：111には，（5）のような基本構造の図が挙がっており，「パンを」と「食べる」が呼応し，「パンを食べさせ」と「太郎に」という使役格が呼応し，「太郎にパンを食べさせられ」が「花子に（よって）」という受身格と呼応する，というように，連用修飾成分も含めた呼応の階層が文の全体にわたって示されている[2]。

（5）

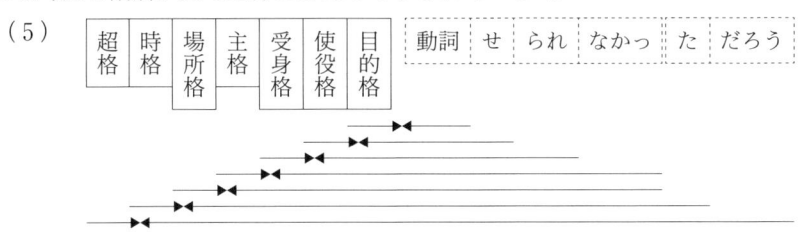

| 超格 | 時格 | 場所格 | 主格 | 受身格 | 使役格 | 目的格 | 動詞 | せ | られ | なかっ | た | だろう |

　この図は，あくまで文の基本構造を示すモデルであって，このまま実際の文の分析に適用するようなものではない。北原1970があらかじめ断っているように，すべての要素が都合よく現れた文が実際に用いられるわけでもない。ただ，考えておきたいのは，主格と場所格では，対応する述部の要素じたいに変わりはなく，そこでは，述部との階層性に同じ拡張の段階性がないことである。しかも，否定要素と呼応する形で，階層が表されているのも問題であろう。極性と主格名詞の項や場所格名詞の項が呼応するとは考えにくいだけではなく，使動主と使役助動詞の呼応などとは同断には扱えないであろう。北原1970の真意は，テンス要素を除外した文の述部と呼応するものとして主格項や場所格項を扱うことかもしれないが，形態論的な構造記述なのか，意味的な制約の記述なのかが明確でないところにも問題がある。

　また，超格は，現在で言うモダリティ助動詞と対応するモダリティ副詞[3]に相当する要素を指しているが，意味的な対応はあるにしても，構造的な対応と見てよいのかという点も検討するべきであろう。いわゆる語順のかき混ぜが生じることはすでに北原1970も論じているが，かき混ぜによる談話効果は情報構造に関わるものであり，また，かき混ぜを可能にする類型論的要件としては，項の位置にほとんど関係なく項ごとに格標示が行われている事実を考えればよいから，無標の基本語順として考えることは可能であろう。

2.1.3　南不二男 1974, 1993

　南 1974 では，述部構造が「ディクトゥム的側面」と「モドゥス的側面」，あるいは「ことがら的側面」と「陳述的側面」からなるとした。これは，仁田 1989b で文を命題とモダリティと見る見方とおおむね重なる。文を命題とモダリティの和とする考えは Fillmore 1968 によってはじめて言語学に導入されたと見られるが，Fillmore 1968：23-24 で言うモダリティは，英語において動詞の原形を無標形と見てそれ以外の屈折的要素を助動詞まで含めてすべて指すものであり，テンスやアスペクトも含まれていた。大まかな理解では，南 1974 の「ことがら」あるいは「ディクトゥム」は Fillmore 1968 の命題に相当し，「陳述」あるいは「モドゥス」はモダリティに相当すると見ていいだろう。当然のことながら，命題は論理学上の proposition と同一の概念ではなく，文から屈折的要素の機能を除外した意味を担う形式ということになる。二項対立の dictum と modus という概念は，シャルル・バイイの所説を小林英夫が紹介したものを文法に取り込んだことは三上 1955 が記しているが，これがフィルモアの proposition と modality に重ね合わせて文法における重要概念に仕立てられていったと考えられる。述部構造は，南 1993 で精密化され，北原 1970 のように述部にかかる述部以外の要素との対応関係を念頭に，「描叙」「判断」「提出」「表出」の 4 層構造が提案されている[4]。

（6）

述部以外の要素										述部									
呼びかけその他	陳述副詞（一部）	～ハ	時修飾語	場所修飾語	～ガ	～カラ	～ニ・～ト	～ヲ	様子・程度・量	動詞	（サ）セル	（ラ）レル	ナイ	タ・ダ	ウ・カ・ヨウ・ノ・ダロウ	ワ・カ・ノ	ヨ		ナ・ネ
												マイ					ゾ・ゼ	

描叙：様子・程度・量～動詞部分
判断：～ヲ以降を含む
提出：さらに広く
表出：全体

この述部構造が北原1970, 1981と異なる点は，まず，構造に明確に(上部と下部とからなる)階層を導入している点であるが，加えて，《表出》《提出》といった伝達上の観点を導入している点が大きく異なる。北原1970, 1981が統語構造として提示しているのに対して，南1993は統語構造に伝達機能の構造を重ね合わせていると言うことができる。現在の日本語研究の中で見れば，後者は統語構造と語用構造の合成として文を捉えている。

2.1.4　寺村秀夫1982

　寺村1982では，生成文法的な構造を念頭に，(7)のように考えている[5]。これは，「課長は会社に例の問題を調査させられ始めているらしいですね」という例文の構造を例示したものであるが，「調査」が動詞とされているところがわかりにくい。「調査させる」を「調査」という語幹と「させる」という語尾に分けたためと思われるが，「調べさせる」ならば，「調べ」が語幹，「させる」が助動詞という伝統的な区分に合致するので，そのほうが例文としてはわかりよかったであろう。

　寺村1982は，動詞がル形とタ形でアスペクト的に対立するときにこれを一次的アスペクト，テ形に動詞が続いて表すものを二次的アスペクト，連用形に動詞が続く形を三次的アスペクトと呼んで，区別している。さらに寺村1982

(7)

				文₀							
				文₁							
				文₂							
				文₃							
				コト							
題目	補語		補語	述語(幹)	ヴォイス	アスペクト	アスペクト	テンス	ムード	ムード	ムード
	補語基	格	補語基修飾	格		使役	受動					
名詞	助詞	名詞	助詞	連体	名詞	助詞	動詞	助詞動	助詞動	補動助詞	補動助詞	助詞動	助詞動	助詞
課長	ハ	会社	ニ	例ノ	問題	ヲ	調査	サセ	ラレ	ハジメテ	イ	ル	ラシイ	デス	ネ

では，現在ならモダリティと呼ぶべき要素をムードと呼んでいるが，それをさらに「コトに対するもの(対事的ムード)」と「話し相手に対するもの(対人的ムード)」とに分けている。

上掲図で言う「コト」はフィルモアの言う命題(proposition)にあたるものと寺村1982：51は述べているが，これに題目が含まれていないことは興味深い。また，同じように寺村1982では，フィルモアの言うmodalityに相当するものを三上章の用語を借りて「ムード」と呼ぶことにするのであるが，これは用語の厳密な運用の上では問題がありそうである。Fillmore 1968は，以下のように述べている。

(8) In the basic structure of sentences, then, we find what might be called the 'proposition', a tenseless set of relationships involving verbs and nouns (and embedded sentences, if there are any), separated from what might be called the 'modality' constituent. This latter will include such modalities on the sentence-as-a-whole as negation, tense, mood, and aspect.* The exact nature of the modality constituent may be ignored for our purposes. It is likely, however, that certain 'cases' will be directly related to the modality constituent as others are related to the proposition itself, as for example certain temporal adverbs.**

The first base rule, then, is 28, abbreviated to 28'.

28. Sentence → Modality ＋ Proposition

28'. S → M＋P*** (Fillmore 1968：23-24)[6]

実は，フィルモアの言うpropositionは名詞句と動詞句といった文を構造上成立させる最低限の要素の組み合わせと見てよいもので，そこからいわゆるInflに含まれるような要素は除外されている。命題をa tenseless set of relationships involving verbs and nounsのように言い換えているのはそのためであり，テンスやアスペクトや否定はmodalityに含まれ，命題には含まれない。寺村1982もテンスを「コト」の外側に置いているが，「コト」の内部にアスペクトは含んでおり，否定の扱いはわからない。

Fillmore 1968におけるmodalityの扱いは，文の意味論における本質的な

問題として厳密に定義されたものではなく，文構造とその派生の記述のための便宜的なものと考えられる．従って，無検証にこれを言語構造の普遍性に関わるものとして扱うべきではない．もちろん，モダリティに関わる要素がBybee 1985などに言うように，文の外側に置かれやすいことや，北原1970や南1974, 1993に見るように階層性を想定すべきことを踏まえれば，結果的に寺村1982の考えは誤った方向性ではないと思われるが，《文＝命題＋モダリティ》を厳密に検討し直し，用語の再定義を行っておけば，分析の実際的手順において混乱することは少なくなったであろう．

寺村1982が，渡辺1953, 北原1970, 南1974, 1993などと大きく異なる点がもう1つある．寺村の述部構造の規定がヴォイス・アスペクト・テンス・ムードなど統語機能の範疇名で行われている点である．渡辺1953では意味と機能を考慮しつつも，形式的には形態論的な規定になっている．北原1970, 南1974, 1993は名詞句や副詞句などとの呼応において機能を考えてはいるものの，述部構造はやはり形態論的な記述である．これは，冒頭で指摘した3つの問題のうち，第2の問題の一部であるが，端的に言うならば，寺村1982の述部規定は統語機能の配列あるいは階層となっているため，機能と形態が一対一で対応していない限り，範列関係性について記述と検討が必要になるのである．例えば，「た」にテンスとアスペクトの両方の機能を認める場合，アスペクトの「た」がテンスの「る」の直前に現れてよいかと言うと，「*した＋る」は明らかに不適格である．のちに詳しく取り上げるが，「そこでテレビを見ていられると，勉強に集中できない」という文での「見ていられる」は「見る」という動詞＋「ている」というアスペクト＋「られる」というヴォイス＋「る」というテンスと見ることができる．ヴォイスがアスペクトに後接できると記述してしまうと，寺村1982の述部構造は単に一般的な語順を示したに過ぎないと理解すべきなのかわからなくなる．

2.1.5 仁田義雄1989a

仁田1989aは，述部構造に階層関係を認めた点では北原1970と同じ捉え方をしているが，格標示要素としての名詞句との呼応を階層に含めていない点で北原1970と異なる．仁田1989aでは，次のような図を掲げている[7]．

(9)

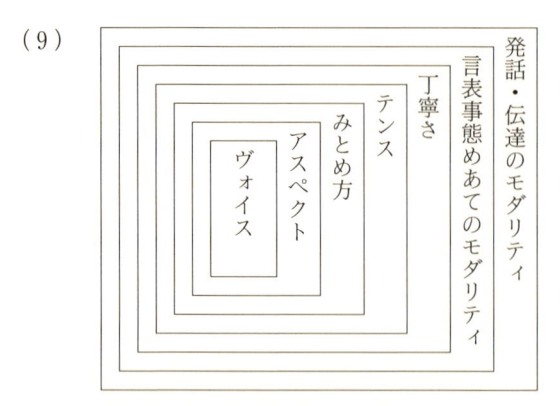

```
┌─────────────────────────────────┐
│発話・伝達のモダリティ              │
│ ┌─────────────────────────────┐ │
│ │言表事態めあてのモダリティ      │ │
│ │ ┌─────────────────────────┐ │ │
│ │ │丁寧さ                    │ │ │
│ │ │ ┌─────────────────────┐ │ │ │
│ │ │ │テンス                │ │ │ │
│ │ │ │ ┌─────────────────┐ │ │ │ │
│ │ │ │ │みとめ方          │ │ │ │ │
│ │ │ │ │ ┌─────────────┐ │ │ │ │ │
│ │ │ │ │ │アスペクト    │ │ │ │ │ │
│ │ │ │ │ │ ┌─────────┐ │ │ │ │ │ │
│ │ │ │ │ │ │ヴォイス  │ │ │ │ │ │ │
│ │ │ │ │ │ └─────────┘ │ │ │ │ │ │
│ │ │ │ │ └─────────────┘ │ │ │ │ │
│ │ │ │ └─────────────────┘ │ │ │ │
│ │ │ └─────────────────────┘ │ │ │
│ │ └─────────────────────────┘ │ │
│ └─────────────────────────────┘ │
└─────────────────────────────────┘
```

　仁田 1989b では，日本語において文は一般的に次のような構造をしているとした。

(10) 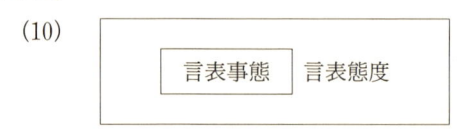　　　| 言表事態 | 言表態度 |

　ここで言う「言表事態」は「命題」に相当するもので，「言表態度」は「モダリティ」に相当するものと理解することが許されるようだ。仁田 2000 では，「命題(proposition, 言表事態)とは，おおよそ，話し手が外界や内面世界との関係において描きとった，客体的・対象的な出来事や事柄を表した部分である」とし，「言表態度」はモダリティを形成するもので「現実との関わりにおける，発話時の話し手の立場からした，現状態度に対する把握のし方，および，それらについての話し手の発話・伝達的態度のあり方の表し分けに関わる文法表現」とされる。そして，モダリティは「言表事態めあてのモダリティ」と「発話・伝達のモダリティ」に下位分類される。

　本論は述部構造全体に関わることを検討するのが目的なので，モダリティをどう規定するべきかについては詳述を避け，別の機会に譲るが，以下の論考の理解を容易にすることも考えられるので，筆者の考えの要点だけを記しておきたい。モダリティは命題の蓋然性・必然性・可能性や義務などについての認識・判断のみを表すものとは考えられない。例えば，聞き手への配慮から断言を避けることは日常の言語行動でも頻繁に見られる。これが二次的に派生した用法であっても，命題のコントローラーとして命題についているもの(上で言

う「言表事態めあてのモダリティ」)と伝達上のモジュレーターとして用いられているもの(上で言う「発話・伝達のモダリティ」)とを機能上区別するのは困難である。また，モダリティの表示は述部構造で行われることが多いが，副詞句の付加や音調による実現も可能である。モダリティを担う形式の中には，その判断が成立する根拠や認識の種類，その判断を得る際の推論のあり方を表示するものが含まれていると考えられることから，語用論において精密に記述し，枠組みとともに整理することが望ましいと考えられる。以上に述べたことの詳細な議論は別の論考に譲り，述部構造の記述の問題に戻ることにする。

　仁田1989aは，寺村1982が機能範疇の階層として記述し始めた方向性を完全に継承している。もちろん，文を命題とモダリティと見るときのモダリティはより実態に即した再定義が与えられ，デス・マスのような文体に関わる要素や極性に関わる要素(端的に言って否定辞「ない」のことで，仁田1989aでは「みとめ方」と呼ぶ)が加えられ，より記述に用いやすいものになっている。しかし，寺村1982では，まだ言語形式の表層性に留意して「アスペクト」などが複数現れているが，仁田1989aでは，特定の統語機能名が重複して現れることはなく，形態論的な規定を脱して，意味機能論的な規定に完全に移行したと見ることができる。

　(9)は，次の(11)のような述部構造を説明する上では，非常に有効なモデルである。(12)は，単位ごとに分解してみたもので，2行目が一般的な意味，3行目が文法用語を表す。「態」「相」「極性」「時制」は，研究者により「ヴォイス(あるいは，ボイス)」「アスペクト」「肯否(あるいは，みとめ方)」「テンス」と称することもあるが，本論では簡略に記す。

   (11)　食べさせていなかったでしょうね
   (12)　食べ　-させ　-てい　-なかっ　-た　　-でしょ　-う　　-ね
    　　　動詞　使役　継続　否定　　過去　敬体　　推量　確認
    　　　動詞　態　　相　　極性　　時制　丁寧　　モダ1　モダ2

　仁田1989aのモデルの成果は，先行研究の流れを踏まえた上で，一般言語学的な文法用語で整理し直した点にあると言える。(11)は日本語としてごく自然な発話となりうるものであり，これが一定の構造性に基づいていること，また，この構造性が英語などの構造性とある程度の類似性を有していると感じら

れる[8]ことは，文法を身近なものとする上で非常に有意義である。しかし，すでに仁田 1989a が述べているように，このモデルの順序通りに要素が現れないことも珍しくない。例えば，(13)の「食べていられた」は態(＝ボイス)よりも相(＝アスペクト)が先行している。

(13) （私が仕事をしている近くで誰かに何かを）食べていられた（としたら，仕事に集中できないだろう）

(14) 　食べ　　－てい　　－られ　　－た
　　　動詞　　相　　　態　　　　時制

敬体のデス・マスに関しては，「〜ました」のようにテンスがあとに現れることは珍しくなく，「〜ませんでした」にいたっては，丁寧＋否定＋丁寧＋テンスのように，テンスが後行しているだけでなく，丁寧さを表す要素が 2 回現れている。もちろん，「ませんでした」が「ました」や「ません」に比して倍の丁寧度を有するとは感じられない。

2.1.6　風間伸次郎 1993

風間 1993 は，通言語学的な関心から日本語の述部複合における形式を A 類と B 類に分けている。A 類とは，「屈折形式［-(i)ta］の前にのみ位置しうるもの」のことで，以下のような形式を指す。

① 　使役・受動・可能・丁寧・否定・願望に関する派生形式
② 　連用形に続く補助動詞と補助形容詞(前者は主として，複合動詞においてアスペクトを意味すると見なされる後項動詞になるもの，後者は難易を表す「〜やすい」「〜にくい」「〜がたい」「〜よい」など)
③ 　テに続く補助動詞と補助形容詞(前者は「ている」「てある」「ておく」「てしまう」「ていく」「てくる」と授受動詞，後者は「てほしい」のみ)
④ 　連用形に続く様態・推量の「そうだ」

B 類は「屈折形式［-(i)ta］のあとに位置しうるもの」で，以下のような形式が挙げられている。

① 　連体形に続く形式名詞＋ダ
② 　終止形に続く「そう＋だ」
③ 　「だろう」「らしい」

④　終助詞

　風間1993の言う「た」は，のちの3.3で本論がテンス辞と呼ぶものと同じであり，分析の方向性は異なるものの，本論が《強境界》の認定基準と考えるものと重なる見方を含んでいる。A類は大まかに言えば，活用語の被覆形と接続助詞「て」が介在する形式である。本論は，第3, 4節で見るようにA類について弱境界を持つものと持たないものに分けることになる。

2.2　述部階層モデルの問題点についての再整理

　これまで見たような述部階層モデルの問題点は，機能カテゴリーと各要素のふるまいが一致しない場合があることである。そもそも多くの場合に，特定の機能カテゴリーがどういう要素を含んでいるのかが明らかでない。

　例えば，「アスペクト」あるいは「相」という機能カテゴリーの例として「ている」が挙がっているが，「〜始める」「〜終える」「〜続ける」などのいわゆる語彙的アスペクトをどう扱うかが明確に規定されていることはあまりないようだ。加えて，統語的アスペクトに「ている」を数えるにしても，「てある」「てしまう」「ておく」「ていく」「てくる」なども含めるのかについては，研究者のあいだでも見解の相違がありうる。

　とはいえ，これらが述部階層のモデルにおいて一律に同じふるまいをするのであれば，大きな問題にならない。あとは，機能カテゴリーの範囲を明らかにするだけでいいからである。しかし，意に反してこれらの統語的なふるまいは同一ではないのである。

(15)　食べ　　-させ　　-てい　　-られる
　　　動詞　　使役　　相　　　受動
(16)　*食べ　-させ　　-てあ　　-られる
　　　動詞　　使役　　相　　　受動
(17)　食べ　　-させ　　-始め　　-られる
　　　動詞　　使役　　相　　　受動
(18)　食べ　　-させ　　-てしまわ　-れる
　　　動詞　　使役　　相　　　　受動
(19)　そんなところで飼い犬にご飯を食べさせていられると集中して考え

られないよ。
(20)　この忙しいときに，そんなにのんびりと飼い犬にご飯を食べさせていられるね。
(21)　有害物質を扱う工場が近所にある。
(22)　*有害物質を扱う工場に近所にあられる[9]。
(23)　有害物質を扱う工場に近所で操業される。
(24)　御社の創業者で{ある／あられる}太郎氏

「食べさせている」「食べさせてある」はいずれも適格で，また「ている」と「てある」を同様のアスペクト要素と見れば《動詞＋使役＋相》という同じ構造をしている。これに受動辞「られる」を後接させると，(15)(16)に見るように「ている」では不適格にならないが，「てある」では不適格になる。これはアスペクト形式として承接がコントロールされているわけではなく，動詞「いる」と「ある」が受動辞を後接させるかどうかの原則を引き継いだものと考えられる。

「いる」という動詞に受動辞「られる」をつけて「いられる」とすることは可能であるが，「ある」に受動辞「られる」を後接した「あられる」は不適格である。これは，三上1953：104に言う能動詞と所動詞の区別の根拠となるものでもある。しかし，(24)に見るように，尊敬の意の「られる」であれば「あられる」という形式そのものは可能である。つまり，「ある」に「られる」を後接することが形態的に許されないわけではない。これは，形態的に許されるものについて，意味的に許されるものと許されないものに下位分類されうるということである。(22)のように受け身の意では不可だが，(24)のように尊敬の意なら成立する。なお，可能の意の「られる」も受動の意の場合と同様にふるまう。

また，《動詞＋態＋相＋時制》のような配列を考えたとき，その規定の意味が明確でない点も再検討を要する。「相」や「態」の指す範囲と定義が明確でないことは先に指摘した通りであるが，配列規定が単なる標準的な配列を示すに過ぎないのか，その配列以外を許さない厳密な配列規則なのかということも確認しておく必要がある。上で検討したように，先行研究で示されている述部複合における各要素の配列は標準的な配列と理解してよいだろう。指定以外の

配列が可能なことを認めないと明言しているものは全くなく，逆に示された配列順序が唯一の配列順序ではないことを付記していることが多い。

再度，冒頭で第2の問題としてあげたことを，ここでは以下のように整理し直しておく。

① 時制・相などの統語機能上の要素名の指す範囲を明らかにした上で，述部複合の構造を明確にする必要がある。

② 統語要素の配列について可能であるか許容されないか，また，その条件はどのようなものであるかについて明らかにする必要がある。

③ 以上の2つの問題は，述部複合のシンタグマがどのようなシステムで成立するか，また，統語要素のそれぞれを形態と機能においてどのように規定するかを明確にできるものでなければならない。

次節では，以上を踏まえ，述部複合を形成する要素を個別に検討する。

3　述部複合要素の出現制約

ここでは，述部複合構造について検討を加えるが，以下の仮説的な枠組みに従って分析を加える。なお，この仮説的枠組みの有効性の検証は，別稿に譲るが，以下の記述は仮説の有効性の影響を直接受けるものではない。

(25)　《形態と意味の適格性に関する序列性仮説》

複合的に構成される形式には，以下の①②③の条件が順に適用される。

① 形態論的に許容されない複合形式は，意味にかかわらず不適格となる。

② 形態論的に許容される複合形式は，形式の意味に矛盾がなければ適格となる。

③ 形態論的に許容され，意味的に矛盾のない複合形式であっても，すでにより構造が単純で運用上の確定度が高い同一機能の形式が存在していれば，適格性が阻害される。

この仮説に従えば，形態論的に許容され(①)，意味的に不首尾がなく(②)，同機能の形式がより効率的に存在するというブロックがかからない(③)場合に，適格な形式として用いることが可能ということになる。

3.1 ボイス辞

ここでは，ボイスを表す要素として，受け身の意味を表す「れる・られる」(以下，受動辞)と使役の意味を表す「せる・させる」(以下，使動辞)を検討する。

3.1.1 受動辞＋使動辞

前節までで見た先行研究では使動辞に受動辞が後接する「させ-られる」のみが挙がり，その逆は挙がっていない。一般的には以下のように考えることができるだろう。

(26) 　食べ　　-させ　　-られる
　　　 動詞　　使役　　受動
(27) *食べ　　-られ　　-させる
　　　 動詞　　受動　　使役
(28) 　食べられるようにさせる

(26)のように使動辞に受動辞を後接させることが可能であるのに対して，(27)のように受動辞に使動辞を直接後接させることは不可能である。つまり，現代語では「られさせる」という承接は形態論的に成立しないのであり，これは(29)のように表せる。

(29) 　受動辞に使動辞を直接後接させることはできない。

この中で「直接」と明言しなければならないのは，(28)のように「ように」を介して受動辞のあとに使動辞が出現することは許容されるからであるが，一般に(28)のような形は《受動辞＋使動辞》が成立する例には数えない。(29)は(27)のような不適格例からすれば至極当然に思われるが，先行研究ではほとんど明言されていない。この点については2つ考慮すべき点があるが，本論では(29)は有効な規定として扱うことにする。検討しなければならない第1の点は，山田1908：975-976が《受動辞＋使動辞》を認めていることである。

山田1908は，本論で言う受動辞と使動辞を「複語尾」としていることはよく知られているが，これらの相互承接について《使動辞＋受動辞》の「せらる」「させらる」に加えて《受動辞＋使動辞》の「れさす」「られさす」も認めている[10]。山田1908は，この2つの形式について，以下のように述べる。

(30)　これに種々の意義あり。「れ」「られ」はいつも受身を表すが，「さす」は干與と敬意の場合とがあり。
〈受身－敬意〉
いだかれさせたまひて
まず戀しう思ひ出でられさせたまふに
〈受身－干與〉
見られさす。　　　　　　　　　　　　　　　（山田 1908：975-976)

　山田 1908：381-388 は従来「使役」とされてきたものを「干與」と「使令」に分けることを強く主張している。「干與」と呼ばれるものはおおむね強制的な使役で，「使令」と呼ばれるものは今ならば許可・放任などと理解されるものにあたる[11]。上掲の「見られさす」は現代語で言えば「見られさせる」に相当する形式であり，「見られる」という受動の事象を使動主の意志で被使動主に働きかけることで実現する意を表すと考えられる。
　しかし，受動事象を被使動主の意志で実現することはおおよそ現実的でない。

(31)　太郎が眠る。（自動詞能動文）
(32)　太郎が次郎を叩く。（他動詞能動文）
(33)　花子が太郎に眠られる。（自動詞受動文）
(34)　次郎が太郎に叩かれる。（他動詞対称受動文）
(35)　花子が太郎に次郎を叩かれる。（他動詞非対称受動文）

　まず，「眠る」「叩く」を典型的な自動詞・他動詞として(31)(32)のような文を考える。これを受動文にしたのが(33)-(35)である。自動詞の受動文は非対称受動となり，他動詞については対称受動と非対称受動とがつくれる。これらは，文脈の影響で受容度が変わるであろうが，構造的な不適格性は認められない。これを機械的に使役化したものが(36)-(38)である。以下の(36)-(38)にはアスタリスクは付していないが，最終的には非文と見なされる。

(36)　私が花子に太郎に眠られさせる。（自動詞受動文の使役化）
(37)　私が次郎を太郎に叩かれさせる。（他動詞対称受動文の使役化）
(38)　私が花子に太郎に(よって)次郎を叩かれさせる。（他動詞非対称受動文の使役化）

　もしも，「られさせる」を受動事象の使動主の意志で被使動主に働きかけて

141

実現することを表すものとする理解に立てば、(37)は使動主である「私」が被使動主である「次郎」に働きかけ(て使役化する)ことで、「太郎に叩かれる」という事象を生起させるということになる。(32)に戻してみるまでもなく、この動作を行っているのは「太郎」である。動作主の「太郎」に働きかけることで事象を生起させるのは可能だが、動作主の「太郎」の動作を受ける被動主である「次郎」に働きかけて実現させるという想定は論理的に破綻していると言っていいだろう。これは、非対称受動文(35)を使役化した(38)ではさらに明確になる。そもそも(35)は、はた迷惑の受け身などとかつて呼ばれたもので、「次郎が太郎に叩かれる」という事象全体の影響を「花子」が受ける形で叙述するものである。しかし、現実世界のできごととして見れば「花子」は動作主の行う動作や行為に何か明確な関与をしているとは言えず、単に次郎の身内や友人という関係が成立しているだけでも構わない。このように、動作・行為に関与の実態がないものを被使動主にしてその事象を実現させるという論理は全く成立する余地がないと言える。

　ただし、現代語の「せる・させる」の前身にあたる古典語の「す・さす」では尊敬の用法があり、この場合は「比べられさせ給ふ」のような用例が見られる。多くの場合は、自発の「れる」に尊敬の「さす」のようである[12]が、本来的に「られる＋させる」が形態論的に不成立なのではなく、意味による制約と考えるべきであろう。現代語の「せる・させる」には尊敬の用法はなく、広義の使役の用法に限定されるので、(29)の原則は有効である。

　なお、ボイスの用法には含まれないが、現代語の「れる・られる」を尊敬の用法としても、成立しないと考えられる。

　(39)　　家老は殿様に焼き魚を食べさせた。
　(40)　　*家老は殿様に焼き魚を食べられさせた。
　(41)　　*家老は殿様に焼き魚を召し上がらせた。

「食べる」という動作を行う「殿様」に敬意標示を行うにしても(40)は不適格であり、(41)も不自然である。これは、動作主の意志を制御下に置く関係を構築しておきながら敬語標示を行うことが論理的に矛盾しているからだと考えられる[13]。動作主に対して敬意を払うのであれば、動作意志において動作主を支配下に置く関係から解放しなければ、妥当な表現にならないのは自然なこ

とである。動作意志の支配であっても，支配下に位置づけることが尊重せず敬意を払わないことを強く含意するからである。

また，可能・能力の用法でも使動辞を後接した形式が成立しないのは，以下に見るように，可能動詞[14]にも「できる」にも「せる・させる」が後接させられないことと一貫した現象であり，意味的にブロックされていることを裏付けると見てよい。

(42)　*読め　　　-させる
　　　可能動詞形　　使役
(43)　*でき　　　-させる
　　　可能動詞　　使役

「れる・られる」の自発用法については他の用法と不分明な場合もあり，現代語では心理動詞など一部の動詞に後接した場合にしか見られないが，使動辞を後接させることは現代語ではできないと見られる。

(44)　彼の供述はひどく不自然に思われた。

(45)　*(誘導尋問をして，)彼の供述をひどく不自然に思われさせた。

心理動詞に自発用法の「れる」を後接した「思われる」に使動辞を後接した(45)は不適格である。古典語では，「られさせる」を自発＋尊敬と分析できる用例が見られるが，いずれにせよ自発＋使役と解釈される形式の成立は，現代語では見られず，古典語でも同様だと考えられる。以上の論点を整理しておこう。

①　「れる・られる」に直接「せる・させる」が後接することは，形態論的には許容されている。
②　使役用法の「せる・させる」が受動用法の「れる・られる」に直接後接することは意味的にブロックされる。
③　使役用法の「せる・させる」が可能・尊敬・自発用法の「れる・られる」に直接後接することも意味的にブロックされる。

このうち，①は古典文法において形態論的に成立することが根拠であるが，形態論的に「られる＋させる」が現代文法においてもそのまま成立しているとする証拠はない。そもそも原則としてすべて意味的に不成立となるので，意味的に成立すると仮定した上で形態論的に適格となるのかを検討することに価値

がない。しかし、形態論的な制約が変化したとする証拠もないので、本論では①を認め、「られさせる」は形態論的にではなく意味的に不適格と見なすことにする。形態論的に不適格とした場合でも(29)はそのまま有効な原則である。

なお、実際の言語使用では「(ら)れさせる」が見られることを付記しておく。インターネットでの検索では相当する「(ら)れさせる」が観察できる。例えば、「この問題についていろいろと考えられさせた」「私たちは注意を受け、すぐに帰られさせた」や「注意すべきことだと思われさせられた」のようなたぐいである。これらは、「考えさせられた」「帰らせられた」「思われた・思わせられた」のようにすべきもので、「せる・させる」と「れる・られる」が逆転しているか、「(さ)せられる」にさらに受動辞を付加するような誤りで、統辞形態論的に誤りと認めることのできるものばかりである。この種の変化が進行していることは社会言語学的に重要なことだと思われるが、本論では付言にとどめる[15]。

3.1.2 使動辞＋受動辞

「食べられさせる」が不適格であるのに対して、「食べさせられる」は適格であり、ボイス要素における配列は、使動辞＋受動辞でなければならないことはつとに先行研究で明言されている通りである。

(46) 太郎がご飯を食べる。
(47) 花子は、太郎にご飯を食べさせる。
(48) 太郎は、花子にご飯を食べさせられた。

動詞に使動辞のついた(47)は、(46)を使役文化したものであり、「させられる」の用いられた(48)は(47)を対称受動文にしたものである。従って、(47)と(48)の表す客観的事態は同一であるはずだが、(47)では可能な《許可・放任》の意味は(48)にはなく、(48)は《強制(的使役)》の受け身と解釈される。

(49) 次郎が大学院に進学する。
(50) 葉子は、次郎を大学院に進学させる。
(51) 次郎は、葉子に大学院に進学させられた。

自動詞文(49)についても同様の状況が観察される。(50)は《許可・放任》の意が前面に出るが、(51)では《強制(的使役)》の受け身の解釈しかない。この

ことは《許可・放任》の意味に限定されるように文脈を整えるとよりはっきりする。

(52)　次郎は大学院に進学したいと言う。それで，葉子は次郎を大学院に進学させた。

(53)　次郎は大学院に進学したいと言う。#それで，次郎は葉子に大学院に進学させられた。

(54)　(次郎は大学院に進学したいと言う。) それで，葉子は次郎を大学院に進学させてあげた。

(55)　(次郎は大学院に進学したいと言う。) *それで，次郎は葉子に大学院に進学させてあげられた。

「次郎の意志・希望」が明確に存在する(52)では(53)のような受動化を行うと不適格である。「進学させてもらった」のようにする必要がある。(54)は授受動詞を用いて「〜てあげる」の形にしたものだが，これを受動文にした(55)も不適格である。

(56)(59)は通常の他動詞文で(57)(60)はそれぞれ使役文化したものである。このとき，動作主は「花子」であり，被動主は「太郎」であり，使役主は「次郎」で被使動主は「花子」という関係になっている。(57)(60)を受動文にしたものがそれぞれ(58)(61)であるが，これはいずれも不適格となる。なお，これらはニ格が複数存在する格の重複(次章参照)により統語的に不適格になっているとも考えられるが，「に」を「によって」に置き換えても適格にはならない。

(56)　花子が太郎を呼びつける。

(57)　次郎が花子に太郎を呼びつけさせる。

(58)　*葉子は，次郎に(よって)花子に太郎を呼びつけさせられた。

(59)　花子が太郎を殴る。

(60)　次郎は花子に太郎を殴らせた。

(61)　*葉子は，次郎に(よって)花子に太郎を殴らせられた。

「呼びつけさせられた」「殴らせられた」は述部単独では不適格でなく，(62)のように被使動主をガ格標示した受動文にすれば，適格になる。もちろん，本来の他動詞の目的語でヲ格標示を受ける「太郎」をガ格標示にすると，使動辞＋受動辞は成立しなくなる。

(62)　花子が次郎に太郎を殴らせられた。
(63)　*太郎が花子に次郎に殴らせられた。

この節での観察は以下のようにまとめることができる。

① 「せる・させる」に直接「れる・られる」を後接することは，形態論的に許容されている。
② 「せる・させる」に直接「れる・られる」を後接した形式「(さ)せられる」において，「せる・させる」は《強制的な使役》の意味でのみ解釈される。《許容・放任》などの解釈はブロックされる。
③ 使動辞＋受動辞を述部構造に持つ文は，使役文においてヲ格標示をとりうる被使動主がガ格標示される対称受動文としてのみ成立する。

3.1.3　受動辞＋α＋使動辞

先に受動辞に使動辞が直接後接する形式は現代日本語では不適格であることを見た。しかし，これは直接承接することができないだけであって，述部複合において受動辞が先に現れ，使動辞があとから現れることに対する制約があるわけではない。

(64)　*食べられさせる。(＝(27))
(65)　食べられるようにさせる。(＝(28))

例えば「生け贄が猛獣に食べられる」ように強制をするという場面を思い浮かべれば，(65)は成立する場合が考えられそうである。しかし，その場合でも(66)のように「する」でよく，使動辞を用いる必要はない。(65)では「させる」が「する」の使役形[16]であると解するのが普通であり，被使動主を明示して(67)のようにすることも可能である[17]。

(66)　神官は生け贄が猛獣に食べられるようにする。
(67)　神官は生け贄が猛獣に食べられるように部下にさせる。

(65)が成立すると見た場合に，確認すべきは以下の①であり，検討すべきは②であろう。

① 受動辞のあとに使動辞が現れるという出現順序には制約がない。受動辞に直接使動辞が後接することはできないが，「ように(する)」をあいだに置くことで受動辞のあとに使動辞が出現することが許される。

② 「~(ら)れるようにさせる」が，「~(ら)れるように」を副詞節の修飾成分として伴う「する」を主要部とする動詞句に「せる」が後接しているものであれば，受動辞と使動辞は同一の述部複合を形成していると認められない。

「ように」の「よう」は「様」という形式名詞であり，連体修飾を受けない一般名詞としての用法は現代語では認められない[18]。学校文法などの枠組みでは「ように」は「ようだ」という助動詞の連用形と扱うが，「ようにする」に機能的統合性を認めて1つの助動詞と扱ってもよい。「ように」をどう扱うかは，日本語の述部複合の記述と分析の上で重要な分岐点になるであろう。

3.1.4 ボイス辞の前後に現れるもの

次に動詞とボイス要素のあいだに出現を許されるものについて考えたい。なお，以下では使動辞と受動辞を総称するときに，ボイス辞と呼ぶ。

3.1.4.1 アスペクト辞＋ボイス辞

先に見たように「ている」は使動辞の前にあることが許される。

(68) 食べ　　-てい　　-させる
　　　動詞　　相　　　使役
(69) 食べ　　-てい　　-られる
　　　動詞　　相　　　受動
(70) 食べ　　-てい　　-させ　　-られる
　　　動詞　　相　　　使役　　　受動

むろん(69)は「られる」を受動用法以外に解することも可能だが，受動の解釈でも成立する。このことから使動辞以外に受動辞の前にも「ている」は現れうるとわかる。先に見た「させられる」の前にも置くことが可能である。「た」は，現在，テンス要素と見るか，テンスとアスペクトの両方を兼ねている要素と見るか，いずれかの見解が一般的だと思われるが，そもそも形態論的に「れる・られる」や「せる・させる」に前接することは許されない。むしろ，「た」で節が一旦完結すること（「強境界」を持つこと）が重要であろう。すなわち，統語的アスペクトに「ている」以外に「た」を加えると，述部複合の制約が全く異なり，一貫した記述にならない。

「た」以外の統語的アスペクトとしては、「てある」「てしまう」を考えることができる[19]が、まず「てある」はボイス辞に前接することは許されない。
    (71)   *食べ   -てあら   -せる
    (72)   *食べ   -てあら   -れる
これは「ある」という動詞が現代語では使動辞や受動辞に原則として前接しないことによるものと思われる。「てしまう」は(73)(74)に見るようにボイス辞に前接することが可能である。とはいえ、(75)(76)のようにボイス辞が先に現れるのが普通であろう。
    (73)   食べ   -てしまわ   -せる
    (74)   食べ   -てしまわ   -れる
    (75)   食べ   -させ   -てしまう
    (76)   食べ   -られ   -てしまう
もしも、(73)と(75)が全く同じ意味を担うのだとすれば、述部複合の形態的階層性が意味解釈に影響を及ぼさないと考えるべき証拠になるだろう。しかし、両者の意味は少しく異なると考えるほうがよいようだ。
    (77)   冷蔵庫に入れておかなかったためにその魚は傷んでいたのに、気づかずに、太郎は次郎に{食べさせてしまった/?食べてしまわせた}。
    (78)   ほんの少しだけ残しておいても保存が面倒な上に、この料理は傷みやすい。太郎は次郎にその料理を残らず全部{?食べさせてしまった／食べてしまわせた}。
「食べさせてしまった」は、やはり「食べさせる」ことを「してしまった」という解釈に傾き、「食べてしまわせた」は「食べてしまう」ことを「させた」という解釈に傾く。前者は「食べさせた」ことについて後悔などの心理的ニュアンスが強く出るのに対して、後者の「てしまう」は単純に動作の完結性と理解される。このことから結論に飛びつくことはできないが、少なくとも形態的階層が意味的階層と関わっていることは十分に考えなければならない。

ボイス辞とアスペクト辞の承接関係を整理しておく。なお、以下の表では2つの要素が連続して出現するものとする。当然のことながら、同じ形式が連続して出現することはない。アスペクト辞に異なるアスペクト辞がつく場合は、「*食べていてある（＜食べ＋ている＋てある）」「*食べてあっている（＜食べ＋

てある＋ている)」「*食べてあってしまう(＜食べ＋てある＋てしまう)」は成立しないが，「食べてしまっている(食べ＋てしまう＋ている)」は成立する。「食べていてしまう(＜食べ＋ている＋てしまう)」「食べてしまってある(＜食べ＋てしまう＋てある)」は不自然だが，形態論的に不適格と見なすことはできないと思われるので，以下の表では可(○)としてある。

			後ろの要素				
			ボイス辞		アスペクト辞		
			受動辞	使動辞	ている	てある	てしまう
前の要素	ボイス辞	受動辞	×	×	○	×	○
		使動辞	○	×	○	○	○
	アスペクト辞	ている	○	○	×	×	○
		てある	×	×	×	×	×
		てしまう	○	○	○	○	×

いわゆる語彙的なアスペクトと言われるものについても見ておきたい。

(79) 　食べ　　-られ　　-始める
　　　動詞　　受動　　動詞(相)

(80) 　食べ　　-させ　　-続ける
　　　動詞　　使動　　動詞(相)

(81) 　食べ　　-られ　　-終える
　　　動詞　　受動　　動詞(相)

これらは，実際の運用で用いる場面が想定しにくいことから不自然に感じられるものの，形態論的には不適格でない。成立するものとして扱う。また，逆の場合は「食べ始める」「食べ続ける」などの複合動詞にボイス辞が後接することになり，後項動詞は一般の動詞と形態的な特性は変わらないので，適格なものと扱う。

3.1.4.2　否定辞＋ボイス辞

次に否定辞の出現に関して検討する。否定辞はボイス辞の直前に現れることはできない。

(82) 　*食べ　　-なく　　-られる
　　　動詞　　否定　　受動

なお,「食べなくさせる」は形態論的に成立すると見てよいが,「させる」は「する」の使役形ではあるものの「させる」そのものが使動辞なのではなく,サ変動詞未然形「さ」に使動辞「せる」がついたものと解すべきである。「*食べ-なく-せる」は成立しないことから, 否定辞に直接使動辞は後接しないと言ってよい。よって, 受動辞についても使動辞についても, 否定辞に直接ボイス辞は後接しないことになる。(82)は, 文法的な表現にするなら「食べてもらえない」「食べられない」とすることになる。「食べなくさせる」は, 形態論的に許容されても,「食べないようにする」(あるいは不許可の意なら「食べさせない」)とするべきだろう。また,「食べられない」「食べさせない」のように, 否定辞がボイス辞に後接することは可能である。

3.2　否　定　辞

　否定辞の「ない」は, 使動辞・受動辞・アスペクト辞のいずれにも直接後接することができるが, 否定辞に使動辞・受動辞のボイス辞は後接できない。では, 否定辞にアスペクト辞の「ている」は直接後接できるだろうか。

(83)　　食べ　　-なく　　-ている
　　　　動詞　　否定　　相

(84) (a)　　食べないでいる
　　(b)　　食べずにいる

　「いる」は一般動詞としての用法もあり,「食べなくて」のようなシンタグマそのものは適格であることから, (83)は一見すると形態論的に不適格でないように思われる。しかし, 一般動詞として「いる」を位置づけると「ている」のアスペクト機能が失われてしまい, 否定辞とアスペクト辞が連続しているとは見なせない[20]。

　「食べない」という動作否定については,「しないままである」という状態の継続は想定しやすいが, 通例完了や終結は想定できない。その意味を表すには(84a)(84b)のように「～ないでいる」あるいは「～ずにいる」などの形式を用いなければならない。実は, (84a)をどういう構成として分節するかには検討が必要である。従来の文法の枠組みでは,「ないで」を「ない」という助動詞の連用形として規定することが多いようだ。これは, 岩井1949に始まる考

150

えと見られる。「ないで」は一見「ない」と「で」に切り離せるようだが，このときの「で」を格助詞と見ると体言相当句に後接するという原則に背馳し，「で」の純然たる接続助詞用法[21]は方言・古俗語法には見られるが，現在の標準的な語法としては見られないので，新たな用法を加える必要が生じ，記述の経済性の観点からは好ましくない。加えて，「ない」の活用形を終止形にするにしても連体形にするにしても明確な判断根拠がないため，連用形の活用形として「ないで」を例外的に加えることで，対症療法的解決策をとったのが，岩井1949に始まる従来の考え方である。

　本論は述部構造の原理性を論じるものであって，本来，否定辞の活用形を論じるものではないが，この問題は述部複合の構造性に関わる問題なので，本論の考え方を記しておくことにする。「食べる」に「ている」を後接すると完了(結果)と未完了(継続)の解釈が可能であるが，ここでは後者の意味を念頭に「食べている」を理解すると，これは「食べる」という動作が継続している状態である。「食べる」の否定状態「食べない」について，同じようにこの状態が継続している事態を考えると「食べないでいる」あるいは「食べずにいる」のように表すことができる。「ず」は古典文法における否定の助動詞であるが，(84b)に見るように現代語でも用いられており，現代日本語の否定は「ない」と「ず」が併用されているのであるが，現代日本語における「ず」に光が当たることは少ない。「ず」の連用形に「ずに」を認める考えは管見の限り見つけられないが，「ない」の連用形に「ないで」があるのなら「ず」の連用形に「ずに」を認めるほうが記述の体系性からは好ましい。逆に「ずに」を《否定の助動詞＋助詞》と見るのであれば，「ないで」も同様に扱うべきである。

　また一方で，「食べている」と「食べないでいる」の平行性を考えれば，以下のように分節するべきだろう。
　(85)　　食べ　　-ている
　　　　　動詞　　相(継続)
　(86)　　食べ　　-ない　　-でいる
　　　　　動詞　　否定　　相(継続)

この場合，「でいる」が機能的に「ている」と同一の意味機能を有しているとすれば，「ている」という形態素について「ている」と「でいる」が異形態

の関係になっているとするための1つの条件を満たしていることになる。そもそも「買っている」と「飛んでいる」の「ている」と「でいる」は異形態に相当する関係と見ることができるから、それと同じように考えることには無理がない。動詞連用形に続く「ている」は撥音便を生じなければ「ている」として、撥音便を生じたあとでは「でいる」として実現される。同じように「ない」の直後では「でいる」で実現されるとすれば、相補分布の成立は妨げられない。問題は、「ている」を1つの形態素としてよいかということである。

　形態素の本来の定義は、意味弁別に関わる最小単位であるから、これに従えば、「ている」は、接続助詞の「て」と動詞の「いる」に分けられ、さらに「いる」は語幹の「い」と語尾の「る」に分けられることになり、「最小」の単位とは言えない。しかし、接続助詞「て」の意味と動詞「いる」の意味の和がそのまま「ている」の意味ではなく、いわば「ている」という統合体が1つの機能的意味を持っていると見るべきだろう。構成要素として機械的に分解することは可能であるが、それは1つのまとまりとしての働きを完全に無視した見方に過ぎない。構成要素に分解するかどうか、またどのように分解するかには、通時的な知識が関わる。現代日本語の使用者が、「前」「上」を「ま（目）＋へ（方）」「う（浮）＋へ（方）」と分解して理解することは考えにくいし、「認める」を「み（見）＋留める」と分解することも少ないだろう。ある共時態で最小の単位と判断する基準から語源や通時的変化を完全に排除することは困難である。

　「ている」をアスペクトに関わる1つの要素と見なすことは現在一般的であるが、「ている」は口語で「い」が脱落し「てる」のようになるなど、統合性が高い一方で、「て」と「いる」のあいだに「は」や「も」などの副助詞の介在を許すなど、単一の形態素と見なしにくい特性も持っている。本論では、後述するように、「弱境界」を含む「ている」のような形式も機能的特性を重視して1つの機能辞と見なすことにする。以上、いくつかの特性から「ている」を1つの機能的統合体と見なし、それに対して異形態の関係を結ぶものとして「でいる」を扱う。

　テンス辞として「た」を立てると、否定辞にテンス辞は直接後接できるが、テンス辞に否定辞は後接できない。すなわち「食べなかった」は適格だが、「食べ＋た＋ない」の意で「*食べたない」などのように言うことはできない。

テンス辞については次項で検討を加える。

3.3 テンス辞

ここでは「た」を便宜的にテンス辞と呼ぶ。必ずしも意味的に「た」がテンスを標示しているということではなく、テンスに解釈されうることによる、この形式の謂である。テンス辞は、通例「たら」を仮定形として認める以外には活用形を持たないが、三上1953のように「て」を連用形と認める考えがあるほか、「たら」がテンスに関わる機能を持たないことから、「た」と切り離して扱う考えも見られる。

一般に未然形・連用形と言われる活用形を持たないということは、ボイス辞や否定辞に後接できないということでもある。加えて「です」「ます」のような文体に関わる要素についても後接を許さない。「食べたます」はもちろん不適格であるが、「です」については「食べたです」という言い方が聞かれないこともないが、ここでは「食べる」に敬体とテンス辞を加える場合は「食べました」とするという規範的な原則にのっとって、「食べたです」を適格とは扱わない[22]。しかし、「美しい」など形容詞については、そのまま「美しいです」と後接し、テンス辞を伴う場合も「美しかったです」とし、「美しいでした」とはしない[23]。これは、テンス辞だけの問題ではなく、むしろ「です」「ます」のような丁寧文体要素のふるまいの非一貫性の問題と思われるので、再度文体要素の観点から取り上げたい。

テンス辞「た」は、否定辞・ボイス辞・アスペクト辞の直前に現れることができない。「た」で文が終わる《非修飾》を除けば、「た」が前節要素として現れることができるのは、以下の場合だけである。

① 関係節構造における主名詞の直前(＝関係節の最後に現れる場合)[24]
② 「だろう」「かもしれない」など一部のモダリティ助動詞の直前
③ 一部の終助詞(文末助詞)の直前
④ 一部の接続助詞の直前
⑤ 文体要素「です」の直前

これらのうち、③は構造上の必須要素でない「よ」「ね」「な(あ)」「ぞ」「ぜ」などの直前であり、《非修飾》の亜種と見ることもできるだろう。また、

⑤の「です」については「楽しかったです」のように形容詞に「た」が後接した場合などに限られており，単純に「た＋です」が成立するというようなものではない。①は連体修飾における関係節の末尾であり，④は接続助詞を伴うことで副詞節（連用修飾節）となる。

まず④を整理する。一般に現代の日本語で接続助詞に数えられうるのは，以下の3種である。

　④(A)　ば, ので, から, けれど, けれども, ても・でも, と, が, のに,
　　　　ものの, ながら, て, つつ, たり, たら, なり, ど・ども…
　④(B)　ため(に), ゆえ(に), ように, せいで, ところ…
　④(C)　としたら, としても…

このうち(A)は通常の接続助詞でこれ以上細かな形態素に分類されないもの[25]，(B)(C)はいわゆる複合辞の接続助詞である。(B)は形式名詞に助詞を伴うか，形式名詞のみのもので，直前の節は連体修飾節となる。(C)は引用の「と」を含む「とする」が(A)の接続助詞を伴うもので直前の節は非修飾である。(B)(C)に先行する節ではテンス辞がいずれも出現可能であるが，(A)は可能な場合と可能でない場合があり，[1]仮定形に接続する「ば, ど・ども」，[2]連用形に接続する「ても・でも, ながら[26], て, つつ, たり, たら」についてはテンス辞が介在する余地がないが，[3]終止形・連体形につくもののうち「ので, から, けれど, けれども, が, のに, ものの, なり[27]」はテンス辞の介在が可能である。ただし，[4]「と」のみがテンス辞の介在を許さない。

④について整理すると以下のようになる。

(イ) 前接する要素	(ロ) 接続助詞	(ハ) 先行部＋接続助詞 (＝イ＋ロ)	テンス辞の出現
節(用言仮定形)	④(A)[1]	連用修飾節(従属節)	不可
節(用言連用形)	④(A)[2]		不可
節(用言終止形)	④(A)[3]		可
節(用言終止形)	④(A)[4]		不可
連体修飾節	④(B)		可
非修飾	④(C)		可

先に見た①は，前接に関する特性については，④(B)と同じように扱うことが可能であり，④(A)[3]をこれに準ずるものとする考えもありうる。同様に③は④(C)と前接にかかる特性を同類と扱うことが可能だ。

次にモダリティ助動詞について見よう。このカテゴリーにどこまで含めるかは綿密な検討が必要であるが，本論では暫定的に，加藤 2006a に従い，以下のようなものを考えることにする。／の前は単一の形態素からなる助動詞もしくはその後継であり，／のあとは複数の形態素からなる助動詞である[28]。

⑤　意志助動詞(う・まい／つもりだ)，希求助動詞(たい／たがる)，認識助動詞(らしい／そうだ・ようだ・みたいだ・かもしれない・だろう)，義務助動詞(べきだ／なければならない・ほうがいい・たらいい・ばいい)，伝達助動詞(／のだ・わけだ)

これらを，直前にテンス辞が現れることが可能かどうかで分けると以下のようになる。

⑤(A)　テンス辞の介在が許されないもの
　　う・まい・たい・たがる・べきだ・なければならない・たらいい・ばいい
⑤(B)　テンス辞の介在が許されるもの
　　つもりだ・らしい・そうだ[29]・ようだ・みたいだ・かもしれない・だろう・ほうがいい・のだ・わけだ

まず，⑤(A)の複合助動詞「たがる」は「たい」に続くための連用形が，「なければならない」は「ない」に続くための未然形が要求され，「た」の介在は許されない。「食べたらいい」は「食べればいい」「食べるといい」としても勧奨など近い意味を表すが，これらは，それぞれ連用形・仮定形・終止形が要求される。同じように条件節を導く「なら」は，「ならいい」で勧奨を表すことはない。「なら」の場合は，テンス辞の介在を許し，形式上は「食べたならいい」は可能であるが，これは「ならいい」というモダリティ助動詞として認めることはできない。⑤(A)の「う・まい」「たい・たがる」「たらいい・ばいい」は活用形が指定されているため，一種の被覆形(covert form)になっている。これに対して，「べきだ」は終止形という露出形(overt form)で現れていると見ることができる。この2つは，テンス辞が直前に現れることを許容しないが，露出形であるという点では，のちに取り上げる強境界の一種と見ること

ができる。

⑤(B)のうち、「らしい」「みたいだ」「かもしれない」「だろう」を除く「つもりだ・そうだ・ようだ・ほうがいい・のだ・わけだ」では形式名詞もしくは準体助詞に続くため、実質的に連体修飾節の性質を持っており、④(B)と同じようなカテゴリーに相当するものと見ることができる。「かもしれない」は、疑問の終助詞の「か」をつけることで《節＋「か」》が名詞に相当する節になっていると見ることができるが、「か」に先行する節は非修飾(述定)相当と見てよいから、④(C)と同様のカテゴリーに分類できるだろう。

「らしい」と「みたいだ」はテンス辞の介在を許し、動詞と形容詞については、タ形と非タ形(ル形)の対立がある。しかし、名詞にはそのまま後接し、いわゆる形容動詞については語幹にそのまま後接する[30]。テンス辞を介在させると「だった」のように軽動詞が必要になる。当然のことながら「*大学生-た-らしい」「*立派-た-らしい」のように軽動詞ぬきでテンス辞を介在させることはできない。

(87) ｛食べる／食べた｝らしい

(88) ｛遅い／遅かった｝らしい

(89) ｛大学生／*大学生だ／大学生だった｝らしい

(90) ｛立派／*立派だ／立派だった｝らしい

これは連体修飾で「大学生の弟」のように用いられるコピュラ的な「の」の出現と同じ特性によると考えることができる。軽動詞の「だ」と範列的には同じ位置にありながら、「の」という《助詞》を用い、「大学生だった弟」のように、テンス辞を介在させることも可能であることから、奥津1979のように「だ」の連体形として「の」を認めることも1つの記述法である。本論では、「らしい」「みたいだ」に先行する節が、動詞文と形容詞文の場合には、非修飾の特性を持っていることを重視し、非修飾の亜種として扱う。そして、形容動詞文と名詞文の場合は軽動詞「だ」のふるまいに以下のような特性があると考える。

(91) 名詞述語文・形容動詞述語文に現れる軽動詞の「だ」は、①意味表示上無標で、かつ②形態統語上無標であれば、形態論的な表示はなされない。

上の(89)(90)で「大学生らしい」「立派らしい」のように「だ」も「の」も「な」も現れないのは，テンスやアスペクトや極性など意味的に有標の表示となるわけではなく(①)，かつ，接続に関して特定の活用形を要求されるなど形態統語上も有標の表示にならない(②)からであると考える。「大学生の弟」で「だ」が「の」になるのは，②について連体修飾に用いられる形態が要求されるためである。

なお，先に⑤(A)と⑤(B)に分類したモダリティ助動詞のうち，⑤(A)の「う」と「まい」はこれにテンス辞を後接させることができない。つまり「*タ＋う」「*う＋タ」のいずれも不可であり，当然のことながら「*タ＋う＋タ」も許されない。⑤(B)では「だろう」のみがテンス辞を後接させない。以上をまとめると，以下のように4種類に分類できる。

		テンス辞の前接	
		可	不可
テンス辞の後接	可	つもりだ・らしい・そうだ・ようだ・みたいだ・かもしれない・ほうがいい・のだ・わけだ（I類）	たい・たがる・べきだ・なければならない・たらいい・ばいい（II類）
	不可	だろう（III類）	う・まい（IV類）

テンス辞の前接も後接も可能なI類の「つもりだ・らしい・そうだ・ようだ・みたいだ・かもしれない・ほうがいい・のだ・わけだ」は，以下のようにテンス辞が前後に2度現れることがありうることになる。

(92)　太郎はパンを食べたつもりだった。

(93)　太郎はパンを食べたらしかった。

このように，1つの本動詞とそれを主要部として付属する要素から述部複合にテンス辞が多数回出現することを本論では**多重テンス**（multiple tense）と呼ぶことにする。多重テンスは，テンス辞が形態的な名称であるように，テンス辞が複数回出現するという形態論的な定義によって見分けることにする。多重テンスという現象の存在は，日本語のテンスが過去と非過去という単純な二時制ではないこと，また，テンス辞の本質的機能が厳密な意味でのテンスの標示に収まらないことを疑わせる。本論は述部構造を検討するためのもので，テンスについての議論は機会を改めて行いたい。

テンス辞が出現できることの形態論上の意味は，そこで文が大きく一度「切れる」ということである。もちろん，「切れる」ことは，テンス辞の現れうる位置が「文節」の切れ目でもあることで感覚的に理解できるが，「切れ目」のうちでも「強い」切れ目として機能し，さらに述部複合のなかにその強い切れ目が存在しうる点が日本語の通言語学的特徴の1つでもあろう。

3.4 アスペクト辞

次にアスペクト辞を取り上げる。ここでアスペクト辞として検討するのは「ている」である。まずボイス辞との関係を見る。

(94) 食べ －ている
 動詞 アスペクト辞
(95) 食べ －させ －ている
 動詞 使動辞 アスペクト辞
(96) 食べ －てい －させる
 動詞 アスペクト辞 使動辞
(97) 食べ －られ －ている
 動詞 受動辞 アスペクト辞
(98) 食べ －てい －られる
 動詞 アスペクト辞 受動辞

ボイス辞の前にもあとにもアスペクト辞は出現可能である。加えて，以下のようにボイス辞の前後両方にアスペクト辞が出現することも形態論的には可能と見てよい。ただし，意味的には，最初のアスペクト辞が動作の持続，使動辞が許容，2番目のアスペクト辞が一時的状態[31]と解釈できれば成立するであろうが，これはかなり特殊な意味となり，受容度が高いとは言えない。

(99) 食べ －てい －させ －ている
 動詞 アスペクト辞 使動辞 アスペクト辞

否定辞との関係については，《アスペクト辞＋否定辞＋アスペクト辞》とすることはできないが，それを除けば特に制約がない。なお，本論では先に確認した通り，「ている」の異形態として「ない」に後接する「でいる」を認める。

(100)　　食べ　　　-てい　　　　-ない
　　　　　動詞　　アスペクト辞　否定辞
(101)　　食べ　　　-ない　　　-でいる
　　　　　動詞　　否定辞　　アスペクト辞
(102)　　食べ　　　-ない　　　-でい　　　　-ない
　　　　　動詞　　否定辞　　アスペクト辞　否定辞
(103)　*食べ　　　-てい　　　　-ない　　　-でいる
　　　　　動詞　　アスペクト辞　否定辞　　アスペクト辞

　もちろん，(102)のようにアスペクト辞の前にもあとにも否定辞が現れることが可能であるが，これも意味的に特殊であるため，自然に使える場面はかなり限定される。(103)のような「～していないでいる」は，形態論的に不適格なのではなく，意味的に不適格と見るべきだろう[32]。(103)については，「食べていない」という状態の継続性は「ままだ」という形式を後接させて，「食べていないままだ」とするのが普通である。このほうが意味がより限定されて明確であることから，(25)③の制約に従って，同機能の形式として「食べていないままだ」が存在することが「食べていないでいる」といった，より複雑な形式の成立をブロックすることになる。

3.5　その他の要素

　述部複合に現れる要素としては，「です」「ます」などの文体に関わる敬体要素がある。また，「食べ続ける」「話し終わる」などのような動詞複合も検討に含めることが可能だ。

　「です」と「ます」は，「丁寧さ」などというカテゴリーとして立てられることもある。この2つは，機能上の特質は共有しているものの，形態論的な特性で違いが見られることはつとに指摘がある。「ます」が「まゐらする」あるいは「申す」の後継であるとすれば，動詞と「ます」の連続は，動詞複合の性質を持っていることを予想させる。そして，予想通り「ます」は動詞の連用形につき，「食べられます」「食べさせます」「食べています」のようにボイス辞とアスペクト辞の連用形にもつくが，テンス辞と否定辞に直接後接することはできない。これは，一般の動詞とふるまいが同じである。

(104)　　食べます・食べられます・食べさせます・食べています・*食べなくます・*食べたます[33]

(105)　　食べ続ける・食べられ続ける・食べさせ続ける・食べてい続ける・*食べなく続ける・*食べた続ける

　テンス辞と否定辞は「ました」「ません」のように「ます」に後接させることになるが，テンス辞と否定辞を続けることはできず，「ませんでした」という特殊な形を使わざるを得ない。「ます」以外に「です」が付加される形だが，丁寧さが倍だとは感じられない。

　これに対して「です」は接続に関わる制約が小さい。「にて候ふ」の後継であると言われるこの形式は，本来体言にのみ後接することが予想されるが，実際には形容詞にも後接する。ただし，形容詞に「です」だけを後接させると舌足らずな印象を与えることもある。

(106)　　大学生です・立派です（名詞・形容動詞語幹）

(107)　　大学生でした・立派でした（名詞・形容動詞語幹＋テンス辞）

(108)　　おいしいです（形容詞）

(119)　　おいしかったです・*おいしいでした・*おいしかったでした（形容詞＋テンス辞）

　「おいしいでした」を本論では不適格としているが，これは単純な問題ではなく，微妙な判断を要する[34]。地域によっては形容詞＋「です」のタ形として用いることがあり，名詞＋「です」の類推が機能することも否定できない。本論が「おいしいでした」を不適格と扱うのは，先に(25)に掲げた《形態と意味の適格性に関する序列性仮説》③によって成立がブロックされると見るからである。「おいしかったです」のような《形容詞＋テンス辞＋「です」》が正用法として存在する以上，「おいしいでした」のような《形容詞＋「です」＋テンス辞》が形態論的に成立するとしても[35]，運用体系上その適格性はブロックされることになる。同様の理由で「おいしかったでした」も不適格として扱うが，これもすでに適格性の高い「おいしかったです」が存在することで，同機能でより適格性の低い形式の成立を許容しないという体系的制約がかかるからだと見る。「おいしかったでした」のほうが「おいしいでした」より受容度が高いという判断は，前者は適格な形式に過剰にテンス辞を付加したに過ぎず，

違反性が低いためだと説明できよう。

　否定辞との関係では、より原則性が希薄である。なお、以下の例では「大学生ではありませんでした」のように副助詞の「は」を入れるのが自然であるが、ここでは構造を検証することを主目的としているので、入れない形の用例を掲げる。

(110)　大学生でないです・立派でないです，大学生でありません・立派でありません（名詞・形容動詞語幹＋否定辞）

(111)　*大学生でないでした・*立派でないでした，大学生でなかったです・立派でなかったです，大学生でありませんでした・立派でありませんでした（名詞・形容動詞語幹＋否定辞＋テンス辞）

(112)　おいしくないです，おいしくありません（形容詞＋否定辞）

(113)　おいしくなかったです，おいしくありませんでした，*おいしくなかったでした（形容詞＋否定辞＋テンス辞）

相対的に「〜ないです」よりも「〜ありません」が自然であり、「〜でなかったです」よりも「〜でありませんでした」のほうが自然である。また、形容詞についても「おいしくないです」よりも「おいしくありません」のほうが自然であり、「おいしくなかったです」よりも「おいしくありませんでした」のほうが自然であろう。しかし、いずれにおいても前者が不適格とまで言えず、形式上は許容されると見てよい。形態論的に「です」を見た場合、直前にテンス辞が存在することは許容され、形容詞単独の非修飾形（述定）が存在することも許容される[36]ということであり、次節で言う《強境界》が「です」の前にあると見ることができる。

4　境界と統合性

　テンス辞が出現可能な位置で節が一旦完結すると見うることから、本論ではテンス辞の直後に強い切れ目があると見て強境界と呼ぶ。これに対して、副助詞などの要素の介在を許す位置には弱い切れ目があると考え、弱境界と呼ぶ。

4.1 強境界

　先に受動辞と使動辞がこの順序で出現する場合には,直接承接することはできず,あいだに「ように」などを挟まなければならないことを見た。つまり,「食べられさせる」は不適格だが,「食べられるようにさせる」は形態論的には成立するのであった。後者の一般的な理解は(114)であるが,「よう」が形式名詞であることを重視すれば(115)のように見ることができる。

　(114)　　食べ　　　-られる　　　-ように　　　-させる
　　　　　動詞語幹　　助動詞　　　助動詞　　　　スル使役形
　(115)　　[食べ　　-られる]　　よう　　に　　さ　　-せる
　　　　　動詞語幹　助動詞　　　名詞　格助詞　動詞語幹　助動詞

「ようだ」を助動詞と見るかどうかは品詞体系の問題でもある。(114)では,助動詞「られる」に助動詞「ようだ」が後接する点で膠着的であり,述部複合と見ることができる。一方,(115)では「食べられる」とそれに属する補語句や副詞句は従属節として「よう」という名詞を連体修飾していることになり,意味を考えずに形態素を機械的に処理すると「ようにさせる」が主節ということになる。(114)は全体が1つの節であり,主節1つのみで従属節を含まないと見なされるのに対し,後者は全体的に1つの複文と見ることができ,主節はその内部に連体修飾の従属節を含んでいる。

　加藤2003では,「割れた茶碗」などの表現で「割れた」のような修飾部を文と見なすかどうかの基準として「テンスを持つ」かどうかを導入している。ここで言う「テンスを持つ」とは,「時間軸上の特定の時間を占める事象として記述されている」ということであり,(116)の下線部はテンスを持たず,(117)の下線部はテンスを持つと見なされる。

　(116)　<u>今朝私が手を滑らせて割れた</u>茶碗
　(117)　<u>こなごなに割れた</u>茶碗

加藤2003では連体修飾における「ている」は原則として「テンスを持つ」とし,「た」は「テンスを持つものとテンスを持たないものの両方がある」としている。連体修飾では「ている」が「た」に一般に置き換え可能であることが知られているが,(116)(117)について言えば以下に見るように,(116)では

「た」の代わりに「ている」が使えない(→(118))のに対して(117)は置き換え可能(→(119))である。
 (118) *今朝私が手を滑らせて割れている茶碗
 (119) こなごなに割れている茶碗
「た」をどのように捉えるべきかは別の機会に詳しく論じる予定であるが，ここではテンス解釈に関わる要素である「た」が出現可能であることを加藤2003で言うsentencehoodの確立の指標と見ることを提案する。「た」が出現可能な位置は，原則として，そこで文が一旦閉じると見ることが可能な境界でもある。
 (120) 太郎は帰ったかもしれない。
 (121) 次郎は帰ったようだ。
 (122) 三郎は帰ったらしい。
 (123) 花子は帰ったものだ。
 (124) 葉子は帰ったつもりだ。
 (125) 実子は帰ったのだ。
これらの「帰った」はいずれも「帰る」で置き換えても，意味は変わるが，成立する。文を閉じる境界は，文を閉じない境界に比べると，明確で強固な境界線と見ることができるから，本論ではこれを**強境界**(strong boundary)と呼ぶ。上に挙げたものは，モダリティ助動詞と見なされるか，モダリティに関わる要素と扱われることが多い。しかし，以下のように名詞を用いた表現では，モダリティ表現とは見なされない。
 (126) やっと日常生活に戻った感じです。
 (127) うまくできた気がする。
 (128) 失敗した可能性もある。
もちろん，これらの中には意味的にモダリティ表現に相当する機能を有すると見なしてよいようなものもあり，ル形とタ形で機能差が明確に存在するものもあるが，ここではまず形態論的に「た」が出現可能であることを基準に強境界が存在すると考える。
 上に見るように，強境界の直前ではル形[37]かタ形かのいずれかが選択可能であるのが一般的であるが，場合によっては一方のみしか許されないこともあ

る。

(129)　　私は明日出発する予定だ。
(130)　　看板が落下する危険(性)がある。

　これらでは「予定」「危険性」の前にタ形を用いて「昨日出発した予定」「落下した危険性」のようにすることはできない。主名詞に対して従属節がいわゆる同格的な内容を表す関係の場合，これらは未確定の事象を内容として持つという意味的制約があるからであろう[38]。「危険(性)」と類義的な関係にあると見なされる「おそれ(虞)」の場合は「可能性」の意に解釈可能であることから「看板が落下したおそれがある」も成立する。

　また通例タ形しか適格にならないこともある。以下の例文では下線部に「わかる」「起きられない」を代入することはできない。

(131)　　これでよくわかったろう。
(132)　　目覚まし時計がなければ起きられなかったろう。

　これは意味的制約ではなく，形態論的に「ル形＋ろう」が成立しないと見るべきである。「たろう」が「たら＋む」の「たらむ」から「たらう」に変じた結果生じたとすれば，形式上の制約があると考えられる。現代語の話者の言語直観では判断できないことが多いが，通時的な形態特性を考慮すれば，「わかったろう」は「わかっ-たろ-う」のような分析を想定すべきであろう。とすれば，厳密には「ろう」の前にテンス辞が強制的に置かれるとは言えなくなるが，これは通時的な変化に関わる知見と古典文法の知識を総合して適用した結果であり，単純な共時的記述としては，やはり，「ろう」の前にはテンス辞が必要であり，それが形態論的に指定されているとするのが適当な扱いであろう。

　強境界は，以上に見たように名詞修飾節と名詞のあいだに存在すると言うことができるが，それ以外に，接続助詞の一部についても認めることができる。

(133)　　食べたなら(ば)，
(134)　　食べたから，
(135)　　食べたけれど，
(136)　　食べた以上，
(137)　　食べた上で，

上に挙げたものはいずれも「食べた」の代わりに「食べる」が可能でタ形と

ル形のあいだで範列的な関係が成立するが，夕形のみ，または，ル形のみ成立するものも見られる。

　(138)　　家に帰ると，旧友からのはがきが届いていた。(*帰ったと)
　(139)　　メールを送ったところ，やっと連絡がつきました。(*送るところ)[39]

　これらは意味的に一方しか適格にならないと見るべきだろう。また，先に3.3で見たように「モダリティ助動詞」の「べきだ」もル形しか前接できない。

　(140)　　早く提出するべきだ。(*提出したべきだ。)

　これは，「べきだ」が当為性を本質とする意味機能を持っていることによる制約だと考えられる。「たらいい」に近い意味で用いる「といい」もテンス辞の介在は許されないが，(138)と同様に扱えばいいであろう。

　ここまでで見た《強境界》は，いずれも露出形として用いられているものであり，そこで一旦節が完結すると考えられる。関係節構造などで主名詞に先行する関係節が主名詞とのあいだに強境界を形成するのはごく自然で一般的なことであり，あまり議論されることがないが，本論では述部複合でも強境界が見られることを重視したい。

　強境界は，原則として直前にル形と夕形のいずれもが可能な節が先行することで生じる。これは，テンス辞が介在すること(有標)も介在しないこと(無標)も，いずれも許容される状況と見ることができる。しかし，なかにはいずれか一方しか許容されない場合があり，許容されない要因としては形態論的な要因と意味論的な要因が考えられる。これは，それぞれ(25)の①と②にあたるもので，形態論的な要因は，意味に関係なく形態論上適格にならないものであり，意味論的な要因は形態論的には許容されても意味的に成立が許されないというものである。整理すると，理論上は，次頁の表に示す5種類があることになる。

　強境界Ⅰは，「つもりだ・らしい・そうだ・みたいだ・かもしれない・だろう・ほうがいい・のだ・わけだ」などの直前に存在する。「らしい・みたいだ・だろう」以外は，先行する節が連体修飾節に相当するものと見ることができる。強境界Ⅱaに含まれるのは，「ろう」のみであるが，これについては通時的分析を加えれば異なるカテゴリーに含めるべき可能性もあることは先に見た通りである。強境界Ⅱbに含まれるのは，「食べたところ」などと用いる接

強境界 I (強境界の直前にテンス辞の介在と非介在とが範列的関係をなす、典型的な強境界)	強境界 IIa (強境界の直前にテンス辞が介在しなければならないもので、それが形態論的要因によるもの)	強境界 IIb (強境界の直前にテンス辞が介在しなければならないもので、それが意味論的要因によるもの)
	強境界 IIIa (強境界の直前にテンス辞が介在してはいけないもので、それが形態論的要因によるもの)	強境界 IIIb (強境界の直前にテンス辞が介在してはいけないもので、それが意味論的要因によるもの)

続助詞の「ところ」であるが、これは状態性の述語については「忙しいところ」「ご多忙中のところ」などのようにル形でも現れる。従って、強境界Iに分類しなければならない。「べきだ」と「理解できるまで」「死ぬまで」のように用いる「まで」と「までに」は動作性述語のル形をとるので、強境界IIIbに含めることができる。なお、ここまでに検討したものの中には強境界IIIaに分類すべきものはない。

　5つのカテゴリーをまとめて見てみると、強境界を持つものの大半が、本来関係節構造と分析できるものである。もちろん、客観的に見て、関係節構造において、関係節(連体修飾節)と主名詞のあいだに強境界があるのは当然のことであろう。通言語学的には、境界部にテンス辞が出現することが興味深いものの、関係節内部でテンスなどの表示ができるのは珍しいことではない。また、境界部に置かれるテンス辞(本論では形態的名称としてこう呼称している)の機能が本当にテンスに関わるものなのかどうかも再度検討する必要があるだろう。本論で特に指摘したいのは、日本語の述部複合は、その内部に複数の強境界を含むということである。文末詞は、文が終わる場合につく要素であるから、述部構造において文末詞のあとにテンス辞が置かれることはない。しかし、(141)に見るように、モダリティ助動詞を中心にテンス辞が2度ないし3度出現することが可能であり、これが日本語における多重テンスを可能にしている。

(141)　　食べ　　-た　　　　-かもしれなかっ　　　-た
　　　　動詞　　テンス辞　　モダリティ助動詞　　テンス辞
　　　-らしかっ　　　　-た　　　　よ
　　　モダリティ助動詞　　テンス辞　　文末詞

多重テンスの問題は、テンスをいかに捉えるかの問題を十分に整理した上で

議論すべきものでもあるので，別の機会に詳細に論じたい。

　強境界のあとには別のモダリティ助動詞や文末詞など異なる機能の要素が現れる。連体修飾を行う節と修飾を受ける主名詞の場合も強境界の前後で異なる機能要素のアマルガムが生じている。次に取り上げる弱境界では境界の切れ目が機能の切れ目にならない場合もある点で，大きく異なる。

4.2　弱　境　界

　述部複合に見られる境界のうち，相対的に弱い切れ目(本論が弱境界(weak boundary)と呼ぶもの)となるのは，端的に言って接続助詞「て」の直後である。この「て」のあとには副助詞を置くことができる。加藤 2003 などで連用テ形と呼ばれている《動詞連用形＋接続助詞「て」》は，機能的に連用中止法などに用いる動詞連用形に近いと言われているが，動詞の連用形はある特定の場合を除き，副助詞類を介在させることはできない。

　(142)　　夕食を食べて入浴する。
　(143)　　夕食を食べて{も／は／すら／から}入浴する。
　(144)　　夕食を食べ，入浴する。
　(145)　　夕食を食べ{*も／*は／*すら／*から}入浴する。

　前節までに取り上げた述部複合をつくる要素のうち弱境界に関わるのはアスペクト辞の「ている」である。近年「ている」を１つの要素と認めることが多いが，これは形態論的には「て」という接続助詞と，「いる」という動詞の複合からなり，後者は「い」という語幹と「る」を基本形とする活用語尾に分けられる。しかし，「ている」が機能上１つの要素と認めうる機能的統合性があることから，アスペクト助動詞(本論では「アスペクト辞」)などと呼ばれる１つの機能要素と見なされることになる。「ている」が口語で「てる」に縮約されるなど形態上の統合性も認めうることも単一機能要素とする根拠に加えてよかろう。

　接続助詞の「て」は，動詞(の連用形)という主要部に付属する要素であり，「食べている」は本来「たべて＋いる」と分節されるはずであるが，機能的には「たべ＋ている」と分節されるわけである。「食べてる」では「たべて＋る」ではなく「たべ＋てる」と分節する母語話者が多いのではないだろうか。「て」

が直前の動詞にではなく，直後の「いる」と単位を形成するという見方への転換は，構成的に統合性を見るのではなく機能的に統合性を見ることへの変化でもあり，それがまた形態的な単位にも影響を与えるということでもある[40]。また，弱境界が存在することは，機能的統合性と構成による統合性にずれがあることの証拠でもあろう。

　アスペクト辞として「てある」「てしまう」を考えた場合，これらも「て-ある」「て-しまう」のように「て」の直後に弱境界を認めることができる。従って，「てもある」「てはしまう」のように副助詞類の介在が形態論的に可能である。しかし，「ている」が「てる」と，「てしまう」が「ちゃう」と縮約した場合，弱境界は消失する[41]。弱境界は，機能的統合性の中に残る構成単位の名残のようなものと言っていいだろう。別の要素を介在させれば弱境界はより意識されるが，縮約することで機能的統合性が高まれば消えてしまうという点で，不安定な境界だとも言える。加藤 2006a は，語彙的意味が後退し，統語機能上要請される要素となった「する・いる・ある・なる・だ」を軽動詞に含めているが，一部の軽動詞の直前にも弱境界を認めることができる。

(146)　食べる　→　食べ　　　　　-も　　　-する
　　　　　　　　　　動詞連用形　　副助詞　　軽動詞
(147)　立派だ　→　立派で　　　　-は　　　-ある
　　　　　　　　　　形容動詞連用形　副助詞　軽動詞
(148)　美しい　→　美しく　　　　-も　　　-ある
　　　　　　　　　　形容詞連用形　　副助詞　　軽動詞

「食べる」が「食べもする」となる場合，語彙的意味は「食べ」に集約されるが，「食べ」は連用形で，連用中止法に使えるなど自立性が高く，転成名詞に用いられることから，名詞性が強くなり，動詞性が弱まる。動詞性を確保するために「する」という軽動詞が用いられる。これは統語的には動詞性を有し，意味的には動作性を有する語彙的に無標の軽動詞である。「ある」は統語的には動詞性を有し，意味的には状態性を有する軽動詞である。

　もちろん，連用形と言っても子音語幹動詞がテンス辞に続く形は明らかな被覆形である。例えば，「買った」「飛んだ」の「買っ」「飛ん」を自立的な形式として取り出すことはできない。子音語幹動詞のこの種の連用形を本論では

《被覆連用形》と呼ぶことにする。境界という概念を適用するなら，これらは境界を持たない形式だと言うことができる。また，一見露出形と見える連用形も他要素の介在を許さないものがある。例えば，複合動詞「買い続ける」「飛び越える」の「買い」「飛び」はそのまま転成名詞ともなれる露出形だが，「*買いは続ける」「*飛びも越える」のように用いることはできない。露出形であることから形態的には弱境界を持っていそうだが，実際には弱境界が境界としての機能を果たせない状態になっているのである。これは《動詞＋動詞》という語構成による制約がかかっていると本論では考える。露出連用形のうち弱境界を持たないものを便宜的に《露出連用形Ⅰ》とし，弱境界を持つものを《露出連用形Ⅱ》と呼ぶ。

　子音語幹動詞の活用形のうち，未然形(例えば「買わ-ない」の「買わ」)，仮定形(例えば「買え-ば」の「買え」)は明らかに被覆形である。基本形(終止形・連体形)は，明らかに露出形であり，強境界を持ちうる。命令形も露出形であるが，非修飾にしか現れないので，本論で定義する強境界は持ち得ない。

　本論は，活用形を論じるものではないが，活用のあり方は，境界の認定に深く関わるものであるので，子音語幹動詞と母音語幹動詞に分けて，簡単な図にまとめておく。

　(149)　子音語幹動詞の活用形と境界性

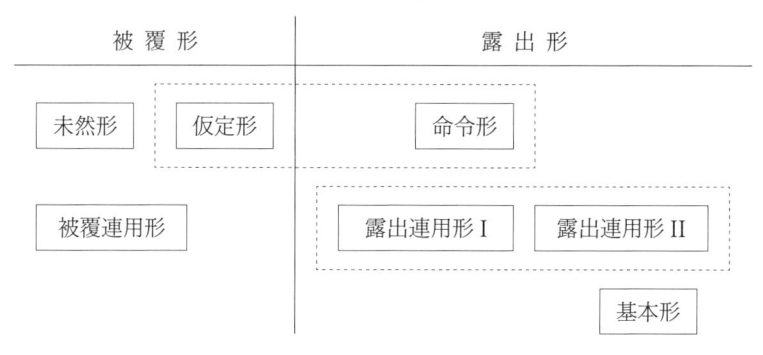

被覆形	露出形
未然形　仮定形	命令形
被覆連用形	露出連用形Ⅰ　露出連用形Ⅱ
	基本形

　子音語幹動詞の仮定形と命令形はそれぞれ被覆形と露出形であるが，形態は全く同一である。上の図で両者が点線で括ってあるのは「形態が同一」の意で，露出連用形Ⅰと露出連用形Ⅱも同様の関係にある。この中で露出連用形Ⅱのみが弱境界を持ちうる。基本形は原則として強境界を持つ。

母音語幹動詞は，連用形に被覆形と露出形の別がなく，形態上は未然形もこれと同じである。ただし，仮定形と命令形は形態が異なる[42]。

(150)　母音語幹動詞の活用形と境界性

被　覆　形	露　出　形
仮定形	命令形
未然形	連用形Ⅰ　連用形Ⅱ
	基本形

　母音語幹動詞は連用形に被覆形がないが，複合動詞の前項に現れる場合など弱境界を持たない連用形Ⅰもある。連用形Ⅱが弱境界を，基本形が強境界を持つ点は，子音語幹動詞と同じである。

4.3　述部複合における境界の意味

　上で見たように，《動詞-使動辞-受動辞-アスペクト辞-否定辞-テンス辞-モダリティ助動詞》という述部複合の順序は，さして厳格ではない。試みに弱境界を｜で，強境界を‖で表すとすると，(151)はアスペクト辞が弱境界を内蔵する形式であり，弱境界の直後に副助詞が置かれている。

(151)　食べ　　-て｜-は　　　　いる
　　　　動詞　　テ｜副助詞　　　イル
(152)　食べ　　-なく｜　　さ　　　-せる
　　　　動詞　　否定辞｜　軽動詞　　使動辞
(153)　食べ　　-なかっ　-た‖　　ように　　さ　　　-れる
　　　　動詞　　否定辞　　テンス辞‖　機能辞　　軽動詞　　受動辞

　本来，述部複合において否定辞は使動辞に先立たないはずであるが，これは境界の内部での原則である。境界を越えないという条件下では否定辞＋使動辞は不可能であるが，弱境界を設けて，その境界の前後に否定辞と使動辞が置かれた(152)は成立する。(152)において弱境界が成立するのは，弱境界を持つ「ない」の連用形と弱境界を成立させる軽動詞「する」に挟まれた位置であ

る。「なく」が直後に弱境界を持っていても，軽動詞がなければ弱境界は生じない。例えば，軽動詞が存在しない「*食べ-なく-せる」は不適格となる。境界を越えて否定辞→使動辞と配列するというシンタグマの原則に背馳するからである。

(153)はテンス辞が受動辞に先立っている。述部複合の配列の原則では，これは許されないはずであるが，「ように」という要素[43]を用いることで，テンス辞と「ように」のあいだに強境界が生じる。強境界があれば，テンス辞は他の要素に先行することが許される。

もちろん，強境界は強く切れるので，述部複合の中での統合性は弱くなる。

5　ま と め

本論では，日本語の述部複合に弱境界と強境界という切れ目の概念を導入することで，より精密な記述が可能であることを示した。主な主張は以下の4点である。

① 日本語の述部複合に現れる機能辞には配列原則があるとされるが，これは境界を持たない述部複合の内部に適用されるもので，境界が存在する場合は配列原則に従わない述部複合も可能である。
② 接続助詞「て」の直後，用言の連用形の一部の直後には《弱境界》がある。ただし，弱境界が成立するのには条件がある。また，アスペクト辞の「ている」などは弱境界を内蔵している。
③ テンス辞「た」の現れうる位置の直後には《強境界》がある。ただし，強境界の成立には条件がある。モダリティ助動詞の多くは，その直前に強境界を持つ。
④ 強境界が述部複合に存在することが多重テンスという現象を可能にする最大の要因である。

複合助詞として「ている」などを認める場合，これらは弱境界を含む助動詞であり，意味機能上は1つの助動詞でありながら，「てはいる」のように副助詞が介入して分断されることがあるわけである。このような形態論的な特性が残存しているということは，意味機能的な統合性と形態論的な統合性のあい

だに齟齬があるということでもあり，それをもって文法化が完全に完成してはいないとする考えもありうる。例えば，英語では be able to は形容詞 able を含むものの1つの助動詞相当の機能的単位として文法化が進んでおり，同じようなタイプのものは，be bound to / be likely to / be obliged to など多数見つかる。このとき，be more likely to do のように他の構造的要素(主に副詞類)が介在可能な場合もあれば，?be more able to do のようにより受容度が低い場合もあり，機能的統合性が形態論的統合性を高めているという意味では後者のほうが文法化の度合いが高いと考えるのは自然な論法の1つであろう。とすれば，形態論的な切れ目が後退している度合いをもって文法化の進み具合の1つの指標とするのもゆえないこととはならない。

　本論では，以上にあるようにいくつか新しい概念の提案をしているが，まだ解決しなければならない問題は多い。例えば，多重テンスがどういう現象であるのかは本論で論じていない。また，本章冒頭で掲げた問題の解決も十分だとは言えない。また，境界のカテゴリーはさらに精密にする余地がまだあるかもしれない。これらの問題は，機会を改めて検討を加えたい。

・本章は，加藤 2007 に加筆修正を行ったものである。
1) 渡辺 1971：113, 1996：211 にもほぼ同じ図の掲出がある。
2) 縦書きを横書きにするなど，内容を変えずに，引用者が引用の便宜のために表示の方法を改めたところがある。
3) この用語は，加藤 2006a による。山田 1908 で言う陳述副詞に近い。
4) 南 1993：54 によるが，本論の形式に合わせて若干形式を変えたところがある。
5) 寺村 1982：60 による。同書では，樹状図として示しているが，引用の都合上，提示の形式を改めている。
6) 英文中の＊，＊＊，＊＊＊の注釈は省略した。
7) 仁田 1989a による。内容を変えることなく，縦書きを横書きにするために表示の仕方を若干改めた。
8) 例えば，英語の had been done が，done のボイス，have＋been のアスペクト，had のテンスと見れば，動詞に近いところから「ヴォイス」「アスペクト」「テンス」という順で標示されていると見ることができる。
9) 「(近所に)存在される」とすれば，これは不自然であるが，「あられる」ほど明確に不適格でないという判断もあるだろう。「存在する」は「いる」の意でも「ある」の意でも用いられることから「いる」の受容度の高さが反映する可能性も考えられる。
10) 山田 1908 では，文語文法について「る・らる」「す・さす」「しむ」の相互承接につ

第5章　日本語の述部構造と境界性

いて検討しており，「る・らる」+「る・らる」，「す・さす」+「しむ」，「しむ」+「しむ」は認めていないがそれ以外の形式は認めている。例えば，「す・さす」+「す・さす」として「せさす」を，「しむ」+「す・さす」として「しめさす」を認める。

11) 直接的な使役と間接的な使役と捉えることもできようが，ここでの議論に大きく関わらないので，両者の差異は論じないでおく。

12) 古典語の「す・さす」が尊敬の用法で用いられる場合は，原則として「たまふ」などの尊敬の動詞が補助動詞的に後接する。

13) (41)は(40)よりも受容度がやや高いという判断もありうる。筆者の判断でも(40)の不適格さに比して，(41)は不自然さは免れないにしても明らかな非文として扱うのには強い抵抗がある。特に「せる」が許容・放任の意であれば許容度は高いと思われる。「殿様は早く食事の用意をするようにおっしゃっている。しかし，まだご飯は炊きあがらない。家老は，とりあえず殿様に焼き魚だけを召し上がらせることにした」のようにすれば，許容度は高くなるであろう。しかし，同じ文脈をあつらえても(40)の形式ではやはり不適格である。これは，「れる・られる」の尊敬用法と尊敬語のあいだにどのような違いがあるのかを知る上で興味深いが，本節で明らかにすべき問題とは異なるので，ここでは事実の確認にとどめる。

14) 本論では，加藤2006aにならい，子音語幹動詞(五段動詞)が-eruで終わる形だけを「可能動詞」と呼ぶ。

15) なお，この変化の背景に受動辞の自立性が相対的に低いことと使役辞の自立性が相対的に高いことを含め，運用心理に影響する言語事実があると思われるが，本論が直接論じるテーマから逸脱するので，機会を改めて検討を加えることにする。

16) 従来の国文法では，「せる」は-aの開音節で終わる未然形に後接する形式であり，現代語の「する」の未然形として「さ」を認めれば，「スルの未然形+使動辞セル」となり，「さ」を認めなければ「スルの使役形」として「サセル」とすることになる。本論では加藤2006a：28に基づき，子音語幹sに使動辞-saseruを後接したs-saseruから子音連続削除によりs-aseruが得られると考える。ここでの「「する」の使役形」とはその謂である。

17)「神官は部下に命じて生け贄が猛獣に食べられるようにさせた」のようにするほうが自然であるが，ここでは構造を議論しているため(67)のような構造が成立するという前提で議論する。「〜ように部下に準備をさせた」のように目的語が明示されればより受容度は高くなるが，この点は別の機会に検討する。

18) 中古には「やう(様)をかしう」のように自立的な一般名詞としての用法が行われていたが，すでに同時期に現在と同じ形式名詞の用法も名詞に接尾辞的に付加する用法も見られる。

19)「ておく」等もあるが，アスペクトに関わる意味を限定的に設定したいので，本論では扱わない。

20) 例えば，「行き先がわからなくて，そのままここにいる」の下線部が省略された形の「行き先がわからなくている」という形式はありうるが，これはアスペクト辞の「ている」を用いたものとは認められない。ただし，一部の方言では用いられる(加藤2012a)。

また，ネット検索でも「知らなくている」が「知らないでいる」の意で用いられる用例は見つけることができる。この種の用例が地域方言の干渉を受けたものなのか，別の類推によるものなのかはわからない。「友達に会えなくて」と「友達に会えないで」が類義関係にあるという理解による類推もありうるだろう。

21) 「働き者でみんなに好かれておる」「たくさん食べるですぐに元気になるだろう」などの「で」の用法は明治まで見られたほか，現在でも長野・静岡など一部の地域方言で用いられている。

22) 「食べたです」をどう扱うかについては社会言語学的な問題が関わってくるので本論では扱わないが，用例を収集して気づいたことを備忘的に記しておく。「た＋です」が用いられる要因としては大きく3つのことが考えられる。ただし，この3つの要因は相互排除的な関係ではなく，重なり合うこともありうる。その1つは，表現上の逸脱である。「食べました」でなくあえて「食べたです」を用いる話者の心理には舌足らずな言い方を選択する意識があるように思われる。「食べたんです」の特殊拍を脱落させただけでも得られ，形態統辞的な規則に大きく違反するという印象も希薄であり，奇矯な感じを伴わずに規則通りの形式を回避できる点はいわば「手軽な」逸脱表現となる。第2の点として，地域方言の影響が考えられる。検索エンジンなどで探すと，国務大臣の答弁記録（発言を文字化したもの）にも見られ，年齢層が限定されるものでもないようだ。第3点は，「です」の自立性と「で」の承接制約の弱化の可能性である。例えば，「食べた，ですよね？」のような例も聞かれるが，これなどは表記上は連続していると見なせるものの，音調上は切れ目がある。「です」と「ですね・ですよ・ですか」などが自立的に用いられる傾向が強まれば，直前にある要素への承接に強い制約はかかりにくくなる。また，「です」が通説に言うように「にてさぶらふ」の転じたものであるとすれば，「で」は「にて」の転であり，本来体言相当の成分にしか後接しないはずである。しかし，現代語では「楽しいです」のように形容詞にも後接する。この種の言い方を舌足らずに感じる人も多いようであるが，形容詞に直接「ます」は後接できないのでやむを得ない面もある。加えて「楽しいでした」でなく，本文にあるように「楽しかったです」と用いることから「です」は文の言い切りなら後接ができる状況になっている。先に取り上げた「ないで」という形式の成立もこのことと多少関わりがあるかもしれない。

23) 鹿児島方言では正用として用いられるという。「美しかったでした」も聞かれるという。これは二重に「た」が現れるもので，本論で多重テンスと呼ぶものだが，実際には「た」を1回使うだけの場合と意味の差はないようだ。

24) 「関係節構造」「主名詞」「関係節」などの言い方は，加藤 2003, 2010a に従う。

25) このうち，「のに」と「ので」は準体助詞などとされる「の」に格助詞がついたと見ることができるが，ここでは1つの接続助詞として扱う。「ものの」も同じく1つの接続助詞として扱う。また「たら」は本論でテンス辞と呼んでいる「た」を過去の助動詞としたとき，その仮定形と見ることがあり，接続助詞に数えないことも多いが，本論では1つの接続助詞として扱う。なお「でも」は「飛んでも」など「ても」の異形態としての「でも」を指す。

26) 「ながら」は形容詞については「狭いながら」「少ないながら」のように終止形につく

が，それ以外では「食べながら」のように動詞の連用形に接続し，「立派でありながら」「学生でありながら」のように形容動詞や名詞のあとでは軽動詞「ある」の連用形に接続するので，本論ではとりあえず連用形に接続するものに含めておく。
27)「着くなり，早速授業を始めた」と用いる「なり」で，この「なり」は本来名詞であるので④(B)に含めることも可能だが，ここでは副助詞用法との境界が不分明であることも踏まえ，暫定的に(A)に含める。
28)「べきだ」は「べし」の後継と見なし，単純な形式に含めている。「べき」を「べし」の連体形とし，「だ」を軽動詞とすれば，厳密には複合辞となる。ここでは，複合助動詞であるかどうかがテンス辞との承接に直接関わらないので，いずれに分類するかは分析に影響しない。
29)「食べるそうだ」のように終止形につき，《伝聞》を意味する「そうだ」を指す。「食べそうだ」のように連用形につき，《推量》を意味する「そうだ」はここでは取り上げていないが，⑤(A)に含まれる。
30) 軽動詞「だ」を「らしい」や「みたいだ」の前に置くことが可能な方言もあるようだが，本論での記述は特に断りのない限り東京方言を対象とする。ただし，軽動詞「だ」の出現についての制約が方言ごとに差異を持つということは，境界に関わる特性の違いが軽動詞に大きく影響する可能性を示唆する。
31) 加藤 2006a：50 で「テイル」の「未完了」の用法のうち，「一時性・未確定性」としているものを指す。
32) このことは，標準語では成立しないこの種の表現が北奥方言では「食べ-でぃ-ね-でら」が成立しうることからも考察する必要がある(加藤 2010c，2011b，2012a)。
33)「食べてます」を考えることもできるが，これが成立する場合は，アスペクト辞が後接して，口語で「い」が脱落した形であって，テンス辞「た」の連用形を「て」としても，テンス辞が後接した形とは認められない。
34) ネット検索(googleなど)でも「おいしいでした」はある程度見つかる。また，同様の検索を行うと「おいしかったでした」のほうが多く見つかる。
35) これは東京方言などで規範的には用いないという点で適格でないが，形態論的に成立しないとする根拠はない。
36)「食べるです」のように動詞単独の非修飾形に直接「です」を後接させることは，現時点では，結論として不適格であるが，形容詞の非修飾形への「です」の後接が成立することから類推が作用する可能性は十分考えられる。「食べます」などのマス形があるために体系的制約としてデス形にブロックがかかっていることから不適格性は説明できるが，このブロックが弱まれば形容詞の場合のように「舌足らずではあるが許容される形式」と見なされるかもしれない。
37) ル形は非タ形と見てよい述部活用形態を指すものとし，「食べる」「帰る」「言う」「貸す」などの動詞原形のほかに，イで終わる形容詞の原形，形容動詞の非タ形(おおむねダ形であるが，連体修飾におけるナ形も含む)，名詞述語文などの非タ形(おおむねダ形であるが，連体修飾におけるノ形・ナ形も含む。ただし，ノ形は叙述性を有するもののみ)を含む。

38) 従って，同格内容的な関係でない「中止になった予定(のせいで，急に時間が空いた)」のような例では「予定」を直接修飾する節にタ形が現れることがありうる。
39) この「ところ」は接続助詞相当の用法を担うものである。同じ「ところ」という形式名詞を含む文法化形式のうちでも，非修飾の述定に用いられる「ところだ」では，「送ったところだ」「送るところだ」のように，タ形とル形のいずれも可能である。
40) これは英語の want to do が本来 want / to do のように to 不定詞句を単位として分節していたのが，want to / do のように分節され，機能的統合性が形態的な単位としても作用し，wanna のような縮約形を有するに至ったのと共通性がある。かつての言語習得論の見方では，want to が pivot (軸語) に，do が open-class word (開放語) の入るところとなるであろうが，固定項と空項では前者により強く統語性が現れるのは普遍的なことである。これは「ている」についてもそのまま当てはまる。また，「食べ＋てる」という分節は 2 モーラを 1 フットとする音韻上の単位に基づく認識とも考えられるが，ここでは扱わない。
41) 「てある」は東京方言の口語体で縮約形がないが，これは「ている」「てしまう」に比して機能的統合性が低いためか，使用頻度の問題なのか，別の要因があるのかはよくわからない。
42) 東京方言では異なるが，母音語幹動詞でも仮定形と命令形が同一形態の方言は北海道などに見られる。
43) 「ように」はモダリティ助動詞「ようだ」の連用形と形式は同一であるが，機能的に乖離している点もあり，また，「よう」という形式名詞と助詞「に」の複合による複合助詞と考えることもできる。本論では，後者の見方をとりたいが，さらに検討が必要なので，ここではその機能を明確にせずに，1つの機能的単位として暫定的に扱っておき，別の機会に体系的に記述することを考えたい。

第6章　二重ヲ格制約論

1　本章の目的

　日本語の格助詞のうち，主格と対格は，いくつかの点で，特別な地位を占める助詞である。それは例えば，連体数量詞文に対応する連用数量詞文が存在可能であることもあり，ゼロ助詞化することが可能であり，原則として「は」や「も」との融合が生じる，といった形態統語的現象からも言えることである。また，これらの格標示を受ける名詞句が一般に主語あるいは目的語と呼ばれ，統語上の必須格と見なされる。ほかにも，日本語の格助詞句を副詞句あるいは後置詞句と名詞句の項に分ける場合でも，格に階層を設定する仮説においても，両者は同一の，もしくは，隣接のカテゴリーに分類されることが多い。

　しかしながら，これらの2つの格が統語構造におけるふるまいの点で全く同じわけではない。その重要な特徴の1つが対格(以下，「ヲ格」で統一)については単一の述部に対して複数の同一格標示句が存在できないのに，主格(以下，「ガ格」で統一)についてはそのような制約はない。つまり，日本語において，二重ヲ格制約はあっても二重ガ格制約はないのである。

　本章は，二重ガ格制約がないという事実を再確認しつつ，二重ヲ格制約について再検討を加え，二重格標示への制約について考察するものである。両者を子細に記述し，その実相を明らかにすることで，ガ格とヲ格がどういう特性を持っているか，また，それによって，日本語がどういった構造上の特質を有するに至っているか，そもそも格標示の重複制約とは何なのか，を考えたい。日本語の構造に関わる，類型論的特性を，二重格制約の観点から，再検討することが，本章の主たる目的である。

2　二重ヲ格制約の意味

　二重ヲ格制約(double-wo constraint)を，Saito 1982, Hoshi 1999 に従って，「日本語において，1つの動詞は，最大で1つの名詞句にしか対格を割り当てられない(A verb can assign accusative case to at most one NP in Japanese.)」(Hoshi 1999 : 203)という規則としてみよう。
　確認しておくべきことが2点ある。ここで言う対格とは形態格であり，実質的に格助詞「を」を指すと考えることができる。従って，次章で検討する場所格の「を」も形態論的な連続性から見て排除されないが，意味格についてどう扱うかが1つめの問題になる。そして，「動詞」は品詞論的に厳密な意味の語彙的な「動詞」だけを指すのか，「させる」や「られる」のような格付与に関わる要素は除外されるのか，という，2つめの問題も議論しなければならない。
　（1）　太郎が走る。
　（2）　花子が太郎を走らせる。
　当然のことながら，（1）において「走る」の動作主としての「太郎」に「を」を割り当てることはない。しかし，（2）において「走る」の動作主としての「太郎」がヲ格標示を受けているのは，使役辞「させる」があるからであり，「走る」という動詞が「太郎」にヲ格標示をさせているわけではない。もしも「走らせる」を《動詞》と見れば，動詞が名詞句にヲ格標示を受けさせていると言えるが，用語法を確認しておく必要がある。
　表層構造における二重ヲ格制約を最初に主張したのは，Harada 1973 によれば，Shibatani 1973 だという（黒田 2000 にも言及がある）。Shibatani 1973 の二重ヲ格制約は，「目的語をとる他動詞句を含む文の使役化において，《被使動主＝動作主》がヲ格標示できず，ニ格標示されることを，表層において同一の動詞句内で二重にヲ格が存在を許可されないことによる」と分析する制約規則の1つだと言える。
　（3）　太郎が酒を飲む。
　（4）　花子が太郎に酒を飲ませる。
　（5）　*花子が太郎を酒を飲ませる。

Shibatani 1973 では，これを表層における制約とするため，動詞句内部に形態論的にヲ格が二重に存在していれば，不適格ということになり，実際に（8）のように，意味格における場所格のヲ格であっても意味格における対象格のヲ格と同一に扱われ，非文となる，とした。また，場所格のヲ格の代わりにデ格を使えば，(11)のように二重ヲ格制約に違反しないことになる[1]。

（6）　太郎が公園を歩く。

（7）　花子が太郎に公園を歩かせる。

（8）　*花子が太郎を公園を歩かせる。

（9）　太郎が公園で歩く。

（10）　花子が太郎に公園で歩かせる。

（11）　花子が太郎を公園で歩かせる。

その後いくつか指摘があるところでもあるが，（8）の適格性判断が妥当かどうかは，再度検討する必要があるであろう。以下では，まず，ヲ格以外も含めて，格の重複という現象がそもそも許容されるのかどうかを検討しておきたい。

2.1　格の重複

理論的に考えれば，1つの動詞に対して意味的に同じ関係を結ぶ要素が2つ以上存在することが解釈において支障や混乱を生じさせることは容易に予想できる。これは，特にヲ格名詞句にだけ当てはまるわけではなく，他の要素についても考えうる。

（12）　雹が降る。

（13）　霰が降る。

（14）　*雹が霰が降る。

（15）　雹と霰が降る。

（16）　まず雹が，そして次には，霰が降る。

ガ格標示のある名詞句の場合，もちろん(12)(13)はそれぞれに適格であるが，この2文をあわせて(14)のように言うことは，通常はできない。構造上，(12)(13)をあわせて1文にするのであれば，(15)のように言わなければならない。これは，「雹と霰とが」のようにすることもできる。ただし，(14)は，(16)のように複数のガ格名詞が並列関係になっていることが明確であれば，不適格に

ならない。(14)も「雹が」と「霰が」のあいだにポーズを置いて，2つのガ格名詞句が並列関係だと解釈できるようにすれば，容認性は高まる。この種の名詞句の並列関係については，通常，時間軸上の順序を写像的に示すのが普通であるが，それ以外に，想起した順序そのままに配列しても成立する場合がある(加藤 2003)。ただし，並列される要素内部の線条性と並列される要素とその外部(他の名詞句や述部)との関係における線条性は異なるので，その点は整理しておかなければならない。ヲ格名詞句でも同じことが観察できる。

(17) そばを食べる。
(18) うどんを食べる。
(19) *そばをうどんを食べる。
(20) そばとうどん(と)を食べる。
(21) まずそばを，そして次に，うどんを食べる。

一見すると二重ヲ格制約の例外とも思える(21)はガ格同様に，並列の内部では一時的に線条性の制約を無化して累加を行っており，並列される要素は統語的特性は同一であり，意味用法上も同一である。次にニ格についても見ておく。

(22) 太郎は名古屋駅に行く。太郎は新大阪駅に行く。
(23) *太郎は名古屋駅に新大阪駅に行く。
(24) 太郎は名古屋駅と新大阪駅に行く。
(25) 太郎は，まず名古屋駅に，次に新大阪駅に行く。
(26)　　　　　　【一次配列】
　　　太郎は，　　名古屋駅に　　　行く。
　　　　　　　　　新大阪駅に
　　　　　　【二次配列】　⋮
　　　　　　　　　X 駅に

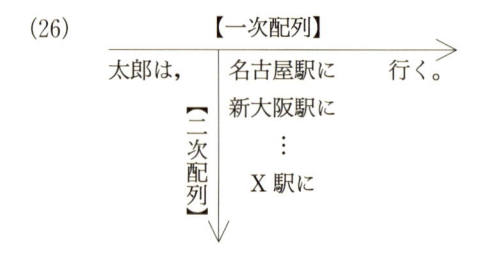

意味格が同一の場合原則として1つの動詞に対してそれぞれが同じように結びつくことはできないが，同一要素が並列されていることが明らかな場合に限り，例外的に複数の同一意味格名詞句が存在できることを，(12)‐(25)の観察は示している。(26)に見るように，文構造における要素配列が従う一次配列の

線条性は，並列が行われる二次配列の内部では無効である。二次配列は，並列の場合のみ可能であり，二次配列にも一次配列とは異なる線条性がある。

　なお，一見，この原則に合致しないかに見える例も見つかる。

　　　(27)　花子は，ゆっくりと，じっくりと，しっかりと，研究を続けている。
　　　(28)　次郎は，静かに，親切に，丁寧に，そのソフトの使用法を説明した。

前者は「と」，後者は「に」を伴った要素が3つ並列しており，それぞれが機能的には同じものだと考えられる。これらは名詞句に格標示のための格助詞がついたものに見えるが，名詞句の並列とは考えにくい。(27)は「ゆっくりと」など「と」を含む3つの要素が副詞である。(28)は「静かに」など形容動詞の連用形の並列と見てもよいが，本論は形容動詞を品詞として設定しないので，状態名詞に格助詞が後接して様態を表していると見る。様態説明という点では(27)も(28)も同じである。これらは，(12)-(25)の名詞句＋格助詞とは異なる点がある。様態は，複数の描写や説明を同時並行的に提示することに問題がなく，(27)であれば「ゆっくり」であって，かつ「じっくり」であって，かつ「しっかり」という描写は同時に成立しうるものであり，さらに様態を追加する余地がある。つまり，様態叙述の連用成分は形式上並列していても線条性を一旦無化する必要はない。よって，構造的にこの種の連用成分が1つの動詞句に対して複数個存在することに制約はなく，意味に矛盾がなければ様態の副詞句は複数個存在することが可能なのである。(27)(28)では二次配列はなく，すべて一次配列である。

　ただし，位置的な制約を考えると，これらも一種の並列のような特性を示す。

　　　(29)　*ゆっくりと花子は，じっくりと研究を，しっかりと続けている。

これらの3つの副詞は並列のままならまとめて別の位置に置くことも可能だが，ばらばらにして並列でなくなると，(29)のように成立しなくなる。これは，同じ様態叙述の連用成分をばらばらに配列する必要があれば成立すると思われるが，(29)ではそうする理由はない。また，同じ副詞的成分であれば，形態的に異なっても(第1章に言う「外部の統語関係標示部」が形態論的に異なっていても)，並列をなすことが可能であり，(30)の下線部のように，一見雑多な要素であっても，並列構造が成立すれば，適格になる。この下線内では3つの要素を入れ替えることも可能である。

(30)　　その画家は，丁寧にじっくりと誠心誠意作品を仕上げていった。
以上の観察から並列構造については以下のように考えることができる。
  (31)　　並列構造の内部(二次配列)では格標示の多重制約はかからない。
  (32)　　並列構造をなす場合，名詞句の格標示が同一であれば，格助詞の意味用法も同一でなければならない。
  (33)　　様態叙述の副詞句は並列構造(二次配列)をなさないが，明確な理由がなければまとめて順次配列するのが無標である。
  (34)　　並列構造の内部(二次配列)では，文構造(一次配列)の線条性は無化されるが，並列構造全体が1つの要素として一次配列の線条性の制約を受ける。

以上から，並列構造の内部は，格重複制約の適用を受けないので，本章での検討からは除外することにする。以下では，まず複数のガ格名詞句が存在可能であることから確認していく。
  (35)　　象が鼻が長い。
  (36)　　象が成獣が鼻が長い。

これらは最初のガ格名詞句が主題化されるのが自然だが，格助詞の重複制約の観察として考えると，(35)(36)のように「ガ格名詞句は構造的には複数存在できる」と言える。ただし，これはガ格名詞句の存在する層が異なっており(第2章の階層的主述構造，また，第8章を参照されたい)，同一資格のものではない。例えば，(36)では，最初の「象が」は「成獣が鼻が長い」という述部に対して呼応しており，この述部の内部では，「成獣が」が「鼻が長い」という述部に呼応する主部となっており，「鼻が長い」は「鼻が」と「長い」が主述構造をなしている。いわば，3つのガ格名詞句がそれぞれに呼応する3層の述部を持っている[2]。もちろん，回帰的な多層構造は，構造解釈についても意味解釈についても語用論的に負担が大きくなるので，単純な，わかりやすい構造のほうが自然である。また，ガ格名詞句のままでなく，主題化したり，他の副助詞を付加するなど，解釈上の負担が減じるように作用することも考えなければならない。しかし，これらはいずれも，語用論的な要因であって，統語構造としてはガ格名詞句は存在する層が異なれば，重複が許容されることに変わりがない。また，第2章で見たように，昇格によってガ格が重複する(37)のような例

は多数観察され，形容詞の項の場合，意味役割が異なれば(38)のように複数のガ格が可能である。視点者追加(第2,3章参照)の場合，主題化されることが多いが，これも本来ガ格だと考えれば，やはり重複が許容される例となる。

(37)　太郎がラテン語が読める。(←太郎がラテン語を読む。)

(38)　次郎が花子のことが好きだ。

ガ格の存在する層が異なるかどうかは，本章での議論の対象ではないので，後章に譲る。ここでは，ガ格について以下のようにまとめておく。

(39)　ガ格名詞句は対応する述語の層が異なれば文に重複して存在してもよい。

(40)　ガ格名詞句は，昇格や追加で生じたものについては重複して存在してもよい。

(41)　ガ格名詞句は，異なる意味役割の場合，述部の意味機能から解釈が成立するなら，重複して存在してもよい。

このことは，以下のように理解してよいだろう。

(42)　ガ格名詞句は文に重複して存在することが形態論的に許容される。ただし，構造的制約や意味的制約は受ける。

本章の主たる課題である二重ヲ格制約は，先に見たように形態論的な制約として提案されたものである。しかし，ガ格に関しては，形態論的には制約がかからない，ということは重要な点であると思われる。ガ格に関しては，同一の動詞(述部)に対して，形態論的な重複制約がないとすると，ヲ格や他の格助詞の状況とどう異なるのかが重要になる。

2.2　意味格と形態格

前項での観察は，《名詞句＋ガ格》が同一の動詞に対して複数個存在することが構造上許容されるが，構造上，可能であっても，最終的に成立しない場合があり，それは意味論的な制約や語用論的な要因による，とするものである。そこで，まずガ格とヲ格以外の格助詞について，意味格に関する制約があるかどうかを見る。以下は「で」で標示された名詞句が複数存在するケースである。

(43)　洋子は，一人で公園で携帯ラジオでお気に入りの音楽を聴いていた。

(44)　*洋子は，河原で公園で喫茶店でお気に入りの音楽を聴いていた。

(45) 洋子は，一人で薄着で優雅な気分でお気に入りの音楽を聴いていた。

(44)の不適格性は，同一の意味格であるために生じたと考えられ，並列の解釈で，移動するなどして順次場所を変えたと考えない限り，成立しない。一人の人間が同時に異なる3つの場所で何らかの動作を行うことは，現実的に考えられない。「現実的に考えられない」とは，我々が通常念頭に置いている現実世界で成立しないということであり，語用論的に不適格ということである。(43)と(45)は，「で」で標示した名詞句が連続するために，自然とは言えないが，構造的には成立する。特に，(43)は多少語順を入れ替えて，次のようにすればより受容度が高くなると思われる。

(46) 公園で，洋子は一人で，お気に入りの音楽を携帯ラジオで聴いていた。

そもそも1つの動詞句を修飾する《名詞句＋格助詞》が，同一の格助詞について複数個存在することは，個々の格助詞の意味格が(44)のように重複していて不適格になる可能性もあり，また，意味格を確定して混乱せずに適切に意味解釈することが必要になる。当然のことながら，言語理解という処理プロセスにおいて負担が大きくなる。しかし，意味の処理プロセスの問題は，言語運用の問題であって言語構造の問題ではなく，いわば語用論的な現象だと本論では考える[3]。

以上の観察は，意味格(意味役割)が異なれば，形態論的な格重複は許容される，ということである。他のものについても，確認しておこう。

(47) 3日前の夜に，太郎は，庭の片隅に10年以上一緒に過ごしたペットの亡骸を密やかに埋めた。

(48) 太郎は，次郎と「次の大会では必ず入賞するぞ」と堂々と誓い合った。

例えば，(47)では，「3日前の夜に」のニ格は時点格であり，「庭の片隅に」のニ格は場所格である。「密やかに」は様態の副詞的成分あるいは文修飾のモダリティ副詞であるが，意味格が違えば，このように成立する。(48)では，「次郎と」のト格は共同格であり，2つめのト格は引用格，「堂々と」は様態の連用修飾成分である。このように形態論的な重複は，意味が異なるなら許容される[4]。なお，共同格と相手格のト格は同一の動詞に対して共起できないので，

重複制約に関しては同一のカテゴリーに含める必要がある。そして，この種の現象は他の格助詞についても見られる。

(49)　太郎君から順に教科書を15頁から一人5行ずつ読んでいってください。

(50)　クラスで最も体力のない次郎まで余裕で2キロ地点までたどりついた。

これらはカラとマデの重複であるが，「太郎君から」は本来動作主なので「太郎君が読む」という格関係が成立し，この種のカラは格助詞と言うよりも副助詞に分類するのが妥当だと本論では考える(第8章参照)。また，(50)のマデについても「次郎まで」は「次郎までが」のようにガ格を補っても意味が変わらないことから，このマデも副助詞と考えるのが妥当である。格助詞と副助詞とは意味上は連続的な関係にあるが，動作主の起点と対象物における起点のように意味的な差異が対立的に捉えられれば，形態論的な重複は許容されると考えてよく，これは狭義の格標示の重複とは言えないであろう。しかしながら，広義の意味格に類するものとすれば，同じ方向性で扱うことは可能だと思われる。

ヨリは比較の対象・基準の場合は，差分の標示部と呼応し，起点は文体的に古風であることもさりながら移動動詞と呼応するので，1つの述部に対して重複してかかることは考えられない[5]。ヘは対立するような意味格の分離はない。よって，カラ・マデ・ヨリ・ヘは格標示の重複としての検討は実質的に不要になる。

なお，ニ格は(47)に見るように意味格が異なれば形式的な重複は許容されるが，どういう用法を意味格として認定するかは検討を要する。というのも，複他動詞では，本来の与格(ニ格)と降格与格(ガ格からニ格に転じたもの)が共存できない場合があるからである。

(51)　太郎が花子を山田先生に紹介した。

(52)　*太郎に花子が山田先生に紹介された。

(52)は，もともとある与格(非降格与格)である「山田先生に」をそのまま残留させ，降格与格の「太郎に」をさらに「太郎によって」や「太郎から」などの第二斜格以下に変えることで適格になる(第3章参照)。この場合，降格与格

と非降格与格は，便宜上まとめて「統語的与格」と呼ぶが，1つのカテゴリーをなすと考えざるを得ない。

本項での確認を以下のようにまとめておく。

(53) ニ格，デ格，ト格については，意味格が重複しなければ，形式上の重複があっても許容される。

(54) 「カラ・マデ・ヨリ・ヘ」については，重複して用いないのが原則であり，多重格標示制約の対象にならない。

結局，ガ格のほかにニ格・デ格・ト格については，意味が異なるなど一定の条件が満たされれば，重複が許容されるのに対して，ヲ格だけがなぜ形態論的に重複制約を受けるという特殊な事情があるのか，と考えなければならない。この問題については，構造に関してもう1点考察したのちに論じたいと思う。

2.3 構造の制約

日本語においては，名詞に「する」を後接させたサ変複合動詞が多く用いられる。このうち，名詞と「する」のあいだに「を」を入れても同じ意味で使えるものを分離動詞と呼ぶことがある。理論上は，①「Xする」だけで，「Xをする」の形を持たないもの，②「Xする」でも「Xをする」でもどちらでも用いるもの，③「Xをする」だけで，本来動詞表現としては「Xする」の形を持たないもの，に分けることができるが，ヲ格についてはゼロ化(助詞の脱落)が可能であるので，形だけで③と②は区別しがたい。しかし，Xにあたる部分が動作名詞と見なせないものは，ゼロ化することがあるにしても③に分類することになる。例えば，「食事をする」は③であるが，「を」をゼロ化する(ゼロ助詞を用いる)ことが可能で，話しことばでは「食事∅する」と用いられることがある。

「死去する」は「死去をする」とは言わないので①のタイプである。「練習する」は「練習をする」でもよいので②のタイプである。このうち，後者については二重ヲ格制約に関わる現象が見られる。以下，(55)-(62)では特に適格性に関して表示はしていない。

(55) 課題曲を練習する。

(56) 課題曲の練習をする。

(57)　課題曲を練習をする。
(58)　課題曲を練習することをする。
(59)　テストコースを走行する。
(60)　テストコースの走行をする。
(61)　テストコースを走行をする。
(62)　テストコースを走行することをする。

　上の例文では，「練習する」に対して「課題曲」は対象物としてヲ格標示を受け，「走行する」に対して「テストコース」は移動場所(第7章では場所格のうちの《移動経路》)としてヲ格標示を受けている。形式上は，同じように「NP₁をNP₂をする」が成立しにくくなる。一般的には，(57)と(61)は，不適格と見なされるであろう。しかし，実際の使用例も多く見つかるので，これらが構造的に不適格かどうかは検討を要する。

　また，移動場所のヲ格標示だけでなく，対象物のヲ格標示も可能な動詞についても，2つのヲ格名詞句が1つの動詞に対して存在すると自然でない。

(63)　部屋中を探す。
(64)　携帯電話を探す。
(65)　*携帯電話を部屋中を探す。
(66)　どぶをさらう。
(67)　ゴミをさらう。
(68)　*ゴミをどぶをさらう。

「探す」に対して「部屋中」は場所であり，「さらう」に対しての「どぶ」も同じように場所と見てよい。ただし，「さらう」の語彙的な意味を「清掃する」のように解釈すると「どぶ」を対象と解釈することも可能だと思われる。これらは，「廊下を掃除する」「部屋を片づける」などと同様に，作用の及ぶ対象物が場所である場合も，場所ではない個体物である場合も，同じようにヲ格標示を行うと解する場合で，対格の意味の問題になる。また，(68)は「どぶでゴミをさらう」のようにすれば成立するが，「で」では動作を行うときに主体が存在している場所の意味になり，全くの同義とはできない。

　いわゆる「壁塗り構文」に見る以下の例も同じように考えることができる。

(69)　ペンキを塗る。

(70)　　壁を塗る。
(71)　　*壁をペンキを塗る。
(72)　　壁にペンキを塗る。
(73)　　壁をペンキで塗る。

「塗る」も2種類の目的語がとれるが，これらは共在できない。(72)(73)のように一方の格助詞がヲ格以外に変わると適格になるが，もちろん個々に意味が異なる。これらはいずれもヲ格の意味格が同一なので，意味格の重複だと説明することができる。もちろん，「塗る」行為における「ペンキ」と「壁」は厳密には意味役割が異なるが，ヲ格で標示したときには対象という大くくりの意味格に分類される。これは，ヲ格についても意味格の重複が許容されないと考えれば，先の(53)と同じように記述できるわけである。

問題になるのは，(57)「課題曲を練習をする」のようなものである。本論は，社会言語学的にこの可否を考えるわけではないが，日常の発話で決してないわけではないことは確認しておく必要がある。特に，国会や各種議会などでは比較的よく聞かれるようであるが，これは「検討する」よりも「検討をする」のほうが文体レベルが高いという意識があり，品位があり，格調の高い発言に聞こえるようにヲ格を用いるのだろう。「〜を検討をする」は5年間の国会議事録のなかに11件見つかる[6]。次はその一例である。

(74)　　これと併せて，重大事故，財産事案の重大事故をどう定義していくのか，とらえていくのかということを検討をする，見出していくということにしております。

分離動詞②は，「検討する」「検討をする」のように，動作名詞Xについて「Xする」とも「Xをする」とも用いるものである。前者のサ変複合動詞では「する」は伝統的に補助動詞のように扱われることが多いが，後者の場合は「する」そのものが単独で自立的な他動詞であって「やる」「行う」など類義語に置き換え可能である。本論では，前者の「する」は軽動詞(light verb)と扱っており，「ようにする」の「する」なども軽動詞に含めている。分離動詞②の自立的な「する」は一般動詞に近いところもあるが，補助動詞との連続性もあり，他の語彙的な動詞に置き換え可能ではあるものの語彙的には中立性が強いなど，軽動詞の特性も認められる。

また，このほかに「けがをする」「ネクタイをする」などの表現があり，これらでは「する」を「やる」や「行う」に置き換えることができない。「負う」や「締める・つける」など他の語彙動詞には置き換え可能で，弱境界はあるが，「けが」や「ネクタイ」は動作名詞ではない。前者は事象性があるものの後者は個体物であることからより動作性は低く，さらに区分できる可能性はあるが，本論では「非動作名詞＋ヲ格＋する」という形式のものを一括して扱う。これは，動作名詞の分離タイプより語彙性が低いと見られる。

以上の検討について，本論では軽動詞に含め，以下のように区分しておく。

(75) 軽動詞スルの下位区分

区分	形　式	特　　　性
Ⅰ類	Xする	Xは動作名詞。弱境界なし。補助動詞的(非自立的)。統語的。
Ⅱ類	〜ようにする	〜は動詞基本形。コピュラ「だ」の派生形式。弱境界あり。統語的。語彙性低い。
Ⅲ類	Xをする	Xは動作名詞以外の一般名詞。弱境界あり。統語的。慣用表現の特性あり。一定の語彙性あり。
Ⅳ類	Xをする	Xは動作名詞。弱境界あり。自立的。一定の語彙性あり。統語性低い。

分離動詞②では「検討する」のようにⅠ類が用いられる場合と「検討をする」のようにⅣ類が用いられる場合があり，いずれも軽動詞の「する」と見なす。Ⅰ類・Ⅱ類・Ⅲ類・Ⅳ類の順に，「する」の自立性・語彙性が高くなり，統語性が低くなる。Ⅱ類は，「する」の前にヲ格は生じないので，本章での検討対象にはならない。ここでは，Ⅲ類とⅣ類に現れるヲ格を通常の対格(ヲ格A)と区別して，ヲ格Bと便宜的に呼ぶ。

「課題曲を練習をする」について「課題曲を」の格助詞がヲ格Aであり，「練習を」の格助詞がヲ格Bとなる。Ⅲ類やⅣ類の「する」はⅠ類やⅡ類よりも語彙性が高いが，「食べる」や「壊す」のように明確な語彙性のある他動詞に比べれば，語彙性は希薄であり，そのぶんヲ格の意味性も希薄である。つまり，ヲ格Aは意味格として明確な機能を有するが，ヲ格Bは意味格としてはより希薄であり，中立的である。

「課題曲を練習する」ではヲ格Aのみが用いられているが，「課題曲を練習をする」ではヲ格Aとヲ格Bが用いられており，従来の形態論的な制約とし

ての二重ヲ格制約では不適格と見なされる。これらの構造は以下のように考えられる。

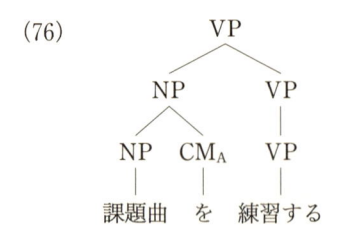

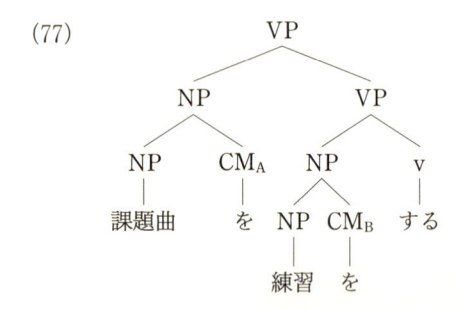

(76)
```
        VP
       /  \
      NP   VP
     /  \   |
    NP  CM_A VP
    |    |   |
   課題曲  を  練習する
```

(77)
```
            VP
           /  \
          NP   VP
         /  \  / \
        NP CM_A NP  v
        |   |  / \  |
       課題曲 を NP CM_B する
               |   |
              練習  を
```

　軽動詞Ⅰ類の「する」の場合，(76)のように「練習する」が1つの統語的かつ語彙的単位であり，弱境界もない。述部に「は」や「も」を挿入するには「練習する」の連用形のあとに置くことになり，かつ，動詞性を担保するために再度軽動詞を追加しなければならない。よって「練習しはする」「練習しもする」のようになる。一方，軽動詞Ⅳ類の「する」の場合は(77)のようにそれじたいに一定の自立性があり，ヲ格B(上図ではCM_B)の直後に弱境界がある。このため副助詞を挿入すると「練習はする」「練習もする」のようになるが，これは「をは」「をも」が許可されないことからヲ格が消されるためだと考えられる。「練習だけをする」「練習をさえする」などではヲ格は残留してもよい。この弱境界には副詞類ならば挿入可能で「練習を少しする」などは成立するが，「課題曲を」というヲ格Aの名詞句はこの弱境界に置くことはできないので「練習を課題曲をする」は不適格である。

　ヲ格Bは動作名詞と軽動詞Ⅳ類をつなぐ構造を形成する機能を持ち，対象などの意味格としての特性が明確なヲ格Aと，意味性が後退しており，構造保持に機能的重点があるヲ格Bとでは存在する構造階層が異なっているので，

2つのヲ格は機能上の違いが明確で意味格カテゴリーも別だと考えることができる。なお，異なる意味用法についてであるが，出現するヲ格の構造レベルが異なるという指摘は，天野 2007, 2008, 2011 にもある。

以上の観察から本論では以下のように考える。

(78) ヲ格の重複制約は，形態論的なものではなく，意味論的なものである。同一の意味格カテゴリーに属するヲ格は同一動詞に対して複数存在できない。

(79) ヲ格 A とヲ格 B は構造階層が異なることから異なる意味格のカテゴリーに属する。

(80) 「課題曲を練習をする」がヲ格の重複のために不自然であるのは，構造的・形式的な要因ではなく，語用論的な要因によるものである。

以上の考え方では，形態論的な二重ヲ格制約を放棄し，二重ヲ格制約があるとすれば意味論的なもの，より限定的に言えば，文脈などの解釈に関わる語用論的なものとしている。言語研究者は，言語が完全な構造体系あるいは規則体系をなしている（あるいは，なしていてほしい）という見方が過剰な理想化や規範化に転じる可能性に意を用いなければならない（加藤 2011b）。例えば，以下のような使用例は容易に見つかるが，例文判断としては不自然として退けられてしまうことが多い。

(81) 太郎は広いテーマパークの中を炎天下で1時間も，はぐれてしまった娘を探して，なんとか見つけ出した。

(82) 頭部を何らかの理由で試合中にけがをしてしまった場合は，その場で他の選手と交代することになっています。

(83) 今日は我々の普段の活動を報告をしたいと思います。

(84) プログラムの一部にたくさんのバグを発見をしたそうです。

いずれについても不自然だとする判断はある。しかし，単純に誤りとしていいのかは検討の余地がある。(81)は「テーマパークの中を」は移動領域としての場所であり，「娘を」は対象物であり，それぞれのヲ格の意味が異なる。このように意味格が異なる場合については成立するとする判断も多い。ただし，一般に，2つのヲ格が離れていること，つまり，2つのヲ格のあいだに別の要素が存在しているほど受容度が高くなる傾向が見られる。(81)は場所格と対象

格の例だが，被使動主と場所格の場合[7]でも，二重ヲ格制約の例外になる例が観察される。

　(82)は「頭部をけがをする」が二重ヲ格制約の例外になっている例である。これも不自然とする判断はありうるであろう[8]。「けがをする」は，「病気をする」と同様に「Xをする」と用い，かつ「けが」「病気」が動作動詞ではないタイプ(先の分類のIII類)に含められる。つまり，「けがする」は複合動詞ではなく，ヲ格が脱落した結果であり，ゼロ助詞を用いた言い方だと考える。「頭部を」のヲ格は場所格と見ることもできようが，加藤2006aの定義に従い，動詞が移動性の意味を含まなければその動詞句内部に用いられているヲ格を場所格とは見なさないことにする。従って，「頭部を」のヲ格は意味格としては対象格と見る。(81)の2つのヲ格は場所と対象という意味格の異なる2つのヲ格であるが，(82)-(84)のヲ格はいずれも場所格ではない。いずれにおいても，前者がヲ格Aで後者がヲ格Bであって，これらも意味格としては異なると扱う。本論では，これらは，運用上不自然と感じられることもあるが，構造的には成立すると見なす。

　しかし，運用上不自然でありながら用いられるのは，そもそも構造的には許容されているからで，語用論的な要因で受容度が影響を受けるからだと考えるのが妥当だろう。その1つに以下のような事情が考えられる。ヲ格はガ格とともに，ゼロ化が頻繁に起こる助詞であり，ゼロ助詞を用いると文体レベルが低くなる。つまり，ゼロ助詞を使うのはくだけた話しことばに代表される低い文体あるいは俗調であり，一定の品位を確保しながら正式な表現を書きことばなどで用いるのであればゼロ助詞を回避すべきだという心理が働く。これは，書きことばでの文体を高めようと思えばゼロ化したヲ格を復元するというプロセスで現れることになるが，形式上は「ヲ格が入りうるけれども存在していないところにヲ格を入れる」という手続きと変わりがない。「報告する」はこの表現だけを見れば「報告をする」のようにヲ格を挿入可能であるが，「その点を報告する」のように目的語(対象格のヲ格で標示した名詞句)があるときは，意味構造上ヲ格を入れて「報告をする」とするとヲ格が重複してしまう。しかし，潜在的には「報告」と「する」のあいだにはヲ格は挿入可能であり，それを環境がブロックしているに過ぎないので，それを無視すれば，文体レベルを上げ

るためにヲ格を挿入できると判断してしまうことになる。端的に言えば,「問題点を報告をする」といった言い方は,一種の過剰訂正(hypercorrection)の例ということになる。ただし,過剰訂正を生ぜしめているのは,ひとり無知による制約の無視だけではなく,局所的に見れば潜在的にヲ格の復元が可能な位置であることも関わっている。加えて,日本語の動詞句が形式上はヲ格標示の名詞句が複数個存在することを許容するものであって,意味格が同一である場合に制約がかかるのが原則であるが,目的語の並列などでは例外的に成立することがあり,加えて,意味格の同一性の基準にぶれがある可能性がある。こういった状況は,判断のゆれを生み,制約規則を結果的に弱めることになる。過剰訂正が生じる原因がここにあると思われる。

また,(82)の「けがをする」はそのまま「負傷する」に置換可能である場合が多い。つまり,「頭部を負傷する」において「負傷する」と範列的関係(relation paradigmatique)をなすものとして「けがをする」という動詞句があるのである。このことは,範列関係の転移でもあるので,範列性転移(paradigmatic transfer)とでも呼ぶべき現象であるが,「けがをする」という動詞句じたいが統合性の高い単位になっていることも大きく関係している。

2.4 二重ヲ格制約の類型

前項までで検討したことから,1つの動詞句について複数個のヲ格標示名詞句が存在する場合をまとめておく。

[1] 場所格と対象格が共在する場合

移動場所と解釈できる場所格のヲ格と対象物と解釈できる対象格のヲ格がともに用いられているケースで,動詞は他動詞であるとともに移動性を持たなければならない。従って「探す」など一部の動詞に限られる。

  (85) 広大な公園の敷地を隅から隅まで必死で迷子の子犬を探した。
  (86) ?広大な公園の敷地を迷子の子犬を探した。

(86)はヲ格名詞句が隣接している例である。一般に2つのヲ格名詞句のあいだに副詞句など別の要素が挟まっているほうが許容度が上がると考えられるが,これは語用論的な要因によるものだと本論では考える。

[２] 場所格と被使動主格が共在する場合

被使動主格とは動詞句の動作を行う動作主でありながら，使役構文で使役を受ける者のことであり，「太郎が花子を出かけさせる」における「花子」が被使動主格に相当する。当初，Shibatani 1973 で検討された二重ヲ格制約に関わる現象はいずれも使役構文におけるヲ格であった。

(87)　部外者を誰一人としてこの門を通らせてはならない。

(88)　大型犬を３分程度の時間であればこの公園内を走らせてもいいでしょうか。

(89)　担当者をそれぞれの持ち場を離れさせないように，管理マニュアルを徹底してください。

(87)は通過域のヲ格，(88)は移動領域のヲ格，(89)は離格のヲ格(第７章参照)の例である。ヲ格名詞句が隣接していると許容度が落ちる点は[１]と同じである。この種の例文を不自然だとする判断も少なくない。Shibatani 1973 は，この種のものを不適格としている。

[３] 対象格と被使動主格が共在する場合

被使動主格をヲ格でマークして二重ヲ格の状態になると不適格だと見なされる。

(90)　*太郎を日本語文法についての論文を書かせる。

(91)　太郎に日本語文法についての論文を書かせる。

被使動主のヲ格はニ格で標示しなければならない。

(92)　*太郎を，本人がいやがっているのに無理やりに，重要な学術上の意義があるとじっくり説得して，日本語文法についての論文を書かせる。

[１]と[２]にならって，隣接しないように他の要素を多く入れてみても，(92)に見るように特に許容度が上がるわけではない。この種のものは，語用論的に成立しにくいというのではなく，構造的に不適格な非文であると，本論でも見なす。

[４] サ変複合動詞の分離形によるヲ格と対象格が共在する場合

これは前項で見たタイプのものである。

(93)　国語学を講義する。

(94)　?国語学を講義をする。

(95)　佐々木先生は，国語学を，本学着任以来 30 年の長きにわたって，講義をしていらっしゃるのです。

(96)　国語学は，佐々木先生が講義をしています。

「講義する」を分離形にした(94)は，明らかに不自然である。また，この種の言い方が一部で用いられている実態があるものの，自然とは言えないことも先に述べた通りである。ただし，本論はこれは 2 つのヲ格がヲ格 A とヲ格 B という，位置する階層の異なる別々の格助詞が用いられているもので，構造的には不適格でないと判断している[9]。これは，(95)に見るように 2 つのヲ格を隔てるように別の語句があいだに挿入されると受容度が上がる。この点は，［1］や［2］と同じように考えてよいだろう。また，(96)に見るように，ヲ格のいずれかを主題化することでも受容度は上がる。(96)はヲ格 A を主題化しているが，ヲ格 B を主題化することも可能である。

［5］　対象格が複数個共在する場合

　これは，1 つの動詞が対象格のヲ格で標示された名詞句を目的語としてとれるものの，対象格の下位区分としての共存できない意味役割が同時に重複して存在することができないケースである。例えば，先に取り上げたように，「壁を塗る」と「ペンキを塗る」はともに可能であるものの，「*壁をペンキを塗る」とできないのがそれにあたる。ここでは「教える」と「掘る」を例に示す。

(97)　英語を教える。

(98)　高校生を教える。

(99)　*高校生を英語を教える。

(100)　高校生に英語を教える。

(101)　庭を掘る。

(102)　埋蔵金を掘る。

(103)　穴を掘る。

(104)　*庭を穴を掘る。

(105)　*庭を埋蔵金を掘る。

(106)　庭{に／で}穴を掘る。

(107)　庭で埋蔵金を掘る。

このことは，厳密な意味役割が下位では同一でなくても，対象格といった上

位のカテゴリーにおいて同一であれば，共起することが許されないという規則と見ることができる。

[6] 並列的に解釈できる，同一の意味格のヲ格標示名詞句が複数個共在する場合

これは，全く同じ意味格の名詞句が累加的に提示され，構造上並列であると解釈されるケース(二次配列)である。

(108)　太郎は，まずビールを，次に焼酎を，最後に日本酒を飲んだ。

(109)　その新幹線は，まず上野を，次に大宮を，そして，越後湯沢を通った。

(110)　去年の夏休み，花子は，まずイタリアを，次にスイスを，そのあとフランスを旅行した。

(108)は対象格の例で，いずれも「飲みもの」で厳密に意味格が同一だと言える。(109)は場所格のうち通過点，(110)は場所格のうち移動領域であるが，いずれも下位の意味格のレベルで同一だと評価できるだろう。これは，2.1で見たように，時系列上の継起順序を写像的に示していることが多いが，写像性に根拠があれば別の順序でも構わない。「Aを，Bを，Cを」となっているが，この並列構造は上位の文構造の線条性が適用されないと考えればよい。

では，大まかなカテゴリーが同じで，厳密な意味役割が異なる場合はどうだろうか。

(111)　*僕は，まず庭を，次に穴を，最後に埋蔵金を掘った。

(112)　*恵子は，はじめは高校生を，次に英語を教えた。

いずれも適格文とは言えない[10]。これらは，時間軸上で順次継起したとは解釈できないからである。

同一意味格の名詞句がこのように複数個共在するケースは，実質的に，NPそのものは，VPに対して1つだけしか存在していない構造と見なすことができる。単に，NPの内部で語用論的に並列解釈を行っているものであり，それは構造上の違いに反映しないのである。試みに，(108)の構造を簡略に示すなら，VPに対する内項のNPの内部で並列解釈がなされる構造的累加が行われている(113)のようなものを考えるべきであろう。

単一のNPの内部での構造的累加を許容するのは，語用論的な解釈だと本

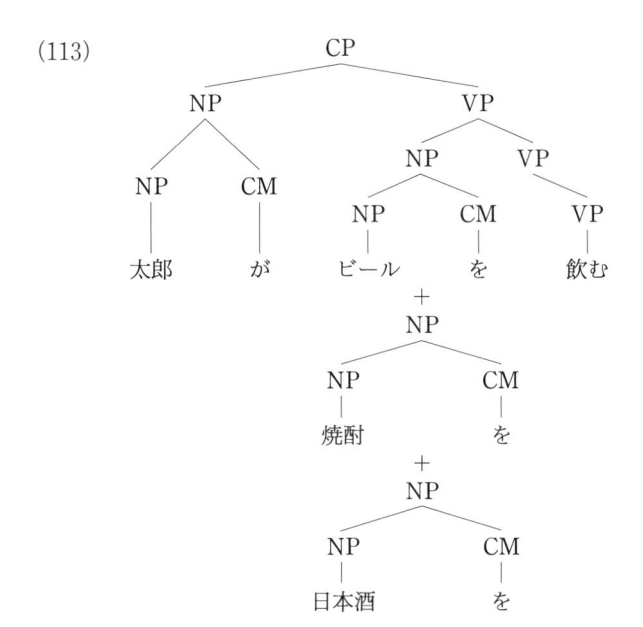

(113)
```
                    CP
          ┌─────────┴─────────┐
         NP                   VP
       ┌──┴──┐           ┌────┴────┐
      NP    CM          NP         VP
       │     │        ┌──┴──┐       │
      太郎   が       NP    CM      VP
                      │     │       │
                     ビール  を     飲む
                          +
                         NP
                       ┌──┴──┐
                      NP    CM
                       │     │
                      焼酎   を
                          +
                         NP
                       ┌──┴──┐
                      NP    CM
                       │     │
                     日本酒   を
```

論は考える。そのために，加藤 2003 ほかで言う解釈のコストの負担を行うのが，「まず〜，次に〜，そして〜，最後に〜」といった副詞句とその並列性なのである。

以上，6つの類型に分けてみたが，このうち［2］と［3］のタイプに関わる被使動主格のヲ格については，統語的中和と呼ぶべき状況が考えられるので，以下で少し検討を加えたい。

3 構造的制約と統語的中和

すでに Shibatani 1973 ほかで指摘されているように，被使動主格としてはヲ格以外にニ格があり，一般に他動詞の使役構文ではニ格だけが用いられ，自動詞の使役構文ではヲ格とニ格の双方が可能であることが多いとされる。しかし，自動詞か他動詞かの区別は，統語的な基準に基づくか，意味的な基準に基づくかで異なる場合があり，しかも，両者がときに連続的であることもあるため，それほど単純な問題ではない。

(114)　太郎が笑う。

(115)　花子が太郎を笑わせる。
(116)　花子が太郎に笑わせる。
(117)　太郎が僕の失敗を笑う。
(118)　*花子が太郎を僕の失敗を笑わせる。
(119)　花子が太郎に僕の失敗を笑わせる。
(120)　次郎が花瓶を壊す。
(121)　*太郎が次郎を花瓶を壊させる。
(122)　太郎が次郎に花瓶を壊させる。
(123)　桜が咲く。
(124)　桜を咲かせる。
(125)　*桜に咲かせる。

　(115)と(116)であれば被使動主がヲ格とニ格で対立するため，意味的な違いが感じられる。ヲ格では直接性が強く，「太郎」に直接働きかけて笑わせたように感じられるのに対して，ニ格では間接性が強く，「太郎」に依頼ないしは命令を行い，その後太郎の意思をもって「笑う」という動作を実現する意味に解釈されやすい。関連して，ニ格のほうは依頼ないしは命令が背後にあることから意図性が顕在化しやすく，これに対してヲ格のほうは意図性が明確に表面化しにくい。このことは「不意に太郎を笑わせてしまった」が適格であるのに対して「不意に太郎に笑わせてしまった」が不自然であることともつじつまがあい，(124)(125)に見るように無情物ではニ格が成立しないこととも合致する (Kuroda 1965, 久野 1973, Shibatani 1974, 1976, 1990, Kitagawa 1974, Tonoike 1978, Miyagawa 1980, 1986, 1987, Kitagawa 1986, Tsujimura 2007[2])。また，ニ格のほうは被使動主格の名詞が意味上の焦点になりやすく，ヲ格のほうは動詞句が意味上の焦点になりやすい。例えば，(115)では「太郎に何をさせたかと言うと笑わせた」という意味に，(116)では「誰に笑わせたかと言えば太郎にさせた」という意味に傾く。しかし，この種の意味対立は，対格と与格という異なる格助詞で標示されているための対立であって，二重ヲ格制約で動作主(＝被使動主)が降格するときに降格対格が選択できず，降格与格しか選択できない場合には対立は中和してなくなってしまう。これは，音韻的中和などになぞらえて，統語的中和(syntactic neurtralization)とでも呼ぶべき現象である。

上の例文のうち(118)や(121)は不適格である。同様の意味と構造を提示できる方法がいくつかあるとき，1つの方法に解釈上の過大な負担がかかるのであれば，可能なもう一方の方法に特化させるのは自然なことである。つまり，使役による降格において与格と対格の意味対立は，対格を重複させて解釈上の負担を過大にしてまで保持するようなものではなく，2種類の降格がある以上，選択を捨てることで解釈の透明性を担保するのは，言語体系の効率性の観点から見ても至極妥当なことである。これが，二重ヲ格制約と呼ばれるものの中核を形成している。このことは，統語的な対立を保持することに見合う結果を得るだけの解釈のコストの負担が考えられない，と言い換えてもよいだろう。ニ格を用いることで，同様の意味と構造を提示できるのであれば，対立を解消することで統語的中和が生じるのは，自然なことだと言える。

　同じ考え方は，「壁にペンキを塗る」(α型)と「ペンキで壁を塗る」(β型)に関しても，格シフトを変えればいずれも表し分けられる以上，「*壁をペンキを塗る」のような二重ヲ格で解釈不能にする必要はないわけである。「Xを塗る」のときはα型とβ型の両方が成立する以上，いずれもがXとして対格標示を受けられるようにしておく必要があるが，そこに「壁」と「ペンキ」の両方を入れて意味明示を放棄するのは効率的でない。

　そして，対格の意味格としての対象と被使動主(降格対格)のあいだで強固な制約が課されるのは，両者の意味的特性が比較的近似することと，重複制約がかかるときに対象を意味する本来の対格と使役によって主格から降格された対格のあいだに明確な優先順位があることが理由だろう。

　一方，対象格でなく，場所格の場合は，適格性の判断が微妙になる。

　　(126)　花子が通学路を歩く。
　　(127)　??次郎が花子を通学路を歩かせる。
　　(128)　次郎が花子に通学路を歩かせる。

(127)は二重ヲ格制約が構造的にだけ規定されるものなのであれば，不適格になるはずである。しかし，先に見たように2つのヲ格のあいだに別の要素が入り込み，隣接性が低下すれば，以下のように受容度が高まる。

　　(129)　次郎は，花子を春の交通安全キャンペーンの一環として通学路を歩かせることにした。

隣接性の程度が判断に影響することは，ほかの場合でも見られるが，これは，場所格と被使動主格が，対象格と被使動主格の場合に比べると，比較的近似する度合いが低いこと，また，2つのヲ格が離れることで意味解釈の計算処理が容易になること，の2点が理由になっていると考えられる。対象格と被使動主格の場合は，隣接性を低下させても，受容度が高まるわけではないから，本来的に解釈上の負担が過大すぎるために，適格文になるレベルまでの緩和ができないのに対して，場所格と被使動主格の場合は，語用論的な操作で適格性を高めるだけの影響を及ぼしうるものだと見ることができるだろう。

　本節での観察と議論を整理しておく。対格の意味用法の記述は次章で行うので，ここでは細部に立ち入らないが，以下の5種類を設定できる。

　　(130)　　対格の機能的区分
　　　　①対象，②場所，③軽動詞の直前の対格(ヲ格B)，④降格対格，⑤状況

　これらのうち①と②の中間的なものも見られるが，それは次章で論じる。また，本章の議論ではいずれに含めても問題がないので，便宜上分けておく。①の中には，広義の対象性があればさまざまなものが含まれるが，①としては1つしか許容されないので，意味的な対象格が複数存在することには制約がかかる。これを二重ヲ格制約Ⅰ型とする。

　　(131)　　二重ヲ格制約Ⅰ型
　　　　1つの動詞が意味関係上異なる複数の対象格をとりうるとき，いずれかを別の格標示に変えて対格の重複を回避する。2つの対象格がありうる場合は，①より着点性や場所性が解釈しやすい名詞について格標示を対格から与格に変える，②手段性・様態性が解釈しやすい名詞について格標示を対格から具格に変える，のいずれかの操作が必要だが，③いずれも可能で格シフトが選択できる場合もある。

　このⅠ型①にあたるのは，「大学生を教える」と「英語を教える」の双方が可能な場合である。これは「*大学生を英語を教える」は不可能だが，教授内容の到達先(着点)として「大学生」を解釈することが可能なので，「大学生に英語を教える」のように一方を与格標示で二重ヲ格制約を回避するような場合である。「庭を掘る」と「穴を掘る」について，「庭に穴を掘る」とする場合もこれに含める。②に分類できるのは，「辞書を引く(調べる)」と「新出語を引

く(調べる)」の両方が可能な場合でも,「*辞書を新出語を引く(調べる)」は成立しないため,手段性の解釈が容易な「辞書」を具格標示にして「辞書で新出語を引く」のようにして二重ヲ格制約を回避する場合である。③はいわゆる壁塗り文で「壁を塗る」と「ペンキを塗る」は「*壁をペンキを塗る」のように重複させることは不可能だが,ペンキの手段性を解釈して「ペンキで壁を塗る」とするか,壁の着点性を解釈して「壁にペンキを塗る」のようにするか,いずれも選べる。Ⅰ型に共通する特徴は格標示を変えれば成立するが,二重ヲ格は成立しない点である。

場所格の対格が重複生起することは考えられないが,以下のような例が可能であることは知られている。

(132)　穏やかな春の日差しの中を羽田行きの始発便が富山空港を離陸した。

(133)　台風が接近して風雨が激しくなる中を父は雨樋を修理し始めた。

これらは下線部が⑤の状況を表すもので,状況を表す対格は「中を」の形で用いられることが多く,背景的な状況を表し,ときに逆接的な意味合いを帯びて従属節に近づく(詳細は次章で論じる)。この⑤状況は,(132)に見るように②場所格だけでなく,(133)のように対象格とも共起でき,二重ヲ格制約がかからない。それだけ,意味用法が異なるということである。また,②場所格と①対象格が共起することもないと考えられる。

④降格対格は①対象格とは共起しない。これをⅡ型としよう。

(134)　二重ヲ格制約Ⅱ型
　　　「AがBを〜する」という単他動詞の文を使役化するとき,もとの文の対格名詞はそのまま残留して,もとの主格名詞は降格して対格になることはできず,必ず与格になる(降格与格[11]を選択する)ことで対格の重複を回避する。このとき,対格名詞は態動詞の目的語で意味的に対象物(対象格)であって,移動の自動詞が場所格の対格名詞をとる場合はこの制約はかからない。

以上で言及した以外の対格重複(以下の5種類)は原則として構造的には許容される。ただし,重複そのものは解釈上の負担を増すので,受容度は低下する。特に意味的に近接していると受容度は低く,対格名詞句の位置が近接している

場合も受容度が低い。なお、以下の5種類以外は重複が生じない。

(135) 二重ヲ格制約が構造的に課されない組み合わせ
 (イ) ①対象と③ヲ格B
 (ロ) ②場所と③ヲ格B
 (ハ) ②場所と④降格対格
 (ニ) ①対象と⑤状況
 (ホ) ②場所と⑤状況

政治家の答弁などに見る「この点を十分に検討をさせていただき…」などとする用法は、(イ)であり、形式的な二重ヲ格制約は課されない。受容度は、語用論的な解釈の成立しやすい差に左右されるが、一般に《高い文体での使用》であり、さらに、《2つの対格のあいだが遠隔化されている》と、受容度は高くなる。それでも違和感が残るとすれば、③ヲ格Bはそもそも不要であり、意味解釈にとってはないほうがよいものであり、積極的な機能は文体を高めるということ以外に認められないからである。

以上の議論を踏まえて、組み合わせを確認しておこう。2つの制約型と構造的には許容される5タイプ(イ～ホ)以外は組み合わせが生じない(表中では―で示す)。塗りつぶしは組み合わせが重複する部分である。

	①対象	②場所	③ヲ格B	④降格対格	⑤状況
①	制約Ⅰ型	―	(イ)	制約Ⅱ型	(ニ)
②		―	(ロ)	(ハ)	(ホ)
③			―	―	―
④				―	―
⑤					―

4 まとめ

本論では、二重ヲ格制約について、以下のように考える。
① 構造上・形式上1つの動詞句に対して、対格標示の名詞句が複数存在することが妨げられるのは、対象格と対象格という同一の意味格で用いられている場合(二重ヲ格制約Ⅰ型)と、対象格のヲ格がすでにある文で使役化

によって降格した名詞句がヲ格標示を行う場合(二重ヲ格制約II型)だけである。

② 二重ヲ格制約I型は，いずれかの対格標示を別の格標示に変えれば適格になる。

③ 二重ヲ格制約II型は，降格する名詞句が与格を選択することで重複が回避される。このとき，降格した与格と対格のあいだで意味的対立が失われる統語的中和が生じる。(なお，与格(降格与格と非降格与格)の重複は，受容度の低下にはつながるが，構造的には許容される。)

④ 軽動詞とともに用いられる対格(ヲ格B)は，構造上の階層が異なるため，対象格とも場所格とも構造上は共起できる。しかし，ヲ格Bは意味解釈上は不要なので受容度は下がる。

⑤ 状況を表す「～する中を」は「中を」が接続助詞に近い機能を持ち，共起可能である。

⑥ 降格対格と場所格の共起は，構造上成立しうるが，受容度は低い。

以上の中で「受容度が低い」としているのは，構造的には許容されるが語用論的に許容されにくいということである。語用論的な特性は，離散的な対立をなさず，種々の関連要因によって複合的に受容度という連続的尺度が影響を受けるが，その点については以下のように考える。

⑦ 構造的に許容されていても，同一の形態格による標示は，解釈上の負担となり，一般に受容度が下がる。対格は，他の斜格の助詞ほどには意味機能が分岐しておらず，相互に意味的近接が見られるため，全般に重複は不自然となる。これは，意味的に近い機能でありながら，重複して同一動詞句に置かれることで解釈上の語用論的負担が大きくなることによる。

⑧ 語用論上の負担を軽減するには，2つの対格標示の位置を遠隔化すればよい。具体的には，両者のあいだに別の語句を挿入する。構造上処理が容易な別の要素が置かれることで，意味計算に費やせる時間が増えるが解釈の負担はそれほど増えないため，全体としての負担は軽減され，受容度が上がると考えられる。また文体の高さも受容度に関与する。

⑨ 2つの対格標示名詞句の意味機能が異なっているほど，異なっていることがわかりやすいほど，解釈は容易になるため，受容度は高くなる。

⑩　格標示を離れた用法(接続助詞用法や副詞句類)では，意味機能の分離が明確であり，成立し，受容度も高い。ただし，形式上の同一性(いずれも「を」を含むこと)による意味解釈の負担からやや受容度が下がることもある。

　本章では，二重ヲ格制約は形態論的な制約ではなく，意味構造的な制約が限定的にあるだけで，大部分が重複することに関する語用論的な問題であると結論づけた。意味格が完全に同一であれば，並列という例外を除くと，どの斜格でも重複は構造的に許容されない。対格以外の斜格では，意味分化が比較的明確であるが，ヲ格は意味が分化しているものの，相互に近接した意味で，いわば分化が弱く，未発達であるために，重複が語用論的な負担を大きくしている点で，他の斜格とは異なる性質を見せている。ただし，格標示の機能を離れた用法を含めると，形式上「を」がついた句や節が共存する現象は広く見られる。天野 2008, 2011 では「何を文句を言ってるの？」を拡張他動詞文と称して分析をしているが，これは「何を」が「なぜ」に近い副詞句と解釈でき，意味上の乖離が明確になって語用論的な負担を軽減する例だと考えられる。天野 2008, 2011 の言うように，両者が位置する構造レベルも異なるため，解釈の負担は低く，成立しやすくなる。この種の用法の拡張が可能なのは，そもそも日本語において二重ヲ格が形式上妨げられるわけではないからだと本論は考える。

・本章は，加藤 2006c に加筆修正を行ったものである。
1) Shibatani 1973：344 の例文(46)(47)による。表記は引用者が日本語に改めた。
2) 多重主格構文についていわゆる大主語が小主語よりも外側の構造に位置していることについては，長谷川 1999：86ff. ほかにも指摘がある。
3) 加藤 2006b で言う「語用コード」の問題であって，「言語コード」の問題ではないと言うことができる。
4) ただし，ト格の場合，引用に解されるのは，発言か思考に関する動詞の場合であり，このときは通例相手格のトはとらず，共同格のトのみとなる。
5) 例えば「息子より1時間早く自宅より出発」のような例でわかるように，前のヨリは「早く」と後ろのヨリは「出発(した)」と呼応しており，格標示の重複とは言えない。
6)「国会会議議事録検索システム」(http://kokkai.ndl.go.jp/)による。(74)は参議院

「消費者問題に関する特別委員会」の議事録にある。「〜を検討をする」は，平成19年11月6日〜平成23年8月10日の議事録に11件あり，すべて参議院の委員会の議事録にある。もちろん，ヲ格と「検討をする」のあいだに別の語句がある場合や，活用語尾が「する」以外は除外される。同じ条件で「〜を検討をし」を検索すると63件見つかる。いずれも参議院で衆議院では見つからないことから，衆議院では記録の段階か，文章に成形していく段階で無用なヲ格と見なされて除外されている可能性もあるが，本論は社会言語学的な分析を行うものではないので，この点は取り上げない。「検討する」のみについて限られた条件でもこれだけ見つかるので，文法研究者が想定する以上の頻度がある可能性について考えておくべきだろう。

7) 例えば，「引いてきた馬を無理やり門をくぐらせた(ところ，なぜか暴れ始めた)」など。
8) 「NP をけがをする」(「した」「して」など活用形も含む)という用例は google で検索したところ385件見つかった(2006年4月の調査)。出典には新聞記事や市役所などの文書も多く，この種の表現が公的に広く用いられていることが窺える。
9) この点で本章は加藤2006cと見解が異なる。全体的な枠組みは本論と加藤2006cで変わらないが，細部では区分や分析が異なる。本論は，加藤2006cの不備と思われるところを修正したものである。
10) 「庭」も「穴」も場所と解釈できるために，(111)は「僕は，まず庭を，次に穴を掘った」はそれほど不自然でないという判断もありうるだろう。
11) 複他動詞文の場合は，与格も重複してしまうが，「太郎が花子を山田先生に紹介する」を使役化して「川村さんが太郎に花子を山田先生に紹介させた」としても，やや不自然ながら不適格にはならない。重複そのものが受容度を下げることは事実なので，「川村さんが太郎に花子を山田先生に対して紹介させた」のように第三斜格などで代替すれば受容度は高くなる。

第 7 章　対象格と場所格の連続性

　本章では，日本語における対格の用法の記述と分析を試みる。なお，以下では，格助詞「を」の形態格(表層格)としての用法に触れる場合は，「対格」「ヲ格」と称し，意味格(意味用法)については「場所格」「対象格」のように称する。最終的には，意味格について，「場所格」に「経路格」「離格」を認め，「対象格」のほかに「背景状況格」を設定する。

1　「を」の助詞用法

　格助詞ヲの用法について，場所用法と対象用法を区分することは古くから行われている[1]。本論では，「を」の格助詞用法を論じるものだが，現代日本語の「を」には，格助詞用法以外の用法を認められるので，まず助詞としての「を」の実態を確認しておく。文語の「を」については，間投助詞の用法から格助詞の用法と接続助詞の用法が派生したとすることがあるが[2]，管見の限り，文法書の多くは，現代日本語について，接続助詞としてのヲを単独では認めていない。

1.1　接続助詞としてのヲ

本論で接続助詞として検討するのは，以下のような用例である[3]。
（1）　使い方がわからないの を 適当にいじっていたら，ついに動かなくなってしまった。
（2）　東も西もわからないの を 気の向くままに歩いていったら，いつのまにか駅に出た。

（3）　お忙しいところ を すみません。

　まず，(1)と(2)については，ヲを格助詞とする解釈がありうる。その場合，「の」は形式名詞か準体助詞(あるいは名詞化辞)と解釈され，前者であれば「使い方がわからないものや機械」の意になり，後者も「東も西もわからないところ・街・道」といった意味になるだろう。これらを接続助詞と解するなら，前者は「使い方がわからないのに」，後者は「東も西もわからないのに」といった意味に近く，逆接の意味合いが感じられる。接続助詞として認める場合は「のを」を立てるのが妥当だろう。「を」だけが前節要素の制約なく自由に接続助詞化しているとは考えにくいからである。ヲが接続助詞であれば，動詞句の項としてのヲ格名詞句が別にあっても問題がないはずであるから，それぞれにヲ格名詞句を追加するテストを行うことができる。

（4）　使い方がわからないの を 適当に兄のパソコンをいじっていたら，ついに動かなくなってしまった。

（5）　東も西もわからないの を 気の向くままに大通りを歩いていったら，いつのまにか駅に出た。

　いずれも完全に自然としない判断はありうるが，不適格ではない(二重ヲ格制約はかからない)。前章で見た通り，意味機能が近接しなければ重複は強く制限されず，解釈上の負担が増すことによる語用論的不適切性が強まるだけである。「適当に」「気の向くままに」といった連用修飾要素を削除すると許容度が下がり，逆に，連用修飾要素を長めにすると許容度が上がるようだ。

（6）　使い方がわからないの を 兄のパソコンをいじっていたら，ついに動かなくなってしまった。

（7）　東も西もわからないの を 大通りを歩いていったら，いつのまにか駅に出た。

（8）　使い方がわからないの を ，手当たり次第にソフトを立ち上げるなどしていい加減に兄のパソコンをいじっていたら，ついに動かなくなってしまった。

（9）　東も西もわからないの を ，迷ったときには近くの誰かに助けてもらえばいいと足の向くまま気の向くままに大通りを歩いていったら，いつのまにか駅に出た。

これらは自然さにはばらつきがあるが，構造的には成立すると考えられる。「のを」が「のに」に置換可能で，「のに」の意に読み手が解釈するといった語用論的調整も想定できるが，本章では「のを」は従属節を導く機能を持つ接続助詞と扱い，格標示とは扱わないことにする。ここで，接続助詞としてのヲを考える上で，検討しておくべきことが2点ある。
　1つは，承接上の特性である。「太郎は有能だが」「花子は優秀だから」などにおける接続助詞の「が」や「から」は終止形に接続すると記述されているが，構造上は節についていると見るべきだろう。しかし，現代語の「を」は意味的に接続助詞に相当する働きを持っている場合でも，終止形には承接しない[4]。「の」「もの」「ところ」などの形式名詞を伴い，節を名詞化する要素が介在しなければならない。「が」や「から」と同じように扱うためには，「のを」「ものを」「ところを」を接続助詞と見なすべきだろう。
　しかし，「を」が後続部分にかかる働きを見ると，他の接続助詞と同じように節全体にかかっているように見える。

　(10)　ものすごい強風が吹いているのを，東京行きの最終便が離陸しようとしている。

　この「のを」は「のに」や「にもかかわらず」に置き換えても大きく意味を変えることなく成立することが多い。(10)の「を」は後続の動詞の項になっているわけではなく，「ものすごい強風が吹いている」ことと「東京行きの最終便が離陸しようとしている」ことの関係を提示していると見るべきであり，この点を重視すれば「接続」という基本機能を有すると見られる。つまり，後続部との関わりにおいては「を」を接続助詞と見なせるが，先行部との関わりでは接続助詞とは見なしがたいのである。先行部との承接については，「のを」「ものを」「ところを」などを1つの接続助詞とすれば，節についていると見なせるので，他の接続助詞と同じ扱いが可能になる。動詞や形容詞では終止形でも連体形でも同じことだが，形容動詞では「心配なのを」「多忙なところを」のように連体形が現れるので，用言の連体形に接続すると記述できる[5]。
　検討すべき第2点目は，「を」を接続助詞的に用いる場合には，おおむね逆接の意味合いが生じるということである。

　(11)　先方も，忙しいところを，わざわざこちらへ出向いてくれたんだ。

209

(12) ??先方も, 時間があるところを, わざわざこちらへ出向いてくれたんだ。

後者は「時間があったので」とでもするべきであろう。(10)は「ものすごい強風が吹いているのを, 東京行きの最終便は無理やり離陸しようとしている」とすると, 対照的な関係が際だち, より逆接が成立しやすくなる。しかし,「全く無風状態なのを, 東京行きの最終便は離陸しようとしている」は, このままでは対照性が不明瞭であり, 受容度は低い[6]。天野 2007, 2011 では, ここで単純に「対照性」としたものをより精密に「語用論的対抗動作性」としている。

ここで検討した接続助詞としての「を」については以下のようにまとめられる。逆接という機能を持ち, 節と節の関係を示すという点に着目すれば, この種の用法の「を」は接続助詞と見ることができるが, 体言に承接しなければならないという点では, 一般的な接続助詞と異なっている。現時点では「のを」「ところを」のような複合辞として接続助詞に数えるのが穏当なところだろう。

1.2 状況補語の用法

次に, 杉本 1986 で「状況補語」と呼ばれる用法を見る。
(13)   吹雪の中をさまよい歩く。
(14)   雨の中を走り回る。
この用法について, 考えるべきことは3点あると思われる。
① 「吹雪」「雨」など単独では場所性を持たず, 場所名詞と解釈されない名詞に「の中」をつけることで, 場所性を帯びさせていると見られること。
② 対象格や場所格の用法の「を」と共起できる場合があること。
③ 逆接の意味合いを持つこともあるが, 接続助詞的な用法ほど明確ではなく義務的でもないこと。

第1点については,「非難の中を壇上に出た」のように自然現象以外でも使えるが, 主にできごと性のある名詞について,「そのできごとが実際に生じている状況や現場」を表し, 背景として提示することが多いようだ。第2点は, 前章で見た二重ヲ格制約がこの用法では課されないということである。これは状況補語の用法の「を」は, 二重ヲ格制約での狭義のヲ格, つまり, 格助詞の

用法とは異なることを示すと言えるだろう。第3点については，逆接の意味は接続助詞的な「を」(あるいは「のを」「ところを」)との共通性や連続性を持つ用法を思わせるが，むしろ義務的でなく明示的でない点を捉えると両者が異なるカテゴリーに所属するとする見方を支持することになる。

　まず，第2点から検討する。

(15)　吹雪の中を，東京行きの最終便が富山空港を離陸した。
(16)　大雨の中を，太郎は故障部品の交換を済ませた。
(17)　囂々たる非難の中を，党首は収賄疑惑についての弁明を行った。
(18)　彼はジープを，自暴自棄になって，嵐の中を埠頭を走らせた。(杉本 1986：297)

これらの「中を」はいずれも「中で」に置き換えることが可能である。

(19)　吹雪の中で，東京行きの最終便が富山空港を離陸した。
(20)　大雨の中で，太郎は故障部品の交換を済ませた。

「で」については，機会を改めて詳細に論じるが，ここでは中右1995に言うように，ニ格を不可欠の構成成分とする基本状況をまるごと位置づける外側の場所空間をデ格が示すと見ると，確かに(19)では「富山空港を離陸する」という動作の背景的状況を「吹雪の中で」が示していると解釈できる。(20)も同様に考えることが可能だ。この解釈は，(15)(16)に関しても，あまり変わらない。加えて(15)–(18)は，「を」を取り除いて「中」だけでも成立する。

　以上のことを踏まえて考えると「〜中を」は副詞句ないしは副詞(的従属)節に近く，「を」の格助詞の用法からは遠ざかっていると考えるのが妥当だろう。少なくとも，「〜中を」が導く要素は，後続の動詞に対して必須格とはならない。

(21)　太郎は一人ひと気のない一本道を帰った。
(22)　夕闇が迫る中を太郎は一人ひと気のない一本道を帰った。
(23)　夕闇が迫る中を太郎は一人帰った。

場所格に用いたヲ格と共起する(22)の場合，「夕闇が迫る中を」は，すでに「ひと気のない一本道を」という場所格名詞句が存在するため，明らかに経路の存在する状況についての説明になっている。場所格名詞句のない(23)の場合は，「夕闇の迫る中」を，移動経路と対照される状況とする解釈はそれほど明

確にならない。しかし，かといって，場所解釈が行われて「帰る」という動詞と直接的な意味関係を結ぶ必須格になっている，とも言えない。もちろん，(22)(23)の「～中を」は，「を」を伴わない「～中」でも成立し，「～中で」ともできる。これは，「ところ」のふるまいと共通性を持つ。

(24) まず名前と所属を名乗ってから質問を言うべきところで，太郎は焦っていきなり質問を言ってしまった。

この「ところで」は「場面で」に置き換えても大意は変わらない。「ところで」を「ところを」に置き換えると逆接性が前面に出る。「ところで」を「ところ」にも置き換えると，先の展開の予測や見通しのないまま動作を行う非予測的動作の解釈が強くなる[7]。

(25) アルバイトに打ち込む一方，花子はしっかりと博士論文の執筆を進めていた。

(26) 苦情の電話が次々にかかってくる中，スタッフは次善策を議論していた。

これらも「一方」「中」のあとに「で」をつけても意味がほとんど変わらない。(26)の「苦情の電話が次々にかかってくる」という部分は，主節の動作「議論していた」の背景的事態を示していると見ることができ，この点では(25)の「アルバイトに打ち込む」が「博士論文の執筆を進めていた」という動作叙述の背景的事態を示しているのと同じように考えればいいだろう。これらは「中」「一方」といった形式的な名詞が節を導き，従属節を形成する働きをしている。(15)-(18)の「Aの中を」の状況補語の用法でも，同じようにAの部分に《事象性》のある名詞が用いられている。また「Aの」にあたる部分が節になっている(22)(23)の場合も《事象性》がある。

(27) 吹きつける雪の中をひと気のない一本道を進んでいった。

(28) 極地調査隊は，凍った雪の中を進んだ。

(29) *凍った雪の中を，事前に決めておいたルートを進んだ。

(30) *江戸の街の中を，街道を進んだ。

同じ「雪」であっても，(27)のように「吹きつける」のなら事象解釈ができるが，(28)のように「凍った雪の中を」とすると「凍結した雪の層の内部」という場所解釈が優先される。これに(29)のように「事前に決めておいたルート

を」という経路としての場所解釈が明らかな名詞句と共起させてみると不適格になる[8]。(30)のように「江戸の街の中を」という場所と「街道を」という場所が共起すると不適格になるのと同じ理由である。

以上の観察から，状況補語の用法は，動詞句の項になるような名詞句ではなく，背景的状況を付加的に述べるものといえる。しかしながら，状況と場所が認知上は比較的近い関係にあり，「の中」を義務的に付加して《場所性》を付与した上で状況を示すものであることから，場所を表すヲ格の用法と共通する特性もあると見られる。

接続助詞は逆接の意味があったが，状況補語では逆接の意味は義務的でなく明確には感じられなくなる(検討すべき点の第3点)ことからすると，先に述べたように接続助詞的な用法とは一線を画すものだと見るべきだろう。

(31) 東京行き始発便は，そよ風の中を気持ちよさそうに新千歳空港を飛び立った。

このように，逆接的な関係を想定できない場合でも用いられることから，状況補語の用法においては，接続上中立的であって，背景的状況が動作や行為から見て望ましいものでも望ましくないものでもよいとわかる。この点について，天野 2007, 2011 では，状況を表す「を」の用法について状況を《逆境》という解釈があるとし，その際に動詞句が担う意味に対抗動作性が読み込まれるとする。ただし，(31)のように逆境性が読み込まれないケースは動詞句が移動を表す(移動動詞を用いた)ものであることを指摘している。杉本 1986 や天野 2007, 2011 など先行研究の例文を見ても移動動詞の場合に状況補語に逆境性が必須でないことが確認できる。問題は，なぜ移動動詞だけが例外的に扱われるのかということであろう。本論では，状況補語の用法の意味的本質が，《背景》として示される状況と《前景》として示される動詞句の事象のあいだの対比的解釈あるいは対称性・対比性にあると考える。通常は，《前景》たる事象の遂行にとって妨害的に作用する《背景》が想定されれば，対比性は充足される。これは，天野 2007, 2011 の言う《逆境》性である。一方，《背景》が静的で相対的に動きが少なければ，《前景》が相対的に動きの多い事象を叙述するだけで，動静の対比性が得られる。移動動詞が用いられる場合が逆境でなくてもよいのは，このように別の形で対比性が充足されれば，必ずしも逆境的解

釈を要しないことになる。以上の説明で，天野 2007，2011 の観察に一定の説明を与えられるが，詳細な検討は別の機会に譲りたいと思う。

　以上，確認した点を考慮すれば，接続助詞的な用法よりも格助詞としての場所格用法にやや近いものの，項として必須の関係を結ばない点で，第 3 のカテゴリーを想定すべきだと考える。

2　格助詞の「を」

　助詞「が」は，単純に，名詞につく場合を格助詞とし，述語につく場合を接続助詞とすることができる。「ここまでが」「これこそが」のように，他の助詞のあとに現れる場合も，出現位置が指定されたスロット構造を想定して(加藤 2012b)，格助詞として扱えばよいだろう。「が」のように承接による機能分担が比較的明確なものと違い，「を」はこれまで見た接続助詞用法も，状況補語も，もちろん格助詞の場合も，つくのは名詞だけである。その点で，「が」に比べて統語形態論的分担が明確でなく，それぞれの用法に一定の連続性があることを考えるべきである。

　本節では，格助詞ヲの用法を記述し，整理する。

2.1　対象格と場所格の位置づけ

　ヲ格の典型的な用法は目的語の名詞を標示(マーク)することだと言っていいだろう。構文論的には，目的語を標示する後置詞であり，意味的には，おおむね「対象物」を示すと言える。しかし，「を」は《対象》のほかに《場所》も意味することがある。本論では，前者の意味格を対象格，後者の意味格を場所格と呼び分けているが，そもそもここにいくつか根本的な問題がある。一般に，対象格は目的語につくとされるが，場所格としての「を」でマークされた名詞句は目的語とは扱われない。

　　(32)　太郎は大きな箱を出した。
　　(33)　太郎は大きな箱を出た。
　　(34)　花子は教習所で教習車をもう何度も運転している。
　　(35)　花子は教習所で練習コースをもう何度も運転している。

一般的な理解では，(32)の「出す」と(33)の「出る」は他動詞と自動詞という形態論的対立があり，前者の「大きな箱」は目的語で，後者の「大きな箱」は目的語ではない，とされる。つまり，他動詞と結びつくヲ格名詞句は目的語であり対象であるが，自動詞と結びつくヲ格名詞句は目的語でなく場所であると，一般化できる。

ヲがつくものが目的語かどうかが動詞の統語形態的特性で決まるということに矛盾があるわけではないが，以上の考え方では動詞の自他が明確でなければ区別できないことになる。「出る」「出す」のように自他が形態的差異によって対立している場合は単純な基準を立てて決められるが，(34)(35)の「運転する」などの場合にはどうだろうか。直観的には，(34)の「教習車」は対象で，(35)の「練習コース」は場所のようにも見える。では，(35)における「練習コース」は「運転する」対象ではないのか，と考えると，「対象」の定義によって扱いが変わることに気づく。これがまず1つめの問題となる。

関連して，場所と対象は全く異なるものなのかということも考えなければならない。

(36)　部屋を掃除する。

(37)　川底をさらう。

(38)　海底のヘドロをさらう。

例えば，「部屋」は場所名詞に解釈できるが，それだけで(36)の「部屋」が「掃除の場所」であって「掃除の対象」ではないと判断するのは早計だろう。「部屋」を「掃除する」ことで「綺麗になる」という状態変化を被ることを考えれば，「掃除する」は他動詞で「部屋」は対象と見るべきだが，この場合には，動詞の《他動性》に基づいて判断していることになる。

(37)(38)はいずれも「さらう」という動詞を使っているが，「川底」も「さらう」という働きかけの対象だと言ってよいであろう。しかし，「川底」はさらったあとでゴミなどの沈澱物が少なくなるという変化を被るだけ（川底そのものは位置も本有性も変わらない）なのに対して，「ヘドロ」は除去されてしまう（移動や消滅が生じる）点で変化に質的違いが見られる。(37)の「川底」が場所名詞と解されることも無関係ではないだろう。しかし，場所格としてヲを使う場合，述部は移動動作を表すことを考えて，述部動詞が移動動詞と解釈でき

ることをヲの場所格用法の事前必要条件とすると,「掃除する」「さらう」を移動動詞ではないと判断することでこれらのヲ格は対象格と見なせる。だが,問題は,移動性と他動性が相補分布をなすような排他的関係の意味特性ではなく,ある場合には,意味特性として共存しうる点にある。

(39)　他国を侵略する。
(40)　他国に侵略する。
(41)　第3ゲートを突破する。

　(39)は「他国を」を「に」にして(40)のように使うこともできる。(40)では,「に」は着点と解釈され,「侵略する」は移動動詞と理解される。(40)が「他国に(侵略しつつ)行く」の意なら,(39)の「他国」は他動詞「侵略する」の対象と見ることはできる。しかし,それによって「侵略する」に《移動性》がないとは言えない。「他国」は場所名詞たりうることも検討の必要がある。

　「国境を侵す」が「国境を越える」の意だと解すれば,「侵す」は移動性のある行為である。同じように,(41)は「突破する」ことは,「越える」「こじあけて向こう側に行く」の意味に解釈することが可能で,移動動詞と見ることができるだろう。しかも,「突破する」ことで「第3ゲート」は「通過できないようにしてあるのに通過される」ことになるから,被動性を認めることができる。(41)の場合は「突破する」に「破る」といった他動詞の意味と「越える」といった移動動詞の意味が共存しているのであって,「第3ゲート」は《対象》であるとともに通過点・経由点という《場所》だとも言える。

　格助詞ヲの用法は,このように,2つの意味格を具有した中間的な例はあるにせよ,対象格と場所格の2つを考えることができる。次項で,対象格の用法を整理し,ついで,場所格の用法を整理することにする。対象格とも場所格とも解釈できる例については,2つの格の意味用法の記述と分析を終えてから改めて検討することにしたい。

2.2　対象の意味

　ヲ格が対象格に分類できる場合でも,対象物の意味は一様ではない。ここでは,「掘る」という他動詞を例に観察する。「掘る」は,《移動性》を有しないので,ヲで標示した名詞句は対象と見ていいだろう。

第 7 章　対象格と場所格の連続性

(42)　穴を掘る。
(43)　庭を掘る。
(44)　芋を掘る。
(45)　砂を掘る。

「掘る」という動詞に対する「庭」と「穴」の関係は，「塗る」という動詞に対する「壁」と「ペンキ」の関係と共通するところがある。すなわち，それぞれを単独で「を」でマーク可能だが，二重ヲ格制約があるため，ヲ格マークのまま共起はできず，「庭に穴を掘る」「壁にペンキを塗る」のように別の格標示を行わなければならないということである。ただし，「ペンキで壁を塗る」はあるが，「*庭を穴に掘る」などは許容されない。これは，加藤 2003 で言う《結果随伴物》を指す専用の格助詞が日本語に存在しないことを考えなければならないが，同時に対象格の中で意味的な序列がある可能性も検討すべきだろう。

(43)や「壁を塗る」「舗道を掃く」などは，動作によって変化が生ずる場所ではあるが，移動を行う場所ではない。これに対して，(45)「砂を掘る」の「砂」は「掘る場所にあって直接変化を被る物」であり，「落ち葉を掃く」の「落ち葉」も同様である。ここでは，前者を《対象領域》，後者を《対象物》と呼ぶ。

これに対して(42)の「穴」は「掘る」まで存在しなかったものであり，結果的に作成されたものに相当する。(44)の「芋」は「掘る」ことを行う時点ですでに存在しているという点で，作成物とは異なり，動作を行った結果出現したものと見ることができるだろう。ここでは前者を《作成物》，後者を《出現物》と呼ぶが，いずれも《結果随伴物》の一種と見られる。

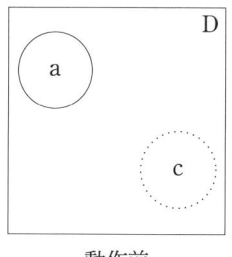

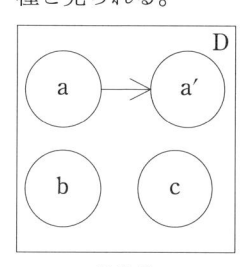

図 1

ここで見た「対象」は，対象領域 D，対象物 a については，動作を行う時点で，いわば事前の段階で存在しており，客体として認識することが可能なものである。一方，動作を行ったあとの時点では，作用を受けて変成した対象物 a′ を《変成対象物》として想定するほか，上で検討した《作成物》の b と《出現物》の c を考えることができる。このうち，後者は理論的には事前に存在している（存在が推定される）ものの，その出現時にはじめて存在が確定するものを想定している。例えば「探す」対象物は，存在が推定されるが「探す」動作の段階では，まだ見つかっておらず，《出現物》ということになる。
　そして，具体的な存在物や物理的な存在物だけでなく，客体として認識できるのであれば，できごとや事象，あるいは抽象的なことなどでも同じように考えることができる。「対象」を分類する方法は，いくつかありうるが，ここでの分類は，「どの時点で存在しているか」と「どのように存在しているか」を基準にしている。

(46)　椅子を壊す。
(47)　机を叩く。
(48)　コップを落とす。
(49)　富士山を見る。
(50)　話を聞く。
(51)　問題を解決する。
(52)　ゴミを捨てる。
(53)　仕事を依頼する。
(54)　小説を読む。

これらのヲ格名詞句はいずれも，動作を行う時点で存在しているものであって，事前に存在している《対象物》にあたる。また，対象物については，厳密に指示せず，大まかな指示だけで済ませることも多い。これは，認知的に見れば，多くは部分を全体で表す換喩であり，パートニミーに分類できるようなものだろう。

(55)　電話をとる。
(56)　テレビを見る。
(57)　黒板を消す。

これらは，実際に「とる」のは「電話の受話器」であり，「テレビに映る映像」を「見る」のであり，「黒板に書いてある文字など」を「消す」のだと考えれば，厳密な表現ではない。これらは，認知的には，換喩であるが，より認知が容易な参照物で実際の指示対象を代理的に指し示していると言うこともできる。また，語用論的には，指示の粗略化という面がある[9]。例えば，「黒板に書かれている文字を消す」の意の「黒板を消す」は先の図1で言うところのaをDで示していることになり，これは文字が存在し，「消す」という動作の生ずる領域で個別の対象物を代理的に指示している点で換喩であり，指示的厳密性を失っているという意味で粗略化が見られる。

　Hopper and Thompson 1980 では，他動性に関わる10に及ぶ特性を挙げているが，このうち，目的語の表す対象物の特性に関わるものとしては，被動性（affectedness）と個体性（individuality）がある。また，被動性に関しては，角田1991, 2009² が提案している二項述語の分類が参考になる。角田2009²：101は，①直接影響（変化／無変化），②知覚，③追求，④知識，⑤感情，⑥関係，⑦能力に分けている。「似る」「所有する」などは⑥関係に分類されるが，これらは主として状態や属性の記述であって，動作や行為の叙述ではない。Hopper and Thompson 1980 の基準で言えば，kinesisの上で動作に分類されないものに相当する。しかし，「車を買う」は，「車」の所有権を獲得するという点では，関係の変化であり，意味づけの変化である。当然のことながら対象物が物理的に作用を被ることはない。

　動作・行為以外の意味づけの変更などを含む《変化》と，状態・属性の記述のみの《非変化》とに区分して整理すると，下のようになる。ここで《変化》

変化	物理的	対象変性	A	非変化	物理的	対象動作	I
		対象消滅	B			知覚動作	J
		対象出現	C		非物理的	関係叙述	K
		対象作成	D			意味叙述	L
	非物理的	関係変化	E			属性叙述	M
		意味変化	F			感情叙述	N
		感情変化	G				
		認識変化	H				

というものは，対象の事前状態と事後状態に差異があるものを意味する。

　先に見たように，特定の動詞がどの意味になるかが語彙形態ごとに一義的に決まっているわけではない。むしろ，1つの動詞にいくつかの意味が潜在的にあることを認め，解釈上，特定の意味用法が選択されると見るべきだろう。例えば，同じ動詞でも「石を焼く」ではAであろうが，「パンを焼く」ならDであり，「ゴミを焼く」ならBと見ることもできるだろう。「肩を負傷する」のような場合，通例意志性のない動作と考えられるが，対象と見ればAに分類できるだろう。ただし，「負傷する」を他動詞と見るかどうかは，検討すべき点があるので，関連する問題を再度取り上げることにする。

　「本を買う」「お菓子をもらう」のような動詞では，所有権の移転が必須的な意味であり，非所有から所有への関係変化Eである。「富士山を見る」「音楽を聴く」などは認識行為でありJに分類できる。「友人を待つ」といった場合では，「待つ」ことで特定の動作を行うわけではなく，特定の時間の行動を意味づけるものなので，行為の意味を表すと考えられる。また，この場合，「待つ」ことで対象が変化するわけではない。よって，行為の意味づけに相当すると見てKに含めておく。

　「彼の成功を喜ぶ」「友人の死を悲しむ」などでは，対象物は変化せず，感情を叙述しているNである。「言う」などの伝達行為を表す動詞は，「台詞を言う」「真実を話す」などの発語行為の場合，発話を産出するという点でDに分類できる。

　ここでの分類案は，動作と対象物の現実のありようを基準に分類するものであり，語用論的な要素を含めた動詞記述を念頭に置いたものである。当然のことながら動詞の意味は単純ではなく，自他の関係を踏まえた統語的な基準のほか，限界性を含むアスペクトの観点や意志性や自己意志制御性といった特性を踏まえた分類も可能であり，高次のマトリックスで整理し直す必要があるが，その点は機会を改めて検討したい。

2.3　場所格の意味

　場所の用法を経路と起点に分けるのは，広く見られる考え方である(影山1980, 杉本1986, 益岡・田窪1992, 石綿1999など)。三宅1996, 2011は，意志動作

という制約が起点用法にはあるものの，経路用法にはないことを指摘する。ここでは，場所用法が経路用法と起点用法に分けられることを出発点として，これに対象用法を加えた3つの用法の関係を，それらの連続性について，また，個々の用法の特性について，分析を加える。

また，ヲ格が場所格用法のうち起点用法などと呼ばれるものは，離れていく場所(離れ先)を表すものであり，経路用法とされるものは移動行為を行う上で存在することが前提とされる移動経路を表すものである。これは，移動経路そのもののほかに，移動経路を含む移動領域全体，また，移動経路上の一地点たる通過点も含むものとして扱う。本論では，前者を《離格》(desertive)とし，後者を広い意味での《経路格》(path-locative)として扱う。本論で言う《離格》は，従来「から」と置き換え可能なことから両者をまとめて起点の用法として論じられることが多かった。「場所格」を意味格として用いるのと同じように，ここでは「離格」と「経路格」も意味格として用いる。「起点格」は，カラ格の該当する用法について，その意味格を示すものとして用いる。

暫定的にヲ格については，次のような区分を念頭に分析を行っていることになるが，対象格と場所格の重なりについては先に見た通りであり，経路格と離格も連続的に分布するものであるか，明確に分離しているかは，このあと検討する。

形態格	意味格	
ヲ格	対象格	
	場所格	経路格
		離格

2.3.1 離格と起点格

いわゆる起点用法と解される離格の「を」は，「から」に置き換え可能な場合もあることから，両者の差をそれぞれに対する制約の違いとする説明が多く見られる。ここでは，以下の6点について検討する。

［1］　ヲ格は意志的な移動動作でなければならない。(寺村 1989, 三宅 1995, 1996)

　　(58)　　ネズミが排水口{を／から}出てきた。

(59)　タクシーが駅の構内{を／から}出た。
(60)　真っ赤な炎が通気口{*を／から}吹き出した。
(61)　彼の目{*を／から}大粒の涙がこぼれた。

(59)の「タクシー」は意志的な移動を行うものと見なされる(関連して、三宅1996：145-146)。「意志的な移動動作」「意志的なコントロール下にある移動行為」と定義した場合、以下のような例は一見「意志的」か判断に迷うところだが、自分で移動する能力を持つ主体が自力で行った移動ということで「意志的」な移動に含めることは可能だろう。

(62)　電車の中でうつらうつらしていて、間違って全然知らない駅で電車を降りてしまった。
(63)　町内会の役員は祭りが終わるまで持ち場にいなければならなかったのだが、笛や太鼓の音が聞こえてくるとどうにも血が騒いでしまい、知らず知らずのうちに持ち場を離れてしまっていた。

また、以下のような用例は、意志的な移動動作でないと見ることができるとされることが多い。

(64)　煙が煙突を出てたなびいている。

確かに「煙」は有情物ではなく、意志移動を行っているとは言えない。しかし、「自分で自力で動いている」ように見えることから、擬人的に用いやすいと考えられる。また、連用テ形にして「たなびく」のような動詞に続くことも許容度を高くしている可能性がある。

(65)　煙が煙突から出ている。
(66)　煙が煙突を出ている。

例えば、(66)は(65)に比べると受容度が低いように感じられる。後者のテイルを完了と解釈すると、このあと指摘する《離格》の特性から、「煙」は煙突に接することなく、離れた位置になければならない(図2の状態)。しかし、(65)はもくもくと出続けている状態(図3)でも、煙突から離れている状態(図2)でも、使うことができる。

ほかに考慮すべき要素もあり、単純な擬人法と見なすことはためらわれるが、「煙が煙突を出た」は「空気がチューブを出た」と同様で、「煙」「空気」が個体として独立していること、自力で移動しているように見えること、など擬人

222

図2　　　　　　　　図3

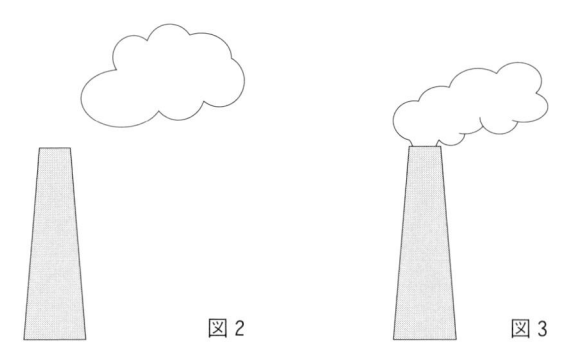

化しやすい条件が整っている場合に成立しやすいことは考えておくべきだろう。
[2]　着点が同時に示されるとヲは使えない。(三宅 1996)
　　(67)　その男は毎朝7時に家{を／から}出る。
　　(68)　その男は毎朝7時に家{*を／から}外に出る。
　カラ格では成立する(68)もヲ格では不適格である。しかし，以下のような用例も考えなければならない。
　　(69)　細い路地{を／から}大通りに出ると，小田急線の駅がすぐ近くに見えた。
　(69)の「細い路地」はいわゆる起点でなく，経路と解することも可能だ。例えば，図4で実線の円で囲んだところだけを見れば，起点と解釈できる。

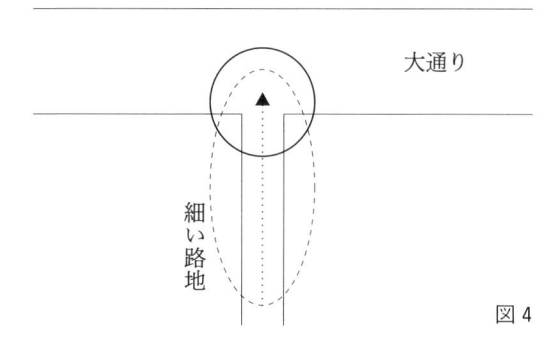

大通り

細い路地

図4

　これに対して，点線の楕円で囲んだところを見れば，《経路》を抜けたということになる。しかし，経路性の希薄な用例があることを考えると，起点，つまり，《離格》の可能性を検討する必要がある。例えば，(70)では「勝手口」は通過点の解釈は可能でも，経路そのものとは言えない。(71)の「富山県」は

移動の領域であって、典型的な経路とは異なっている。しかも、(70)と(71)は、「を」を「から」に置き換えることができる。(72)では「から」を「を」に代えるとやや受容度が下がる。

(70) 勝手口を庭に出ると、金木犀の香りが漂っていた。

(71) 北陸道を東へ走っていき、富山県を新潟県に抜けたところで、休憩をとった。

(72) 正門から大学キャンパスに入る。

一方で、《着点》のニ格名詞句と《経路格》のヲ格名詞句については、共起制限があるとは言えない。

(73) 太郎は階段を地下室に下りた。

(74) 国道45号線を仙台に向かっているところだ。

これらをいずれも広い意味の経路と見て、離格と着点格の共起を不可能と記述するか、特定の条件下で共起制約が免除されると見なすか、のちほど再度検討することにしたい。

［3］ 起点に焦点が置かれる場合ヲは使えない。(影山1980)

(75) 「のぞみ号は何番ホーム{*を／から}出ますか？」

(76) 富山行きの高速バスは、日に3便池袋東口{*を／から}出ています。

ある特定の便について、「今日の富山行き最終便はもう池袋東口を出ていますよ」のようにすれば、情報構造上の重みの配分が変わるので、(76)で「を」を使っている場合に比べて受容度が上がると思われる。

しかし、「焦点」といった情報構造上の特性は文脈に左右される語用論的な概念である。例えば、次のような場合は、どう説明されるだろうか。

(77) はやて号は今、23番線を出たところです。22番線を出るのは、上越新幹線です。

(78) 遅れている京浜東北線は、もうじき到着します。すでに蕨駅を出ています。

このうち(77)では「を」の代わりに「から」が使えるが、(78)では「蕨駅から」とすると不適格になる。しかし、蕨駅が隣の駅であるような場合など、どの駅を出たかが焦点となる解釈もありうるが、(78)では「を」しか使えない。

(78)で「から」が不可になるのは、ほかに選択肢がないからであると考えら

れる。「京浜東北線」といった1路線を走る電車は，路線上にある駅を選ぶことは通例できない。進行方向にある駅を通過するしかないわけである。これは，「代替物や他の選択肢が想定できないとカラは使えない」という制約と考えるべきだと思われる。

別の例文を見てみよう。

(79) 　新幹線はまもなく大宮に到着した。しかし，1分もしないうちに，大宮駅{を／*から}発車した。

(80) 　関越道を新潟に向かって走ると，関越トンネルという長いトンネルがあります。そのトンネル{を／*から}出ると，もう日本海側だという感じがします。

新幹線は，大宮駅に到着した以上大宮駅以外を発車することはできない。また，関越トンネルに入れば関越トンネル以外を出ることはできない。(79)(80)では，「大宮駅」「関越トンネル」以外の選択肢を考えることは不可能である。これはいくつかの選択肢の中から選び取った結果ではなく，選び取るという認識プロセスが介在しないことを示している。

(75)では「何番ホーム」と言っている以上，複数のホームが存在し，そこから「選び取る」という認識がある。(76)も「池袋西口」や「新宿西口」ではなく「池袋東口」だと理解すれば，ほかにも出発地に潜在的になりうる場所があることを想定した上で，そこから「池袋東口」が選ばれ，同時に他の潜在的な候補者が選ばれることなく捨てられたと考えることができる。

いくつかの選択肢があり，その中から選び取った選択肢を示す場合には，伝達上重要な情報となるのが普通で，焦点と解釈されるのが普通である。一般的な記述においては，焦点は「選び取られた選択肢」に置かれるので，「焦点がある場合にはカラ，ない場合にはヲという分担」という一般化でおおむね妥当な記述となるケースが多い。しかし，実態としては，選択可能性の有無がヲ格とカラ格の選択に反映すると見るべきだろう。この点は再度，カラの他の用法とあわせて検討する。

ここでは，以上で検討した3点に，以下のことを言語事実の観察として付け加えたい。

[4] 　マークする名詞句の場所性が不明確であれば，ヲは使えない。

225

        (81)　「テレビ{*を／から}離れなさい」
        (82)　「テレビの前{を／から}離れなさい」
        (83)　その人は純一郎{*を／から}去っていった。
        (84)　その人は純一郎のもと{を／から}去っていった。
　(82)(84)の「前」「もと」は，「近く」「周囲」など場所名詞であることを明示できる他の名詞を代わりに付加するのでもよい。また，「テーブルを離れる」など，語用論的にヲでマークする名詞が場所・位置と解釈できると受容度は上がる。これは，加藤 2003 で言う「解釈のコスト」との関わりによるとも考えられる。例えば，「テーブル」や「机」は，特定時点に特定の人物が占有することが確定していれば，単なる家具ではなく，所属先となる「場所」と解釈できるわけである。
［5］　カラは移動行為でなく消滅事象の場合でも使えるが，ヲは使えない。
        (85)　そのマジシャンは，大勢の観客の目の前で，舞台中央{*を／から}一瞬のうちに消えてみせた。
        (86)　その子どもは，いつのまにか公園{*を／から}いなくなっていた。
［6］　位置関係の静的な属性叙述にカラは使えるが，ヲは使えない。
        (87)　その大学は，広島駅{*を／から}22 キロほど東にある。
        (88)　その施設は，東京駅{*を／から}3 キロばかり離れているようだ。
　(88)の「その施設」を「容疑者」に代えると成立するが，この場合は「離れる」という移動行為を行い，その結果状態として「3 キロばかり離れている」という意味で，動的事象として解釈されている。しかし，(88)は最初から存在している位置を叙述するものであり，移動した結果ではない。有情物で自動可能なもののみが移動を行うことから，［1］の制約に含めるのが記述の効率性からは妥当であろうが，ここでは念のため記しておく。

2.3.2　《離格》としての「ヲ」

　次に，ヲの起点用法を「離れるという動作において，その動作を行う前に移動主体が存在した場所で，その動作を行うことで離れていく場所」をマークすると説明することを考えたい。ここではこの用法を《離格》と呼ぶ。杉本 1986：315 は「国籍不明機が日本の領空{を／から}離れた」という文では，

第 7 章　対象格と場所格の連続性

「国籍不明機」が事前に「日本の領空」にあったことをヲでは示すがカラは示さないとしている。上の説明はこの指摘とも合致する。

　「離れる」という動作は，ある場所から遠ざかる移動行為を行うことであるから，「離れる・遠ざかる」という認識を動作主がいずれかの時点で持つことが必要である。これは一般に意志行為として「離れる」場合に見られるので，[1]の制約が生じるが，当初の見通しや意向に反して遂行してしまった「離れる」行為についても使うことができる。

　また，「離れる」行為も移動である以上，見方を変えれば，目標点・着点に「近づく」行為とも解釈できる。着点との共起をブロックする[2]の制約は，「離れる」動作の〝離れ先〟をヲがマークするのと同時に，〝近づき先〟を示すニ格名詞句によって「近づく」動作という解釈が要求されると，移動行為の意味づけに拮抗が生じるためだと説明できる。ただし，「離れる」という解釈が前面に出なければ，意味的なコンフリクトが生じない。この点はあとで再度論じる。

　[5]の事実は「消滅」が「離れる移動」と解されない，つまり，「離れる移動」という範疇に「消滅」という変化は含まれないとすればよい。また，カラ格の場合，起点(移動行為の起点でなくても発生上の始点や認識上の基準点でもよい)と解釈できる《空間的な基準位置》と解されるので場所性が明確である必要はない。しかし，ヲ格を使う場合には，移動上の起点で移動行為を始める以前に「存在した場所」と解されるために場所性が要求されることが[4]の制約になると考えられる。また，[6]の制約は，「離れた」「離れている」という結果状態の表現にカラ格が使えても，移動行為と解されなければヲ格が使えないということだとしてもよい。

　朴 2002 では，「太郎は夕飯を食べてから家{を／?から}出た」でカラの受容度が低いという判断を示している[10]。これは「家」に焦点が当たることの不自然さと説明することも可能だが，「食事のあと，それまでいた家を離れる」という解釈が一般的であり，家にいたとすれば家を出る以外の選択肢がないという推意を生むことによると思われる。

　　(89)　「まもなく電車が参ります。白線{*を／から}出ないでください」
　　(90)　このラインにそって並んでください。途中でこのライン{*を／か

ら}ずれると列が乱れますので，ご協力をお願いいたします。

　これらの例文でカラ格が使えるのに対してヲ格は不適格だと思われるが，これは「離れる場所」という解釈がとりにくい，あるいは，「離れる移動行為」と解釈しにくい，といった理由によると思われる。ほかにも「大学を出る」は，移動する際の出発にも卒業にも使えるが，「大学から出る」は前者にしか使えないなど，意味差が明確になるケースがある。

2.3.3　基準と見なされる起点「カラ」

　離れる移動行為を行う際の〝離れ先〟をマークする《離格》としてのヲの用法と比べると，《空間的な基準位置》と見ることのできるカラの制約は少ない。しかし，「基準となる起点と見なす」ことに関わると思われる制約として[3]がある。基準と見なすという認識プロセスが介在するには，ほかにも基準となりうる可能性を持つ候補(alternative)が存在し，いくつかの選択肢・候補のうちから「選び取る」ことが必要となる。これは先の[3]の規則の修正で説明ができるが，カラの用法に重点を置いて見てみよう。

　(91)　僕は富山空港{*を／から}出発するけど，彼女は小松空港{*を／から}発つことになっている。

　(92)　ここにある6つの出入り口はいずれも舞台に出られるようになっている。君は，真ん中のC出口{*を／から}出てくれないか。

　前者では，理論上いくつかの空港を選択肢として念頭に置き，「富山空港から」「小松空港から」と提示している。当然，「A以外ではなく，A」という提示の仕方では，Aに焦点が当たることになる。(92)も「選び取り」の結果であることからカラを使い，《離格》として解釈しにくいのでヲは不適切になる。このカラの特性は，副助詞としてのカラの用法と重なると思われるところがある[11]。

　(93)　答案を書き上げた者から退出してよろしい。

　(94)　この企画については，係長から説明します。

　いずれのカラもガで置き換えられることから，ここでは副助詞カラの用法と見る。(93)は，順序における起点(序列第1位としての起点)であるが，(94)は起点とは言えないだろう。しかし，いずれもほかにも可能性のある候補が存在

し，その中から確定したものをカラでマークしている。(94)は「選び取り」の条件だけが残り，起点という特性が後退・消失した用法と見ることができると思われる。

ちなみに，日本語で(94)のような言い方が好まれるのは，「選び取った」という選択の結果を強調するためではなく，「ほかにも説明できる者が存在するが」「係長が説明しなければならないわけではないが」といったニュアンスを与えることで，負の丁寧さ(negative politeness)を確保するためだと思われる。

2.3.4 《離格》の派生用法

離格のヲは，厳密な意味での場所名詞のみをマークするとは限らない。

(95)　その女優は，今の事務所を出て，独立するという。

(96)　彼は，その仕事を降りることにしたらしい。

(95)の「事務所」は実際の場所や位置ではなく，所属先となる組織であるが，所属先という点で抽象的な場所性を有すると見てよいだろう。(96)の「仕事」を義務を果たすためにとどまる領域と見ると，それを離れることで離脱・終了を意味することが考えられる。

(97)　以上で，授業を終わります。

「終わる」は有対自動詞でありながら，このようにヲ格名詞句をとるが，これも《離格》の用法とすることが可能である。おおよそ「Xを終わる」のXに入りうるのは，「仕事・講演・講義・説明・会議・学校・会社・宿題」などであり，一定の意味づけを与えられた領域としての作業・時間・拘束から離脱し，その状態が終了することをヲの離格用法で表すと見なせる。また，「解雇する」はヲ格名詞を伴う場合，解雇の対象となる人物などをマークするのが普通であるが，受動態では(99)のように，離れ先をヲ格名詞句で示せる。しかし，このヲ格はそのまま(100)のような能動文に戻すことはできない。これは二重ヲ格制約による不適格文であると考えられる。

(98)　社長はその男を解雇した。

(99)　その男は(社長に)会社を解雇された。

(100)　*社長はその男を会社を解雇した。

(99)は「会社をクビになる」のような言い方でも現れる。これは，意味的に

は「総裁職を退く」のような「を」や，「学長職を去る」の「を」のような用法に近いことから，本論では，これも一種の《離格》の用法であると考える。この場合はヲ格に代えてカラ格を使うことはできない（もちろん，動作主のカラ格名詞句は共起しうるが，当然，これは除外される）。

2.3.5 ヲ格の経路用法

「経路」とは狭義には「通り道」のようなもので，移動の際に通る予定の線状の場所，あるいは，移動の軌跡を典型的に指すと考えられる。《対象格》でも《離格》でもないものを《経路格》に分類すると，以下のような用法も含まれることになる。

（101） のぞみ号が三河安城駅を通過する。
（102） 中国を旅行しました。
（103） 校庭を走る。
（104） 永代橋を渡る。

「三河安城駅」は，経路上に存在する通過点であり，経路のごく一部ではあるが，経路の全体ではない。「中国」「校庭」は，移動行為を行う領域ではあるが，通り道を移動するように線的に移動するとは限らず，無秩序に見える移動であることも排除されない。「永代橋」は，始点と終点が明確な線分的な経路であり，点的なものではないが，境界を明確に有するという意味では通過点に近い。一般に，「道を歩く」「国道を走る」などでは，始点と終点といった境界が明確でないのが普通だと考えられる。ここでは，境界を明確に持っているという特性を**有境界性**と呼ぶことにする。

経路用法に分類される用例を大まかに下位区分すると，次の①②③の3つに分けることが可能である。通過点は，強い有境界性を持ち，点として存在するので，他の用法に比べて客体化しやすいと考えられる。

経　路　格		
①通過点	②移動経路	③移動領域

例えば，先に検討した「第3ゲートを突破する」の「突破する」が「通る」と「破る」の2つの意味を含むとすれば，前者の意味では経路上の通過点を通

るという移動行為であるが，後者の意味では対象物に作用を及ぼす被動性があり，他動詞の対象をマークするヲ(対象格)と見ることもできる。通過点は有境界性があり，「橋」などは点のようなものとは見なされないが有境界性があるという点では共通している。

「第1走者は5キロ地点を越えました」では通過点と見られるが，(101)の「三河安城駅」のようにそれじたいはある程度の広がりを持っていても，大きな地図の中では通過点と見なされるものもある。つまり，《通過点》は境界の捉え方次第で，経路と見るべき場合もありうるから，両者は截然と区別されると言うよりも，連続的な関係にあると見るほうがよいだろう。

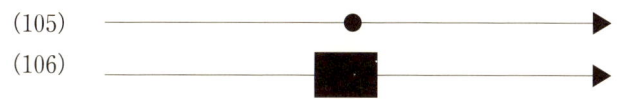

(105)
(106)

「橋を渡った」「川を越えた」「山を越えた」では，終端と見てよい境界線を越えたことを意味すると見ることができる。「川」は水源から河口までという捉え方をするのではなく，「渡る」場合には「一方の岸」から「他方の岸」へ「横断的に移動する」ことを意味する。「三河安城駅」は物理的には点ではないが，地図上では1つの点として概念化することができる。数学的にいう「点」とは，面積を持たない実体性のない概念的存在であるが，我々が点を記せば，それは物理的にはなにがしかの面積を持つ物理的領域となる。とすれば，むしろ，有境界性を持つ閉鎖領域の面積が「点」に匹敵するほど概念的に極小化されたものが《通過点》なのであって，《通過点》とは《通過域》の特殊な一形態なのだと見ることもできる。《通過点》と《通過域》が連続的な関係にあると考えると，後者は前者を終端の境界線として広がった領域と言えるだろう。そして，《通過域》であっても有境界性があれば，(107)のように他動的な作用の対象となりうる。

(107)　封鎖されていたレインボー・ブリッジを突破した。

《通過域》は，(108)に見るように移動行為に占める割合がそれほど大きくない場合を想定している[12]が，(109)のようにこれは移動行為全体にまで拡張しうる。これは典型的には《経路》と解釈できる。

加えて，移動行為よりも大きな通過域を想定すれば，これは，(110)に見る

231

(108)

(109)

(110)

ように，実質的に移動の領域と変わらない。

　つまり，移動行為と通過域の関係で言えば，「移動行為の範囲」は以下のように考えることができる。

(111)
　　　移動行為の範囲＜移動域　　　……移動領域
　　　移動行為の範囲＝移動域　　　……移動経路
　　　移動行為の範囲＞移動域　　　……通過域
　　　移動行為の範囲＞＞＞移動域(極小)　……通過点

　さらに，(110)の《通過域》内での移動の仕方が特に制限されず自由な移動が可能である場合が(112)のように考えられ，移動の向きに対して鉛直方向に通過域が拡張する場合も(113)のように想定できる。とすれば，実質的に《移動領域》と《通過域》とが連続的だと見られるわけである。

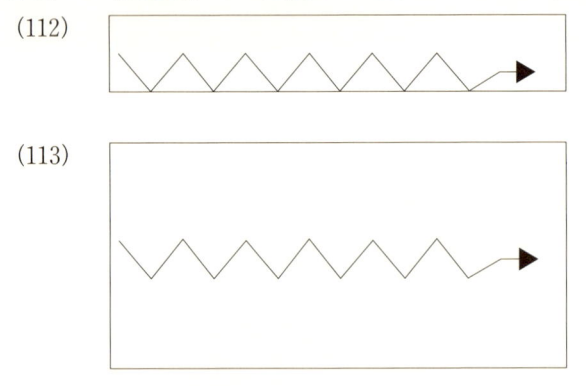

(112)

(113)

　領域内の移動は直線的でもよいが，無秩序でもよく，領域内部でのみ移動してそこから逸脱しなければ，用法の条件は満たされると考えられる。

(114)　　ヨーロッパを南から北に旅行する。

(115)　九州をあちこち旅行する。

　また，次の(116)のような例では《通過域》とも《移動領域》とも解釈可能であるが，(117)のように有境界性を失うと，《移動領域》の解釈しかできない。また，《移動経路》の場合，線的な移動を念頭に置いていることから，移動の始点と終点が明確でない場合でも，最低限，移動の経路の幅に相当する部分は明確だと考えることができる。

(116)　筑波山上空を飛んだ。
(117)　空を飛ぶ。

「空」のように境界が明確に定義できないものは，《移動領域》が極大化したものと見なすことができる。

　以上のように，有境界性のあり方をどう捉えるかにより，経路格のうち《通過点》にも《通過域》にも《移動経路》にも《移動領域》にも解釈が可能であり，これらのあいだには《移動経路》を中心に派生関係を想定することができると思われる。なお，《通過域》を加えて，4つの下位区分を設けることも考えられるが，ここでは《通過域》が《通過点》と《移動経路》の中間的なものであることを重視して，特に先の3区分に修正は加えないでおく。

2.3.6　《離格》と《経路格》

　ヲ格の用法の中には《離格》か《経路格》か紛らわしいものがある。

(118)　改札を出る。
(119)　その百貨店は新宿駅新南口を出たところにある。
(120)　池袋駅東口を明治通りにそって目白方面に歩く。

　場所がどのような広がりを持って捉えられるかは，どのように認知されるかを反映している。それは，文脈の影響を受けるとともに，外界の状況によって異なる。つまり，かなり語用論的な要素に左右される。例えば(119)の「新宿駅新南口」は点と捉えて問題がない。しかし，(120)の「池袋駅東口」は明らかに領域的な広がりを持っている。

　(118)の「改札」は，《通過点》のような《点》として捉えることもできるが，「改札の中」と「改札の外」という点で領域性があるとも言え，その点で有境界性が認められる。

(121) 　熊本空港を発つ。
(122) 　日本領空を離れる。
(123)

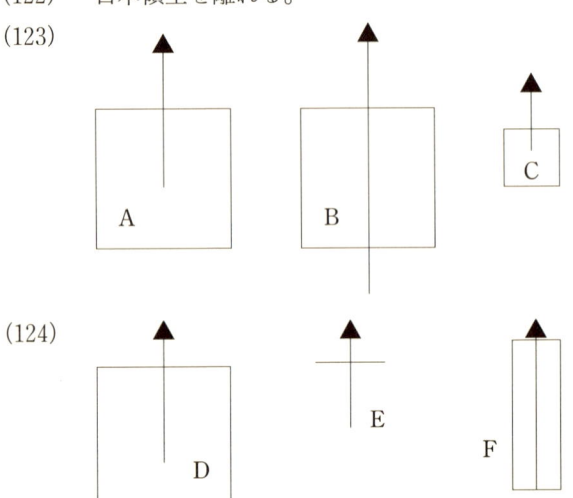

```
    ↑            ↑
  ┌───┐       ┌─────┐        ↑
  │   │       │     │       ┌─┐
  │ A │       │  B  │       │C│
  └───┘       └─────┘       └─┘
```

(124)

```
    ↑            ↑            ↑
    │          ──┼──         ┌┃┐
    │            │           │┃│
    │  D         E           │┃│ F
                             └┃┘
```

　「改札を出る」という動作が単に改札のゲートを通過することを意味するのであれば、上のEのように捉えることができるだろう。しかし、「日本領空」のように有境界性が明確であればAのように捉えられるが、これが「裏路地」のようなものであればFのように捉えることになる。AとFは、線的な移動を軌道的に制約する後者と明確な移動上の制約がない前者という違いに過ぎない。Bのように通過域のようであっても、Cのように領域が点のように認知されていても、Dのように部分的に境界が不明確であっても、いずれも「離れる境界」、つまり、《終端部》が明確に意識されている点が共通している。終端部に至る移動のあり方や移動の場所のあり方によって、移動領域・移動経路・通過域・通過点などの解釈も共存しうる。しかし、移動経路や移動領域は、境界の終端部が明確である必要はない。境界終端部が明確に意識される必要があるのは、通過域・通過点の場合である。このことから、《離格》は《経路格》のうち通過点（や通過域）に最も近い特性を持っていると考えることができる。
　(125) 　二の丸を三の丸に{出た／抜けた}。
　「抜ける」ではBのように「二の丸」が《通過域》と解釈されやすいが、「出る」ではその解釈はやや希薄になるように感じられる。もしも、(125)で

234

「出た」のほうが受容度が低いとすれば，その点が関与している可能性が考えられる。

先に見た「細い路地{を／から}大通りに出ると，小田急線の駅がすぐ近くに見えた」(=(69))では，「細い路地」を移動していると解釈するのが普通であり，結果的に「細い路地」を《移動経路》と見なすことになる。この場合は，「離れる移動の離れ先」をマークする《離格》の解釈は後退するために，(69)は成立する。これに対して，「家を外に出る」(=(68))が不適格と扱われ，一方で，同じ移動動作を記述していると見ていい「勝手口を庭に出ると，金木犀の香りが漂っていた」(=(70))は受容度が高い。家を出るとは通常家のいずれかの戸口を通って外に出ることであり，勝手口も家屋に付属する戸口の1つである。庭も家の外の一部と見ていいだろう。とすれば「家を外に出る」動作も「勝手口を庭に出る」動作も，家といった建造物から付属する戸口の1つを通って外に出る動作という点では同じである。この2文で受容度に違いがあるとすれば，「家を出る」ことはすなわち「外に出る」ことであり，「家」を離れ先とし，「外」を近づき先とする解釈に視点の矛盾があることが影響するからだろう。しかし，「勝手口」という家の一部と「庭」という外の一部の場合，「勝手口から離れていき，庭に近づいていく」という解釈はそれほど不自然なものにはならず，明確な視点の矛盾があるとまでは見なしにくい。

このことは，単純に「起点のヲ格と着点のニ格が共起できない」という規則ではなく，以下のように視点の矛盾が存在することで不適格になる原理と考えるべきであることを示している。ここでは，以下のようにまとめておくことにする。

(126) 移動行為の視点制約

　　　場所格の「を」と着点格の「に」は，それぞれが「離れる移動」「近づく移動」であることを明確に意味する場合には，視点の向きに矛盾が生じて受容度が低下する。

ここで，「場所格」としたのは，離格のヲ格の用法が経路格の意味(通過点や通過域あるいは移動経路など)を常に排除して成立するものではなく，双方の解釈が共存する可能性がある実態を踏まえているからである。また，(126)の視点制約は，適格文か非文かを離散的に分けるものではなく，連続的な分布を

示すものである。先の「富山県を新潟県に抜けた」(=(71))では、「富山県」を移動領域あるいは移動経路と解することが可能であるため「抜ける」ことで「富山県」を離れる移動であることが明らかであるものの、《移動行為の視点制約》が強く作用しないために受容度がそれほど低くないと説明できる。

2.4　場所格の派生

　移動経路の中には「道」や「線路」のように、移動が始まる以前にそれじたいが経路として存在しているものもあるが、移動が行われてしかるのちに移動行為の軌跡を経路と認識したり、移動の結果に従って経路を推測したりする場合もある。つまり、「経路」とは最初から経路として意味づけられて存在するものだけではなく、移動の軌跡が経路と認識されるものも含まれるのである。

　　(127)　　地球は太陽の周りを回る。
　　(128)　　*地球は太陽を回る。
　　(129)　　営業の田中さんは一日中外を回っている。

　(129)の「外」は《移動領域》であるが、(128)の「太陽」はそう解釈できない。もちろん、ことばの粗略性(looseness)[13]に頼って(128)を(127)の意味で解釈することはあり、その場合は明確な不適格文にはならない。(127)では「太陽の周り」について《経路》を想定して解釈することになる。(130)では、Aの黒い円の周りの領域を最終的に始点へと戻るように移動すれば「回る」と言えるわけであるが、典型的にBのような経路を想定して解釈されることになるだろう。この見方は、「角を曲がる」などにも適用できる。

　もちろん、「太陽の周り」にもともと移動のための経路が存在するわけではないが、「回る」という移動行為を行う際の一般的な経路として(130B)のような動きを想定することは自然である。このような経路をそのまま想定せずとも、不可逆的な一方向移動であれば、同心円を描くものでなくともよく、もっと乱れた経路であっても許容されるだろう。つまり、推意のうち一般性の高い推論に過ぎず、論理関係に基づく、取り消しできない推論や本有的意味とは異なると考えられる。この種の解釈を「推意」と同一視してよいかは、検討を重ねる必要があるが、意味の派生や解釈の発生に深く推意が関わっている可能性は考えなければならない。

(130)

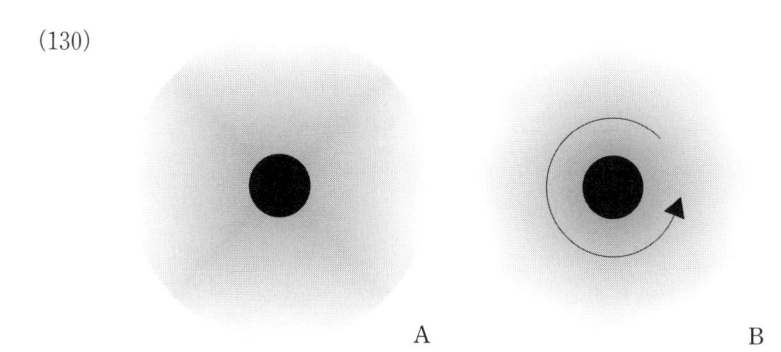

      A   B

(131)　佐藤さんは，営業で県内の高校を回っている。

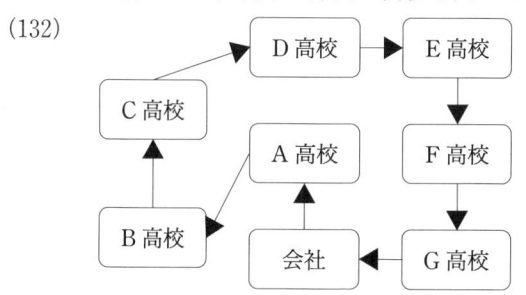

(132)

```
        D高校 → E高校
         ↑      ↓
   C高校        F高校
    ↑           ↓
   B高校 → A高校 ← G高校
           ↓
          会社 ← 
```

　さて，(129)の「外」についても同様の解釈が生じうる。本来，(131)の「県内の高校」は《移動経路》でも《移動領域》でもない。そもそも複数の高校が市内において幾何学的な空間分布をしているケースは考えにくい。しかし，順次移動をすることで生じる軌跡は，(132)のような不可逆的な一方向移動であると考えられる。このような移動経路は，概念的に単純化されると，(133)の

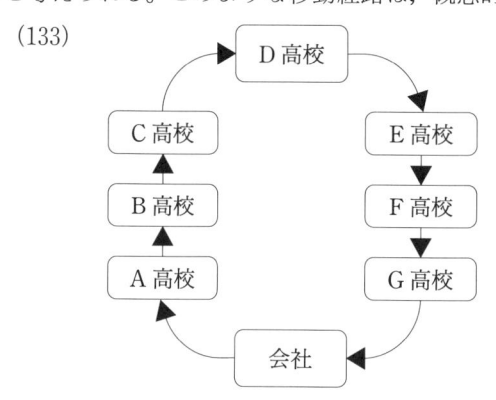

(133)

```
         D高校
        ↗    ↘
      C高校   E高校
       ↑      ↓
      B高校   F高校
       ↑      ↓
      A高校   G高校
        ↖    ↙
          会社
```

ような円弧状の移動経路として理解されるのである。これは，実際の空間移動の軌跡ではなく，抽象化された経路として理解されているものである。この経路は，実体的なものでなく，「通過点の連続を経路と見なす」という認知上の処理を経て得られたものと考えられる。

つまり，点の連続として存在していても，その点に序列や順序が与えられることによって，線的につなげられて概念化されるわけである。そして，このような派生的な経路解釈は，以下のような場合にも適用可能であると考えられるのである。

(134)　花子は席を替わった。

(135)　花子は席が替わった。

(136)　花子は席を替えた。

(134)の「替わる」は有対自動詞でありながらヲ格名詞句をとる。これは，自動詞なのにヲ格の目的語と共起する「文法的不整合の例」として，「授業を終わる」などとともに取り上げられることが多い。しかし，これはヲ格名詞句が対象格なのではなくて，場所格なのであって，移動経路として「席」が認識されているのである。「席」が「移動経路」という説明は，一見，ちぐはぐな印象を与えるかもしれないが，「高校を回る」と同じように考えればいい。つまり，「席」が複数個存在しており，そこに順序が存在すれば，点としての存在であるそれらの「席」を線的につないで，経路に見立てることができるのである。

(137)　座席A → 座席B → 座席C →

この種の経路性が認められるには，通過点の連続と見なされる必要があり，通過点には場所性がなければならないと考えられる。

(138)　次郎は車両を移った。

(139)　花子は会社を変わった。

上の例では「車両」や「会社」が，空間上の一領域，あるいは所属先として抽象的な場所性を有すると考えられるので成立する。以下の(140)(141)も同じように考えられる。

(140)　彼は今年になって3回も部署を変わっている。

(141)　私は指導教官を変わりました。
(142)　?私は，指導学生を変わりました。
(143)　*僕は，これまでに2度妻を変わっている。

　しかし，(141)に比して(142)は不自然に感じられ，(143)は不適格である。「所属先」という認識にはある程度段階性が考えられるが，おおむね経路を形成する場所という解釈の自然さに左右されると見ることができるだろう。会社や部署のような組織では，比較的場所に準じた解釈がしやすいが，人間の場合は，そのような解釈を支えるだけの意味づけが必要になる。

3　連続性と派生関係

　前節までに見た用法をここで整理しておこう。まず，「を」は，「のを」「ところを」など名詞化する要素を伴って，接続助詞的に用いられる。名詞に後接した上で動詞と直接的に意味関係を持つ連用成分をつくるという意味での「格」を示すものとしては，まず，「状況補語」と呼ばれてきた用法がある。ここでは，これを「格助詞」の用法にとりあえず含めて整理するが，「中」といった名詞を必ず伴う点など接続助詞の用法と共通する特性がある。また，この用法は，格助詞の用法を含めることができるとしても，いわゆる項を導き必須格を示すようなものではない。しかし，ここでは，格助詞用法の1つに含めるところから，意味格として暫定的に《背景状況格》と呼んでおく。他の格助詞の用法とは統語構造上の位置も異なる(天野2007, 2011)。

　必須格となる項を導くヲ格の用法としては，対象格と場所格がある。前者は，対象と動詞の意味関係により細かに分類することが可能であるが，それはここでは省く。場所格は，離格と経路格に分けることができ，さらに，後者は通過点・通過域，移動経路，移動領域に分けられる。通過点と通過域は場所の認知上の存在形式によって表現しわけているものであるが，通過点を通過域の亜種と位置づけ，一括りにした上で，「通過域」と呼ぶ。表にまとめたのが(144)である。

　しかし，これまでに指摘したように，それぞれの用法のあいだには，類似した機能や共通性があり，機能上の連続性が認められる。

(144)

ヲの用法	接続助詞的			
	格助詞的 (ヲ格)	非必須格	背景状況格	
		必須格	対象格	
			場所格	離格
				経路格 通過域
				移動経路
				移動領域

3.1 離格と経路格の連続性

　先に(123)(124)の図に示したように，離格と経路格のあいだには連続性がある。経路格で，有境界的な場所を想定するもののうち，終端部が明確に意識され，その終端部を越えて移動する場合,「終端部を越える」ことは「当該の場所を離れる」ことでもあるから，離格と重なる。この場合，経路格のうち有境界性が高い《通過域》との共通性が強いが，《経路格》でも終端部が意識されていれば連続的な関係になることがある。

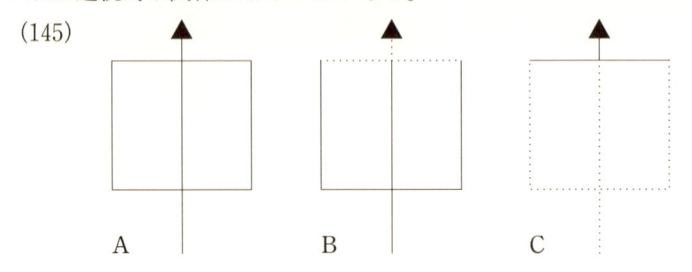

(145)

　　　A　　　　　　B　　　　　　C

　同じ事態でもCのように終端部とそこから離れていくことが強く意識される(プロファイルされる)のならば《離格》という解釈が前面に出る。一方，Bのように当該の場所を移動していくことに焦点が当たれば，《経路格》の解釈に傾く。とはいえ，同一の場所が経路と離れ先であることは矛盾でないので，共存しうる。単に，どの局面に重点が置かれるかの違いに過ぎない。

3.2 対象格と場所格の連続性

　経路格と離格の連続性は場所格内部での関係だが，対象格と場所格の連続性とはどのようなものだろうか。これは「第3ゲートを突破する」に代表される

第 7 章 対象格と場所格の連続性

ようなもので，連続性の本質は 2 つの特性の中間にあるというようなものではなく，2 つの特性が重ね合わせられているものと考えるべきである。「第 3 ゲート」は「突破」の対象であり，「突破」によって通過される場所でもある。重要なことは，対象として客体化されるには，有境界性が必要なことである。どこまでが境界かが問題にならないのは，領域が広大でかつその領域の内部にとどまる場合だが，客体化するには外部からそれを知覚できなければならず，対象が実体として明確に形を持つことが必要である。つまり，境界線や輪郭が不明確なら実体も不明確にしか知覚されない。「突破する」「侵略する」の場合は，客体化した領域に接触することによって，場所に入ることになる。つまり，境界線のうちでも特に重要なのは，移動上最初に領域に接触する《始端部》である。図示すると，(145)とちょうど逆の(146)のようになる。

通過域と捉えた場合，その領域に入り，その領域から出て行く A のようなプロセスを考えるわけであるが，「第 3 ゲート」が客体化しやすいのは，移動方向前方に存在している C のような場合である。

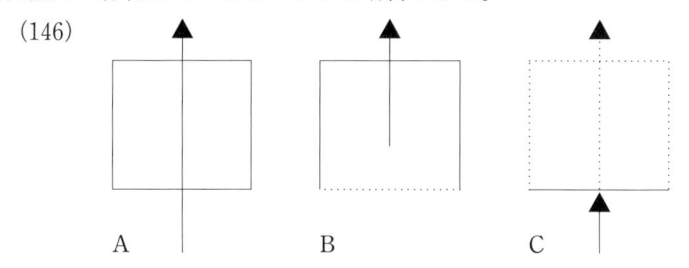

(146)

A　　　　B　　　　C

3.3　用法の見取り図

前項までを踏まえて「を」の用法を見取り図で示すと，(147)のようになる。
この図では，連続性のある用法を実線でつないでいる。便宜上実線で示しているだけで，接続されていなければ連続性がないわけではない。また，先に検討したように，対象格に関わる用法も多様であり，多岐にわたっている。この図には，対象格の下位分類にあたる諸用法の変異は含めていない。この点を見取り図にどう取り込むかは機会を改めて検討したい。

以上のようなことを踏まえて，分析できることだけを若干述べたい。なお，《経路格》の下位区分は「通過域」「移動経路」「移動領域」のように「格」を

(147)

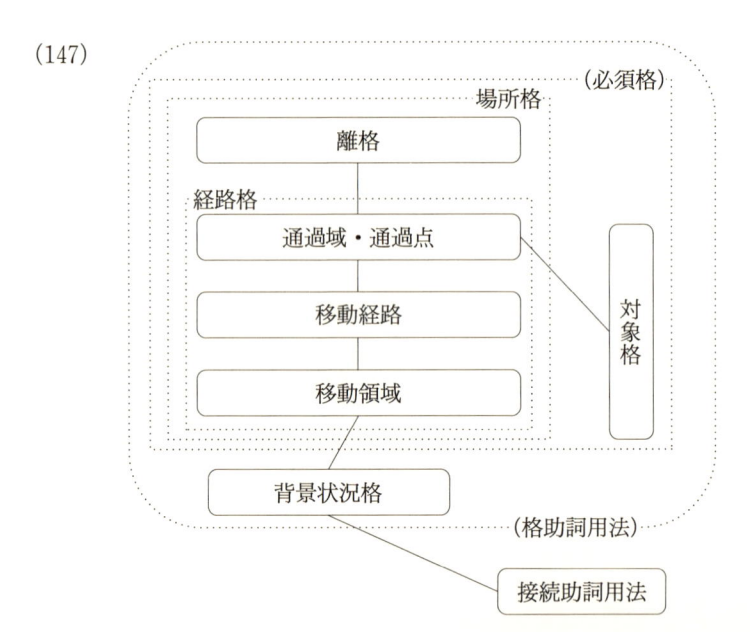

```
                                    (必須格)
              場所格
          ┌──────────┐
          │   離格    │
          └──────────┘
      経路格
          ┌──────────────┐
          │ 通過域・通過点 │────┐
          └──────────────┘    │
          ┌──────────────┐    │対
          │   移動経路    │────│象
          └──────────────┘    │格
          ┌──────────────┐    │
          │   移動領域    │    │
          └──────────────┘────┘
                              (格助詞用法)
          ┌──────────┐
          │ 背景状況格 │
          └──────────┘
                    │
                    │
              ┌──────────┐
              │ 接続助詞用法 │
              └──────────┘
```

つけずに区分名としているのは，これらは「移動場所」の認知上の形状によるところが大きく，「関係」を単独で意味するものではないという認識に立つからである。

　対象格との連続性の点でも離格との連続性の点でも，ハブ的に関わっているのは《通過域・通過点》である。とはいえ，図示された関係だけで，《通過域》が派生の要であるとか，意味機能の中心であるとするのは，単純にすぎるだろう。

　一般にヲ格の機能の中心は，対象格にあると理解され，ヲ格マークが目的語の標示であるかのように見なされることも多い。しかしながら，それぞれの意味機能と連続的な関係をなすのが経路格であり，離格と対象格と背景状況格など不連続な関係にあるように見える用法をつなぐ働きをしていることは考慮すべきだと思われる。通時的な用法の派生からすれば，本来間投詞であった「を」が対象をマークし始めたのが始発的な用法であったとも考えられるので，共時的な関係と整合性のある説明をするにはどのような派生を想定すればいいのかについて検討が必要である。

242

4 結 び に

　本章では，「を」に接続助詞用法があることを踏まえた上で，従来の状況補語を「背景状況格」として格用法の1つとし，これに必須格として扱われる場所格と対象格を含めて，「を」の基本機能とした。場所格の認定基準は，動詞が移動性を有することであり，この基準でおおむね紛らわしい用例も分類できるが，それでも中間的な例が見られる。

　場所格は離格と経路格に二分でき，後者は移動場所の捉え方によりさらに下位分類できる。経路格のうち，通過域は，従来通過点などと呼んでいたものを，精密化した用語法であるが，この通過域と離格には連続的なところがあり，また，対象格の用法との連続性も考えられる。

　従来，「授業を終える」という他動詞の用法に対して「授業を終わる」のような自動詞と共起するヲ格をどう扱うかについて，種々の見解が見られたが，本論では，これは離格の用法であることを示した。また，「席を替える」に対する「席を替わる」のヲ格は，経路格と説明できることを示した。要するに，これらは自動詞の他動詞的な使用などではなく，あくまで自動詞であり，移動動詞のスキーマが拡張されて用いられているに過ぎないのである。

・本章は，加藤 2004c，2006d に加筆修正を行ったものである。
1) 山田 1908：560-561 は，対象と場所に二分，山田 1922：413-415 では前者に含めていた使役の動作者(本論言及せず)を独立させ，三分している。時枝 1950：228 は，「を」が客語を表すことが決定的でない例として場所用法の例を挙げている。松下 1930a：230-233 は，「を」を客格の他動格とした上で，「他動の客語でないと誤解され易いもの」として，場所用法の例を挙げている。橋本 1969：109-119 では，①他動の対者，②経由するところ，③はなれる起点に分けている。国立国語研究所 1997 は，〈場所―始点〉と〈場所―経過〉のほかに，〈場所〉(「引出をかたづける」など)と〈場所―終点〉(「後を振り返る」など)を掲げる。森田 1989：1249 は，場所に関して「起点」と「経由点」のほかに「経過場所」と「方向」を掲げているが，この「方向」は，国立国語研究研 1997 の〈場所―終点〉とほぼ重なる概念である。ほかに，寺村 1982 も移動領域と区別して起点となるものを立てている。
2) 間投助詞から2つの用法が並行的に派生したか，格助詞の用法が派生し，その後格助詞の用法から接続助詞の用法が生じたとするべきか，2通りの考えがあるという。

3) 本論における用例は，特に断りのない限り，筆者による作例である。
4) 文語では，「風の強く吹きたるを，凧揚げをせんとす」のように用いることはありうるが，これは終止形ではなく，連体形が準体化するものである。現代語でも残存的に見られるが，検討の対象にしない。
5) 実は，名詞述語文「まだ学生だ」の場合でも「まだ学生なのを」のように「な」が現れる。伝統的な形容動詞以外でも「だ」が「な」という連体形を持つとすれば記述上は不整合がない。本論では，第１章で論じた通り，名詞も副詞も従来の形容動詞(語幹)もまとめて外部に統語関係の標示部を持つものとするので，標示形態を決める条件を定めることで記述が可能である。なお，この種の表現は「まだ未成年なのを飲みに連れて行くなんてとんでもない」のように動詞の項を「を」が導く関係節的な用法が一般的で，従属節を導いて接続する単純な用法ではないので，ここでの議論から暫定的に除外しておく。
6) 加藤 2001a にあるように，逆接の成立要件は語用論的に得られる対照性に依存する。形式文脈によって，妥当な情報が与えられ，妥当な対照性解釈の根拠が可能であれば，成立すると考えられる。
7) 「受付で聞いてみたところ，該当者はいないとのことだった」では「ところで」「ところを」で置き換えできない。
8) (29)は(30)ほど明確に不適切でないという判断もありうると思われる。これは，「凍った雪の中」が背景的状況なのか，物理的な空間なのかについて，意味処理をする負担が大きく，そのぶん，《場所性》(=非できごと性)が明確でないからだろう。
9) 粗略化については，加藤 2004b，準備中などを参照されたい。
10) 対応する韓国語文ではいずれについても不自然さを感じないという(朴 2002：377)。
11) 糸井 2002：35-37 では，「とりたて詞としてのカラ」を取り上げているが，ここで言う副助詞の用法はこれとほぼ同じものである。本書第８章，加藤 2005 でもこの点に触れている。
12) 移動領域と移動の仕方の図示は，across を例にしたものが松本 1997：189-190 にある。これは，across の本質的な特性を統一的に捉えるものと見られるが，ここではヲの各用法に派生関係を想定している。
13) 筆者は，ことばの looseness を「粗略性」と訳すことにしている(加藤 2004b，準備中を参照されたい)。この場合，「地球はお天道様を毎日回ってるわけだ」のようにすれば，明らかな不適格文とするほど不自然でもないように感じられる。

第 8 章　基幹格としての「が」の特性

　本章では，日本語の格助詞「が」を取り上げて個々の用法を整理した上で，これを基幹的な格助詞と位置づけ，日本語の言語的な特性と関連づけて論じる。さらに，言語類型論的に日本語の文構造を基幹的格助詞の観点から捉え直して考察したい。

1　助詞の特性と分類

　日本語の助詞類は，類型論的に見れば名詞のあと（＝右）に置かれる後置詞（postposition）に数えられる。これは，名詞の前（＝左）に置かれる西欧語の前置詞（preposition）に対応して，専ら名詞句との位置関係に基づく命名がなされているに過ぎない。そのために，類型論的な特性を概略的に記述する際には，「英語は前置詞を用いて格標示を行い，日本語は後置詞を用いて格標示を行う」としても問題はないだろうが，細かに個々の前置詞や後置詞の用法と機能について，制約と拡張性を見ていくと，このような大づかみな記述から逸脱する現象が少なからず観察される。
　（1）　　太郎からと花子<u>からと</u>の情報を総合すると…
　（2）　　金沢から富山<u>までだけよりも</u>…
　（1）の下線部の「と」は欠落しても成立するが，「名詞あるいは名詞を主要部として全体が名詞の性質を持つ句に後置詞は後接する」という規則を仮に立てると，（1）の「と」や「の」，また，（2）の「だけ」「より」「も」はこの規則に従っていないことになる。
　英語でも，（3）（4）のような表現では，下線部の1つめの前置詞は，少なく

とも「名詞あるいは名詞を主要部として全体が名詞の性質を持つ句に前接する」という規則に背馳する用法と見なさざるを得ない。

（3）　I did not see Brian till after the party.
（4）　She lives just from across the street.
（5）　The magician emerged from behind the curtain.

　もちろん、文法的な記述としては複合的な前置詞という概念を立てて、2つの前置詞が組み合わさって1つの前置詞の機能を果たすとすることは可能であり、実際に「二重前置詞」あるいはcomplex prepositionとする記述も見られる。これは、これらの前置詞の機能や生産性を重視しない立場だとも言えるが、網羅的に記述を行う段階ではやむを得まい。

　日本語の格助詞が、狭い意味での"格"だけを意味していて、あらかじめ設定した意味役割に分類しきれるのであれば、格助詞の記述としても、また日本語の記述としても、理想的なものになる。もちろん、格の典型的なものは多くの言語で一致することが考えられるが、それも主格対格言語と能格言語のように格標示体系が異なる場合もあり、特定の言語に特異な格が存在することを妨げるわけではない。日本語の場合、格という統語関係と題目・焦点・情報など語用論的特性とに連続的なところがあり、これが課題の1つになっている。そもそも、格標示と語用表示は排他的な関係をなすわけではなく、体系的にどのような把握をするかが重要である。本章は、ガ格の特性を考察するための議論であるが、以下ではまず格助詞と副助詞の関係（これは、統語関係の標示と語用論的な特性の表示、という対比に相当する）から見ていきたい。

1.1　格助詞と副助詞の連続性――カラを例に

　格助詞のカラと副助詞のカラには共通する性質があり、統語的なふるまいと機能の違いを考慮しても、両者のあいだの連続的な関係は無視できず、品詞の異なるカラとして一線を画することをためらわせるものがある。以下で、例文を検証しながら、カラについて見ていくが、これはマデについてもおおむね同じ見方が成り立つ。

（6）　山下さんがテキストの第5節を読んだ
（7）　山下さんがテキストの第5節から読んだ。

(8)　山下さんからテキストの第5節を読み始めた。

　(6)の対格は「テキストの第5節」が「読む」という行為の対象であることを示しているが，第5節全体を読んだのか(→(9))，第5節の一部(→(10))を読んだのかはわからない。つまり，「読む」という動作の対象が「テキストの第5節」の部分集合であればよい。一方，(7)は起点が「テキストの第5節」にあるのであって，結果的に「第5節」の一部しか読まないという解釈(→(11)の点線)も，続けて「第6節」や「第7節」へと読み進むという解釈(→(11)の実線)も排除されない。また，「第5節」の「冒頭」が起点(→(11)の実線)であっても，「途中(のどこか)」が起点(→(11)の破線)であってもよい。

(9)　[第5節]

(10)　[第5節]

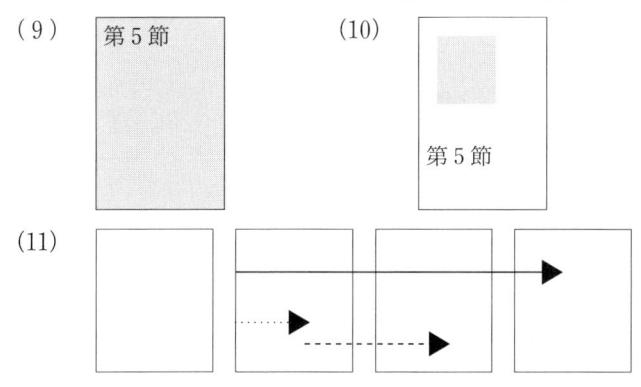

(11)

　つまり，(6)-(8)のカラとヲは，「読む」という動作と「第5節」の意味的な関係を示すという点で，格の標示の機能を担っていると言える。しかし，同じように考えられる例ばかりではない。

(12)　山田君から順にバスを降りてきた。

(13)　この件については，課長から説明します。

　(12)のカラは，「バスを降りてくる」という行為を行う動作者が複数おり，その動作を行う順番に並べたとき，第一の動作者となるのが「山田君」であることを表している。「山田君」は動作者でもあるから，次の(14)のように言うことも可能である。また，動作者全体を表して(15)のように言うことも可能であるが，この場合副助詞のハを格助詞で置き換えるとすればやはりガを使うことになるだろう。

(14)　山田君がバスを降りてきた。

(15)　3年2組の生徒たちが，山田君から順にバスを降りてきた。

　複数の動作者がいるとき，最初の動作者となる者は，動作開始順の序列において起点となる。つまり，(12)のカラではカラの持つ起点の意味は生きている。しかしながら，(12)において「山田君」は「バスを降りてくる」という動作の動作主でもある。動作主の集合の中で動作順の序列を設定したとき，その筆頭に「山田君」が位置し，その位置が起点と解釈できるに過ぎない。(15)における「3年2組の生徒たち」はガで「降りてくる」動作を行うものであることがマークされ，その集合における序列の起点がカラで示されることになる（→(16)のカラとガ）。

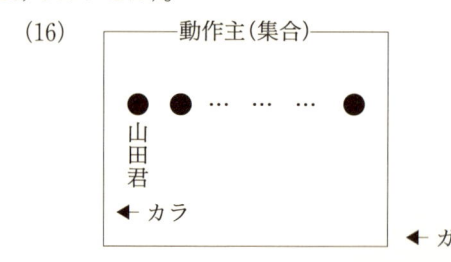

　(16)

```
┌─── 動作主（集合）───┐
│                              │
│  ● ●  … … …  ●          │
│  山                           │
│  田                           │
│  君                           │
│  ← カラ                      │
│                    ← ガ      │
└──────────────┘
```

　つまり，(12)(15)でのカラは，起点の意味を，派生的なものであるにせよ，持っていることになる。このカラが，動作主をマークするガと平行して，序列上の起点を表しながら共起することに論理的な矛盾はない。むしろ動作主が複数存在すれば，それらのあいだに何らかの順序や序列が発生することは自然なことだと言えよう。動作主であることと動作主という集合の中の序列の筆頭であることは，1つの動詞句に対して共存可能なのである。

1.2　助詞の融合に見る不連続性

　もちろん，カラは，糸井 2002 などに言うように，格助詞と副助詞の双方の用法を持つと考えることのできる助詞でもある。(12)(15)のカラを序列上の起点であって，時空間における起点ではないことを理由に，格助詞でなく副助詞だと判断することもありうる。例えば，以下のような用例はそういった考えをサポートするものになりうる。

　(17)　このテレビから修理します。

　(18)　寄付金集めは，近くの小学校から行うことにしました。

(17)のカラは，修理の対象となるものが複数あり，最初に「このテレビ」を修理することを意味する。また，(18)のカラも行き先が複数あることが前提になっており，訪問の序列の第1番目に「近くの小学校」があることを示している。

これらを助詞の融合[1]と考えれば，《格助詞＋副助詞》の組み合わせでは格助詞がより基幹的なものであればあるほど融合によって消失しやすいという点では同じ特性を持つ。本論では，ハやモなど従来係助詞とされることが多かったものも副助詞に含めて扱う。ハ・モとの格助詞の一般的な融合は以下のようにまとめることができるだろう[2]。

	ガ	ヲ	ニ	ト	デ	カラ	マデ	ヨリ
ハとの融合	ハ	ハ	ハ／ニハ	トハ	デハ	カラハ	マデハ	ヨリハ
モとの融合	モ	モ	モ／ニモ	トモ	デモ	カラモ	マデモ	ヨリモ

これまでに見た例のうち，(12)はガ格と副助詞カラの融合，(17)はヲ格とカラの融合，(18)はニ格とカラの融合と見ることができる。しかし，順番の上での起点という解釈が適用できそうな場合でも，ト格やデ格では，融合が成立しないだけでなく，非融合であっても成立しにくい。

(19) 　私は，これから5人の出場者と順番にデュエットをすることになっている。最初に和歌山県の鈴木さんと歌うことにした。

(20) 　ボールペンと鉛筆と万年筆のうち，どれが書きやすいか試してみることになった。最初に便せんにボールペンで書いた。意外と書きやすかった。

(19)では「(最初に…)鈴木さんと」が，(20)では「(最初に…)ボールペンで」が，それぞれト格，デ格のついた序列上の起点解釈をとる名詞句となる。起点解釈をカラで表すことができるかを(21)(22)のようにして確かめてみよう。

(21) 　私は，これから5人の出場者と順番にデュエットをすることになっている。和歌山県の鈴木さん{*から／*とから}歌うことにした。

(22) 　ボールペンと鉛筆と万年筆のうち，どれが書きやすいか試してみることになった。便せんにボールペン{*から／*でから}書いた。意外と書きやすかった。

(19)(21)は，いわゆる「相手のト」の用法であるが，融合するにせよ，しないにせよ，起点を意味する副助詞のカラとト格はそもそも共起できないと見てよいだろう。デ格は，道具や手段を表す用法であるが，同じように考えることができる。

(23)　その立候補者は，最初に駅前で演説を行い，次に市役所前で演説を行った。

(24)　その立候補者は，駅前{???から／*でから}演説を行い，次に市役所前で演説を行った。

　動作の場所を表すデ格の場合も道具・手段と同様に，カラとの共起には制約があると見てよいだろう。(24)ではカラについて，受容度がそれほど低くないと判断することもありうるが，「駅前から商店街のほうに向けて演説を行う」のように単純な起点として用いるケースが判断に干渉していることが考えられる。ここでは，デ格とカラは共起しないとする。

　移動上の起点が複数あれば，それらの集合のうちの序列の筆頭を想定することも可能である。例えば，「富山からと，金沢からと，新潟から出発してもらうことになっているが，最初に新潟から出発し，1時間後に金沢から，2時間後に富山から出発する」という場合には，格助詞のカラと副助詞のカラを重ねた「新潟カラ＋カラ」を理論上は想定可能である。しかし，「新潟からから」という形式は一般的には許されない。さらに，「新潟から出発する」という場合には，移動上の起点の解釈だけがなされ，序列上の筆頭（最初の行為者）を表す副助詞のカラを読み取ることは不可能である。先ほどのハとモとの融合と同じように表にするならば，以下のように表すことができるだろう。

	ガ	ヲ	ニ	ト	デ	カラ	マデ	ヨリ
カラとの融合	カラ	カラ	カラ					

　以上，見たように意味と用法の観点からは，格助詞のカラと副助詞のカラには連続性が見られるものの，融合の点では選択的に融合が生じており，不連続な分布が観察できる。広義の後置詞は名詞に後接して他の要素との関係を示すと言えるが，格を純粋かつ限定的に示す専用の要素になっているとは限らず，副助詞に派生するものや，両者の中間的なものも見られるわけである。

このことは，格関係だけを単純に記述したり分析したりするだけでは，後置詞という観点から見る格助詞の実体を正確に捉えられないということでもあろう。日本語の言語類型論的な特性や関連する統語現象なども念頭に，格助詞を記述し，考察していくことを継続的に行いたいと考えているが，以下ではまず，いわゆる格助詞の「が」について検討する。
・・・・・・・・・

2　構文的特性とガ格

　ガ格について，これを主格とする記述は，一般的な見解として広く行われており，本論でも格標示としては「が」を主格と表している。一方で，「が」が対象を表す名詞句に後接する用例などをもって，表層的で誤った見方であるとする指摘もまた，広く見られる。

　英語などの西欧語の場合，I/je/ich という一人称単数主格の代名詞は，対応する動詞句を持つ節を形成する場合，原則として，文の「主語」であり，統語形態論的には「主格(形)」と見なされ，意味的には「(動作・行為の)主体」でもある。この「幸福な三項の一致」が「主語」という概念を単純に，また，直観的に捉えることを可能にしていると言っていい。加えて，これらは多くの場合，主題とも解釈でき，ときに「幸福な4つの一致」が生じる。しかし，日本語では，「水が飲みたい」のガの場合，文の「主語」をマークしているかもしれないが，少なくとも「(動作・行為の)主体」ではない。しかも，nominative が主格と訳されていても，実質的に斜格でなく正格，活用形でなく非活用形，無標でなく有標の形態である西欧語の場合と異なり，日本語では，ガ格名詞句も形態論上は他の格助詞を後接させた名詞句と違いはなく，これだけを特別なものと見なす理由がない (三上 1959, 加藤 2004d)。

　名称の語源は本質的な問題ではないが，英語等で nominative は，「名・名付ける」という意をみなもととし，「主」の意味は本質的なものとして含んではいない。それは，名詞としての独立形あるいは無標形であり，曲用する前の基本形であって，それが主格対格言語では「動作主」に相当することが多く，文構造の上では「主語」であるのが普通だということに過ぎない。nominative という形態論上の区分が，統語上 agent や subject になるのは偶然でない

にしても,「主語」や「主体」を意味する「主」を本質とする「主格」という見方に流れるのも問題がある。今さら「名格」などと訳し直せば新たな混乱を生むだけだろうが,主格という名称から誤解が生じることは避けねばならない。

2.1 ガ格の基幹性

本論では,しかしながら,格助詞のガが他の格助詞と比べて特殊性を有すると見るべき助詞であり,機能論的には選択上有標と見るべき他の格助詞に対して無標と見るべきだと考える。第2章では,主格の「が」のみを非斜格とし,これ以外のすべての格助詞を斜格として区別している。これは,昇格と降格の定義を明確化するための予備的整理であるが,主格が他の格助詞類(=斜格)とは根本的に異なるというのが本論での基本的な考え方である。

前節で見た融合におけるガ格のふるまいを考えても,ガが他の格助詞と比べてより明確なある種の特性を持っていることは言える。つまり,ガ格は融合において形態的には完全に消えてしまい,表層に現れることができない。しかし,これはガが斜格全般と比して相対的に特別な地位にあることを支持するだけのものでしかない。副助詞のハの用法の中に,格助詞の融合とは考えにくいものがあることはつとに指摘されている。

(25) 「おっ,向こうから煙が流れてくるぞ」「この煙は,近所のどこかのお宅がさんまを焼いているね」

例えば,この例文におけるハは単純にガで置き換えると不自然になってしまう。すでに加藤2003で分析されていることであるが,「この煙」は「近所のどこかのお宅がさんまを焼いている」という後続の節で言い表される事態の途中もしくは結果において生成されるもの[3]と考えるべきだろう。日本語には過程随伴物や結果随伴物をマークする格助詞が存在しないが,理論的な仮構として"G"という随伴物をマークする格助詞が存在するものとすれば,(25)の「は」は,「G+ハ」において「G」が消えることで融合が生じて「ハ」が得られたと考えるのが妥当である。これは,格助詞のガにハがついても「ガハ」という形態が存在し得ず,義務的に「ハ」になるのと同じように考えればよい。

では,該当する形態を持たないGがハと融合した結果得られたハであるとする仮説は成立するのだろうか。これは,(25)のハと同じような位置にガが用

いられる例文(26)が存在しうることを考えれば、棄却せざるを得ない。
 (26) 「おっ、向こうから煙が流れてくるぞ。…これは、近所のどこかのお宅がさんまを焼いているね」「何を言ってるの？　これは、あじの干物を焼いている煙よ。ほら、あっちから流れてくる煙があるでしょ。あれが、さんまを焼いているのよ」

 もちろん(26)はやや特殊なケースを想定しているので、それほど自然な発話とは言えないが、これはガという格助詞を用いることの適否をそのまま反映したものとは必ずしも言えまい。(26)のガは、いわゆる焦点の置かれる名詞句を示す談話的効果を持つガであり、「総記のガ」と呼ばれることもある。では、この用法のガが格関係を表すのではなく、ハやモのような副助詞と同じような要素なのかということは、ガ格・ヲ格・ニ格などで融合による格助詞の消去を起こすかどうかによって検証することが可能だろう。

 (27) その煙じゃなくて、こっちの煙をよく見てごらんよ。

 焦点名詞句を談話的にマークする要素が動作・行為の対象である場合、ヲ格（多くは強勢を伴う）が用いられる。このヲ格の代わりにガ格は使えない。つまり、ガはハやモのような副助詞とは明らかに統語上の性質が異なっているので、同じ範疇に含めることはできない。このことを踏まえると、(26)において、受容度に関する判断に変異があるにはせよ、ガ以外の格助詞をもってガに代えることが不可能であるのは、すなわち、(26)の「あれ」という随伴物を表す名詞句に格助詞のガを後接させることが許されるということである。これは、以下で検証する例とともに、ガ格の担う範囲が「主体」といった意味役割に限定できないことを表すと考えられるのである。

 ついで、「痛い」という形容詞とガ格名詞句の関係を例に詳細に見てみよう。
 (28) 転んだのは僕なんだから、君が痛いわけはないよ。僕が痛いんだから。
 (29) 背中が痛い。
 (30) 買ったばかりの靴を一日中はいていたので、靴擦れが痛い。
 (31) 靴に入った小石が痛い。
 (32) あの関節技が痛い。
 (33) 胃潰瘍は、空腹のときが痛いんだって。

形容詞を感情形容詞と性質形容詞に二分するなら,「痛い」は通常前者に分類される。厳密には「感情」ではないので感覚形容詞といったカテゴリーを感情形容詞の亜種として立てることは可能だが,そもそも(30)-(32)のような使い方は性質形容詞の用法であり,感情感覚形容詞として見るべきは,感情や知覚を有し,それを経験する「経験主体」としての「君」や「僕」をガで標示している(28)だけである。(29)は,感覚の生起する場所などと説明されるが,(30)の「靴擦れ」も特定の場所が想定されるので場所という解釈が可能だ。もっとも,「靴擦れ」「小石」「関節技」は「痛い」という経験事象を生じさせる原因と見るべきだろう。(33)では「空腹のとき」という時間軸上の位置を表す名詞句にガがついている。最近俗用で聞かれる「彼は痛い」の「痛い」などはやや「かたはらいたい」に似ているところもあるが,評価を表す属性形容詞になっている。

　当然のことながら,(28)-(33)でガ格がマークする名詞句を「主体」とすることに意義を見いだすことはできない。むしろ,異質なものを「主体」と一括することで,混乱を惹起したり,実質の理解から遠ざかることが懸念される。端的に言って,ガ格がマークするこれらの名詞句は「痛い」ということを述べるときに,重要な関わりを持つ要素を表す名詞句なのであって,「痛い」というフレーム(frame)を想定するとき,表現や伝達の際により上位に位置づけられるロール(role)と見るべきものを標示している。「痛い」という経験事象があるとき,経験する主体はもちろん重要であるが,誰が経験しても痛いのであれば「みんなが痛い,誰でも痛い」と言うよりも,その経験事象の原因がより重要な情報となるのは合理的である。「痛風が痛い」なら,痛みを感じる経験主体よりも作用する原因事象をより重要なものとして表しているわけである。

　このように考えるとガ格がマークするのは,基本的に対応する述部によるフレームにおいて重要なロールと位置づけられるものであり,「重要な」要素と見なされるかどうかについては,一定の制約や原理が作用すると考えられるものの,「フレームにおける基幹的な要素」とする記述は広く適用可能であろう。本論では,この立場からガを捉えることにし,統語機能に着目するときは主格という名称を用いず,基幹格(cardinal case)と呼ぶことにしたい。主格は形態格の名称としてのみ用いることにするが,以下では原則としてガ格と言う

（形態格という点ではガ格も主格も実質的に同義である）。もちろん，動作主体は対応する動詞の意味フレームにおいて最も重要な要素であり，典型的な基幹格と見なされる。尾上 2004 はガ格を「事態認識の中核項目」としているが，特定の意味役割に限定するのではなく，叙述において名詞句の項として標示するもののうち最重要のものを指すと理解すれば，基幹格は本質的にこれと重なるものである。

「痛い」などの形容詞によるフレームでは，基幹格と見なされる要素についての制約が緩いと考えることができる。基幹格は，当然のことながら，述部と関わりを持つ名詞句のうち意味的に最も重要なものでなければならないから，格標示の中で筆頭に位置する「第一格」であると言ってよく，また，フレームに関わりを持つ名詞句が1つだけなら無標のマーキングがなされると考えてもいいので，無標の格と説明することもできるだろう。

基幹格の基幹性が，述部のフレームとの関係で決まるということは，解釈によってガ格標示が許されることもあるということであり，基幹格の中にも典型的なものと周辺的なものがありうるということである。

(34) 主役の太郎がすぐに疲れてしまうので，撮影に遅れが出ている。

(35) ころころ変わる部長の指示がすごく疲れるんだよ。

「疲れる」という動詞は，経験主体を想定できる点で「痛い」という形容詞と通じるところがあるが，(34)では経験主体（あるいは「疲れる」が動作なら動作主体）をがでマークしているが，(35)では経験事象の原因をがでマークしている。(35)は，動詞のフレームに対する動作主体を基幹格とする一般的な原理には背馳しているが，周辺的な位置づけにある基幹格と見ることが可能であり，基幹格の担う範囲は単なる「主体」にとどまらないと言うことができる。次頁の図のようなものを基幹格のありようとして想定すると，基幹格の典型である「主体」は当然がでマークするわけであるが，斜線部の〝周辺的用法〟もまた基幹性がある限り，一定の条件下で基幹格のステータスを与えられると考えられる。

2.2 基幹性と循環性

基幹格が最重要のロール1つだけに限定されると予測するのは常識的な推論

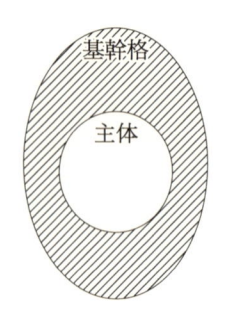

だが，日本語では，総主文などいわゆる二重主格構文が見られる。また，実際には，3つ以上の主格名詞句を持つ文が，存在しうることは松下1930aにすでに指摘がある（第2章4節）。

　　(36)　　このシャツ|は|，よく洗ったほう|が|繊維|が|きめ|が|細かくなるよ。

　この例文では，最初のハも格助詞に代えるとすればガになる。とすると4つも主格名詞句があり，それを受ける述部は「細かい」という形容詞1つのみということになる。もちろん，従来の総主文の分析では，主語としての主格名詞句が対応する述語のレベルが異なっていると見なし，第2章で見たように，階層的な主述構造をなすと整理し直すことができる。つまり「きめが細かい」（第4主語＋第4述語）を第3述語とする第3主語「繊維が」があり，「繊維がきめが細かい」という第2述語に対して「よく洗ったほうが」という第2主語が対応し，題目語でもある第1主語「このシャツは」に「よく洗ったほうが繊維がきめが細かい」という第1述語があると説明されることになる。よって厳密に言えば，「細かい」という形容詞のみに非階層的に複数のガ格名詞句が対応するとは見なされない。

　実は，上の例文については，意味的に見ると「よく洗ったほうが」が「よく洗えば」という条件節に近く，「繊維がきめが細かくなる」は「繊維のきめが細かくなる」のほうが自然だから，最終的に「このシャツは，よく洗えば，繊維のきめが細かくなる」のように，通常の総主文タイプに収まる。ただ，第2章で論じたように，述部がそれと直接呼応する主部との組み合わせをもって，再度述部となり，それが循環的に適用される《階層的な主述構造》を認めることはできる。「Aだ」が述部を表す（名詞述語だけでなく，動詞や形容詞も含む）とすると，それと呼応する主部「Bが」が統合して「BがAだ」という一

第 8 章　基幹格としての「が」の特性

階層上の述部となり，「Ｃが」という同じ階層の主部と呼応する，という回帰的階層構造を想定するのである。

(37)　回帰的階層構造

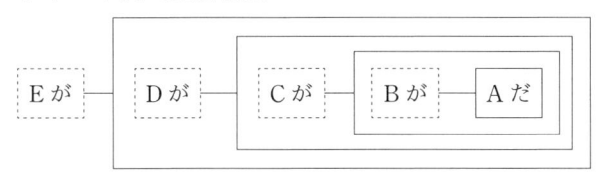

```
Eが ─ Dが ─ Cが ─ Bが ─ Aだ
```

　理論的には無限に階層を外につくっていけるが，文理解という言語処理上の負担も大きくなることから，四重主格「ＥがＤがＣがＢがＡだ」程度が上限で，負担が大きくなれば受容度も低下すると思われる。二重主格の総主文が多用されるのは，二重主格くらいであれば特に文理解の負担にならないからだろう。この構造の特徴は，階層の上にあたる主部が左方に追加されることであるが，線条性の原則からすると，あらかじめ構造を想定しておかなければ左方（前方）に主部は置けない。右方であればあとから追加することで構造変化が容易であるが，左方ではあとから付加することはできない。これも，構造があまり多層化しないよう作用している要因だと考えられる。

　第 4 章で論じた非節化では，述部複合の右方に機能的な要素が追加される現象を見たが，そこでは意味の重心は左方（前方）に置かれ，機能的主要部が右方（後方）にあとから付加されて，乖離が生じる傾向があった。しかし，主述階層の場合，主格部は述部複合要素の追加に比べて，構造的呼応があらかじめ成立していることが必要であり，そのぶん制約は大きい。

　また，「ＣがＢがＡだ」では「Ｂが」が述部「Ａだ」の内項にあたり，「Ｃが」が外項にあたると一般には考えられる。もちろん，述部の種類によっては，内項かどうか単純に決められない場合もあるが，下位の階層の主格名詞が構造上はより内的な項だと考えてよいだろう。この構造は日本語における一般的な語順を決めてはいるものの，かき混ぜが可能であるため，一般的な「ＣがＢがＡだ」はときに「ＢがＣがＡだ」という有標の語順になることもありうる。しかも，より外部にあるＣを主題化するなどの措置をとっておけば，受容度も高めることが可能である。

257

2.3 基幹格の中核と周辺

　前項に見るような階層構造が可能であることが，主格(非斜格)が複数存在する多重主格構文を日本語において可能にしている。しかも，これは主格以外では見られず，第一斜格の対格や与格でも許容されていない[4]。形式的に同一の形態格が1つの節に存在することが可能である点は，いずれの格助詞も共通しているが，階層の多重化によってそれが可能なのが主格のみであり，斜格では，構造とは別に，意味格が異なればそれで共起可能と言うことができる。並列構造はいずれの格助詞でも連用成分でも並列提示を行うが，これは例外的なものであった。前2章で見たように，対格は全般に比較的意味格が近似しているため，表層での遠隔化などの措置をとって受容度を高めなければ成立しにくい。

　ここで確認しておきたいのは，いくつかの意味役割で非斜格(主格)が用いられるとき，それらが階層をなしているのか，単に意味格が異なることによって，階層をなさずとも共起が可能なのか，という点である。動詞が述語の場合は，通常，非斜格名詞句は1つだけであるが，ある条件下で《視点者追加》が可能な場合は，複数の非斜格名詞句が存在しうる。ただし，追加される視点者は，外側の構造部に置かれると考えられるので，ここで言う階層的主述構造を想定するべきだろう。例えば，(38)では，「山本部長が」が追加された視点者で(主題化されるのが普通だが，ここでは格標示の議論なので主格のままにしてある)，「奥さんが入院した」全体を対応する述部としていると見られる。

　(38)　山本部長が奥さんが入院した。

[山本部長が]—[奥さんが]—[入院した]

　また，この視点者追加を除けば，動詞を述部として，それを使動化しても，非斜格の多重化は生じない。受動化の場合も，非斜格の多重化は生じない。

　問題は，形容詞や名詞述語の場合である。これが総主文のように階層化される場合は明確に記述と説明が可能だが，2.1で見た形容詞述語に対する非斜格の場合は整理を要する。

　(39)　靴擦れが痛い。

(40)　　太郎が痛い。

　例えば、前者は「靴擦れ」が《原因》という意味役割と認めることができる。「靴の中の小石」や「関節技」なども同じカテゴリーだろう。後者は「太郎」を《経験主》あるいは《感受主体》(以下、経験主で統一する)と認めることができる。

　ほかに、以下のようなものがある。(41)の「昼食後」は《時間》であり、(42)の「左足の親指」は《生起場所》あるいは《感受部》と言えるだろう。ただ、《時間》の場合は、無助詞で副詞的に用いるのが無標であり、通常の時間表現であれば与格を用いる。(41)で主格を用いるのは、「昼食後は眠い」という主題文の転位文、あるいは、前項焦点解釈となる総記用法であり、格標示よりも情報提示の機能が前面に出ているのだと考えられる。これは、前項で言う基幹格の周辺的用法に含めることができる。周辺的用法では、格関係といった統語的な縛りがやや緩和され、他の格標示では補えなかったり、情報構造上の便法として「が」を利用せざるを得なかったり、単純な「主格らしい」用法からは逸脱するものが含まれているのだろう。

　　(41)　　昼食後{が／∅／に}眠い。
　　(42)　　左足の親指が痛い。

　《経験主》と《原因》は共起できるが、経験主が外項にあたると考えられる。以下に見るように、《経験主》がより左方に置かれ、(44)の語順は有標でいずれも主格のままでは成立しない。主題化してあれば右方に移動することは可能である。

　　(43)　　太郎がリューマチが痛いそうだ。
　　(44)　　リューマチが{*太郎が／太郎は}痛いそうだ。

　一方で、《感受部》と《原因》は共起できないようである。(45)は「ヘルニアが」と「腰が」の順序を入れ替えても不適切である。「ヘルニアで」と降格させれば適格になる。

　　(45)　　*ヘルニアが腰が痛い。

　しかし、《経験主》と《感受部》は共起可能である。やはり《経験主》のほうが外項に相当するようだ。

　　(46)　　太郎が背中が痛い。

(47)　背中が{*太郎が／太郎は}痛い。

　以上から，ここでは，①《経験主》(もしくは《感受主体》《認識主体》)と《原因》は共起可能で，②前者が外項，後者が内項に相当すること，③《感受部》(もしくは《生起場所》)は《原因》と同じカテゴリーに含められること，が観察できた。

　ここで《原因》と呼んだものは，広義の評価であり，属性の叙述に相当する場合もある。

(48)　太郎が花子が好きだ。

(49)　太郎が花子のことが好きだ。

　(48)が感受主体としての「太郎」による「花子」の評価が「好きだ」ということ(Taro likes Hanako. の意)であれば，「花子」は太郎という感受主体の評価や感情・感覚の向かう対象であるが，形式的な主格標示は変わりがないので解釈は二義的になる。「のこと」をつけて有生性を抑圧することで感受主体の解釈を「花子」から剥奪して対象性の解釈を明示した(49)では，解釈は一義的になる[5]。《評価対象》《原因》《感受部》《生起場所》《属性主体》でも，《感受主体》以外という点では同じカテゴリーに含めることが可能であり，有生性の抑圧による対象明示が有効となる。《感受主体》という人間相当の主格項と，《非感受主体》というモノ相当の主格項という対比で大くくりに捉えれば，前者が外項，後者が内項となっている。同じことが，動詞文の属性表現化でも当てはまる。受動化や使役化では，非斜格の重複は(《視点者追加》は別の操作と見なすので)生じない。しかし，属性表現化では，対格の昇格によって非斜格の重複が生じうる。

(50)　太郎がグルジア語を読む(こと)。

(51)　太郎がグルジア語が読める(こと)。

　通常の他動詞文(50)で対格名詞句であったものが，可能文で属性叙述化することで主格(非斜格)に昇格したのが(51)における「グルジア語が」である。本来内項であったものが昇格した《昇格非斜格》で，そのまま内項にとどまっていると考えられる。これらの文における「太郎が」はもともと主格で外項にあたる《残留非斜格》であるが，一定の条件下で降格することは可能である。

3 格標示の多重性と基幹格(まとめ)

　本章は，日本語の格助詞の問題を検討し，ガ格(主格)を統語的な位置づけとして，基幹格とすることを提案し，あわせて関連する問題を論じたものである。基幹格としての主格も1つの節において重複して用いられるが，原則として，個々の主格の存在する階層が異なっており，階層構造をなしている点が他の格助詞の重複とは異なる。以下に，第6章の二重格標示制約も含めて要点をまとめておきたい。

(52)　日本語における格の多重性は，いずれの格標示についても形態論的な制約ではなく，意味論的な制約を受ける。

(53)　格標示の重複制約とは，同一の形態格が同一の意味カテゴリーの用法で用いることが許容されないということである。意味カテゴリーは離散的対立をなさないことがあり，意味用法としてより近接性が低いことや重複する格標示を表層上遠隔化させるといった操作で受容度を高めることが可能になる。

(54)　格助詞「が」は，一般言語学的に「主格」として想定される用法よりも拡張された意味を担うことがあり，日本語の文構造においては特異な位置づけを持つ，唯一の非斜格であることから，《基幹格》と呼ぶ。

(55)　基幹格の重複は，その項の存在する階層が異なっていなければならない。階層が異なれば存在する基幹格の数に制限はないが，解釈の負担の妥当性などの点から二重主格が一般的である。三重主格やそれ以上も構造的には可能だが，語用論的な処理負担が大きく，それに応じて受容度が低くなる。

(56)　非斜格(ガ格)と対格(ヲ格)では，構造上どの階層に属すかによって適格性が異なることがある。他の斜格の多重標示については意味論的制約のみで，構造的制約はかからない。

(57)　対格は，個々の用法が相互に近接しており，形式上の多重性は受容度の低下につながる。意味用法の遠隔化や，表層での位置の遠隔化により受容度は高めうる。

(58) 対格以外の斜格では，複数の用法があっても用法間の意味的隔たりがあり，多重制約はかからない。ただし，同一の意味用法では，並列を除けば，不適格になる。

(59) 基幹格では，昇格非斜格が残留非斜格より内項であり，感受主体よりも（対象や原因などに代表される）非感受主体の項がより内項であり，また，追加視点者など付加的要素はより外項にあたる。重複標示がなされるとき，外項から内項への配列が無標の語順であり，より外項にあたる基幹格ほど，主題化や降格など形態論的な変更を受けやすい。

(60) 並列構造は，並列部の内部では文の表層の線条性が一時的に無化されるので，いずれの格標示についても多重格標示制約の例外になる。

基幹格は主格によって生じる誤解を避けるための便宜的な名称であるが，これまでの誤解が排除されれば名称はそれほど重要ではない。例えば，時枝 1950 では「山が見える」の「が」を対象とし，久野 1973 もガ格の 3 用法に対象を含めている。しかし，「見える」が状態の叙述であることを踏まえれば，形容詞文に近い構造をなしており，「山」の属性叙述を行っているために，無標の選択として基幹格が用いられたと説明ができる。「見る」対象ではあるが，それは「見える」主体でもあるわけで，ことさらに主体と対象を対立させて用法を増やす不経済は，記述の経済性の点で大きな問題があり，オッカムの剃刀を振るうべき場となる。しかし，「が」について，意味役割に関する不正確な分化と，情報構造上の特性（総記や焦点など）が混同されている状況が長く広汎に見られたことから，本論では，一旦「基幹格」という切り口で大きく整理し直す手順を経なければ，事態は大きく変わらないだろうとの懸念から，以上のような提案をしたものである。

・本章は，加藤 2005 に加筆修正を行ったものである。
1) 格助詞類と副助詞類の承接は，三上 1960 など，代行として融合と見ない考えもあるが，ここでは融合として論じる。
2) ヘはニの用法の一部とほぼ重なるのでここでは考察の対象としない。また，ニをはじめ，デやトなどでも意味用法によって，融合の成立に分布上の違いが見られる。例えば，移動の着点を表す用法のニ格では「太郎は学校{には／は}行かなかった」のように融合も非融合も成立するが，受動文で動作主をマークするニ格では「太郎は母親{には／

*は}叱られなかった」のように融合しない。また，ヲとの融合に関しては文語形として「ヲバ」が，方言形として「バ」が見られること，「モ」の意味がやや異なるが「ヲモ」という形が見られることは考慮すべきである。ここでの観察は第2章ほかでの斜格階層と合致している。
3) 加藤2003では，「随伴物」と呼ぶ。どの時点で生成されるかにより，「原因随伴物」「過程随伴物」「結果随伴物」に分類されているが，この例文の「この煙」は過程随伴物か結果随伴物と考えられる。
4) 対格については，重複制約がかからないのは階層の違いであるという説明も部分的に可能だが，本論では意味機能の違いとして分析している。第6章で言うヲ格Bと対象や場所については，ヲ格Bの存在する階層が異なると説明してもよい。しかし，機能差としてもよく，後者のほうが説明に汎用性が認められる。
5) 東京方言では，「のこと」の付加は義務的ではない。水海道方言や東北方言では，より生産的に用いられていることが佐々木2004, 2006, 2011などで指摘されている。

第9章　日本語形容詞の通言語学的考察

1　はじめに

　日本語の形容詞は伝統的に「用言」，すなわち活用のある語とされてきた。また，言語類型論では，従来，日本語の形容詞は動詞型とされ，名詞型の形容詞を持つ英語などの西洋語と対比されることが多かった。もっとも，Backhouse 2004 に言うように，日本語では屈折を行う形容詞(inflected adjective)と屈折を行わない形容詞(uninflected adjective)に分けられ，Hajek 2004 は，Manage 語(Genetti and Hildebrandt 2004)と同じように，日本語は分裂型という珍しい形容詞カテゴリーを有するとしている。Hajek 2004 は，2つのクラスに分裂してはいるが，第一義的な形容詞は，動詞型だとしている。つまり，学校文法で言う「形容詞」が活用を行う形容詞で，用言(動詞型)であって，活用のない形容詞とは「形容動詞」のことで，名詞型である。本章は，日本語形容詞の位置づけについて，通言語学的視点から再検討を加えることを通じて，狭義の形容詞が従来の理解よりも「動詞性」が低いことを主張する。また，形容詞の意味と構文の関係を考察し，《主観分化》という操作を提案する。

2　動詞型と名詞型のあいだ

　本章では，形容詞と言うとき，「赤い」「遠い」「悲しい」「面白い」など，基本形がイで終わる，いわゆるイ形容詞(第一形容詞)のみを指す。「変だ」「不可能だ」など基本形がダで終わる，いわゆる形容動詞は，必要があれば形容動詞と呼ぶが，第1章で論じたように，本論では品詞体系全体の中に「形容詞」と

同じレベルの品詞カテゴリーとして形容動詞は想定していない。ただ，以下ではわかりやすさなどを考慮して便宜的に形容動詞と呼ぶことはある。

2.1 形容詞の用言性

　用言として形容詞を位置づけることはすでに近世半ばには行われている。18世紀後半の国学者富士谷成章は，用言に相当する「装ひ」の中に事を表すものと状を表すものとを分けた。前者が動詞，後者が形容詞[1]にあたる。同時期の本居宣長も活用の類型を二十七会に整理した『活用言の冊子』において形容詞を廿六会のク活用と廿七会のシク活用に分けつつ含めている。宣長・春庭の流れを汲む八衢派の中では，鈴木朖が『言語四種論』において用言（＝用の詞）を形状の詞と作用の詞に分け，富樫広蔭が『詞玉橋』などで用言（＝詞）を説容体詞と説動用詞に分けており，いずれも形容詞と動詞に相当する。これは，近代になってもおおむね引き継がれる。

　大槻 1891, 1897a は，8 品詞の中に小区分をつくらなかったので，動詞と形容詞を用言のようなカテゴリーとして括ってはいないが，いずれにも活用があること，助動詞の活用に動詞型と形容詞型があること，などを述べており，用言に相当する共通性を想定していたことは窺える。山田 1908, 1922, 1950 では，以下のように品詞区分を行っている。

単語	観念語	自用語	概念語→体言	実質体言	名詞
				形式体言	主観的形式体言	代名詞
					客観的形式体言	数詞
			陳述語→用言	実質用言	形状用言	形容詞
					動作用言	動詞
				形式用言		形式形容詞
						形式動詞
						存在詞
				（用言の語尾）	（複語尾）
		副用語			副詞
	関係語				助詞

　観念語のうち，自用語が体言にあたる概念語と用言にあたる陳述語に分けら

れ，陳述語は実質用言と形式用言に分けられている。我々の言う形容詞は実質用言の下位区分で，実質用言は，動詞と形容詞から構成される。形式用言は，「ごとし」のみからなる形式形容詞，「す」のみからなる形式動詞，存在詞の「あり」からなる。形容動詞を含めていない点を除けば，おおむね学校文法での用言と山田 1908 の言う実質用言とが近いものと理解することができるだろう。これについて，山田は以下のように述べている。

（1） 實質用言とは其の意義に屬性觀念充實して明瞭に存在せるものにして，形式用言とは其の意義甚廣汎にして朧げに或屬性をあらはすと見ゆるもあれど，そは唯極めて形式的なる普遍的觀念にして之に實質を有する語を添へでは完全なる意義を成就し得ざるものなり。實質用言の一部分なる形容詞は或實體につきて其がある固定性の性質狀態にて存することをあらはすものにして，其の屬性觀念は更に發動的ならず，固定的存續的の靜止的性質狀態につきて述べたるものなり。動詞とは時間的發動的の性質狀態をあらはすものにして，其の屬性觀念は時間的制約の下に起れる發作的變遷的性質狀態ならざるべからず。（山田 1908：228-229）

動詞も形容詞も性質状態を表すとした上で，動詞の表す属性観念は時間的制約下に起こる発作的・変遷的なものであるのに対して，形容詞の表す属性観念は発動的でなく，固定的で存続的な，静止的性質状態を表すと言うのである。これは，動詞が時間的で動きのある観念を表すのに対して，形容詞は非時間的で動きのない観念と理解されることが多い。「非時間的」を「超時間的」と言い表すこともあるが，対比のあり方としては大差ないと見ていいだろう。この点は，重要な指摘であり，あとで取り上げる。

松下は次のように述べ，動詞の一種として形容詞を位置づける。

（2） 日本文典の多くは「遠し」「近し」「長し」「短し」「白し」「黒し」「苦し」「樂し」などの樣なものを形容詞と名づけて一つの品詞として居る。しかし此れらは作用を叙述する詞であつて動詞の一種である。其の連詞又は斷句を成す上に於ける文法的性質は他の動詞と大體に於て變わりは無い。其れ故此れらは一品詞に立てる價値が無い。たゞ動詞の小分に於て「行く」「歸る」「云ふ」「有り」等の類を動作動詞とし「遠し」「近し」「白し」「黒し」の類を形容動詞として區別すれば善い譯である。

(松下 1930a：198-199)

　松下文法で，文にあたる「断句」を構成する「詞」，そしてその「詞」を構成する「原辞」という 3 段階が設定されたことはよく知られている。「原辞」は，さらに「完辞」と「不完辞」に分けられる。完辞は，現代の言語学で言う自由形態素(非拘束形態素)(free morpheme)に近く，不完辞は拘束形態素(bound morpheme)に近い，と見ることができる。「完辞」はそのまま「詞」にもなる。松下文法の品詞分類は「詞＝完辞」のカテゴリーの分類となっているため，品詞の一種と見なされない「不完辞」に含まれる助詞(＝静助辞)と助動詞(＝動助辞)は品詞分類から除外される。松下文法の品詞分類は以下の通りである。

詞	単性詞	概念詞	外延詞		名詞	本名詞・形式名詞・代名詞・未定名詞
			内包詞	叙述的(作用)	動詞	動作動詞・形容動詞・形式動詞
				非叙述的(属性)	連体 副体詞	実質副体詞・形式副体詞
					連用 副詞	実質副詞・接頭副詞・接続詞・帰著副詞
		主観詞			感動詞	
	複性詞	(日本語には存在しない)				

　動詞の下位区分には，形式動詞が含まれているが，これは，「研究する」の「する」や「やってみる」の「みる」など，構造上実質的意義を補充すると松下 1930a で考える動詞で，おおむね補助動詞と複合動詞後項に相当する。品詞ではなく用法の区分なのでここでは検討から除外する。「動詞」の下位区分のうち「動作動詞」が通常「動詞」と呼ぶものに相当し，「形容動詞」が我々が通常狭義に「形容詞」と呼ぶものに相当する。松下文法の「形容動詞」に，学校文法などで言う，いわゆる形容動詞は含まれない。両者の違いについて，松下は，以下のように説明する。

　　（3）　作用としての認識に於て吾々は必ず空間の形式を要する。如何なる作用も場所なしに行はれるとは考へられない。必ず或る場所で行はれるとして認識する。然るに時間の形式に至つては必ずしも必要でない。時間の形式に由つて考へた場合には動でも静でも動作であり，時間の形式に由らずに考へた場合は状態(形容)である。例へば「汽車が走る」の「走る」は動作である。時間の中に行はれる作用である。しかし「雪は

白い」の「白い」は時間は要らない。唯雪の性質を考へただけで雪の動作ではない。(松下 1930a：251)

　形容詞が，用言として動詞と 1 つのカテゴリーをつくる点は，これ以後の橋本文法でも，それを基礎とする学校文法でも，時枝文法でも，変わりはない。いわゆる形容動詞を用言の一カテゴリーとして立てている点で橋本文法は他の文法体系と異なるが，形容詞と動詞を同一のカテゴリーに含める点ではどの文法体系も基本的に同じ見方をしている。

2.2　形容詞の用言性の根拠

　しかしながら，なぜ形容詞を動詞と同じカテゴリーにするのかについては，多くの場合あまり説明がない。これは，橋本 1937, 1938, 1959 が「活用を持つもの」として，動詞と形容詞と形容動詞を「用言」に括っていることからわかるように，用言とは活用を持つカテゴリーであって，このことに説明が不要だと考えられているからだろう。活用を持たない名詞類を「体言」とする品詞分類は，富士谷成章も含めて八衢派以来の伝統であり，自明ということだと思われる。本論は，有活用かどうかということに疑義を呈するわけではないが，活用の有無を絶対的な基準とすることには再検討を加える価値があると考える。

　言語学的な観点からは，範列関係上の特性が考えられる。これも，ある意味で自明のことなので，いちいち説明されることはないが，日本語の形容詞は英語の形容詞と異なり，コピュラ辞が不要だという言い方で言及されることはある。英語を含む西欧語の多くでは，コピュラ辞は存在を表す動詞が転用される。それが ser と estar のように意味的な対立を持つスペイン語のような言語もあり，現在単純時制では省略するのを無標とするロシア語のような言語もあるが，英語のように be 動詞は特に意味的な対立を形式上持たず，省略しないのを原則とする言語もあり，コピュラ辞のあり方は一様でない。とはいえ，コピュラ辞が用いられるという点では，それを形容詞に使わない日本語とは対照的と述べてよさそうである[2]。この範列関係上の特性を，本論は 2 つめの根拠としたい。以下では，用言を認定するこの 2 つの根拠に順次検討を加える。

　まず 1 つめは，「活用」である。日本語の動詞が活用を行い，語幹と語尾に分けられることに疑問はない。すでに多くの先行研究に指摘があるように，日

本語の動詞には、母音語幹動詞と子音語幹動詞の大別を見る。日本語は多くの方言がモーラを単位とするモーラ方言であるが、子音語幹動詞では語幹末が子音となって、語幹は閉音節を含み、モーラ単位で分けられない。例えば、「書く(kaku)」では語幹が kak- となり、/kak/ は日本語母語話者には理論的な仮構形態に過ぎない。子音語幹動詞では、語尾の母音部分が変わるが、いわゆる未然形・仮定形・希求形(それぞれ「行かない」の「行か」、「行けば」の「行け」、「行こう」の「行こ」)は後続部なしに存在できない被覆形式である。連用形は単独でも連用中止法などで用いるほか、転成名詞にもなり、自立的な形式である。動詞の場合、連体形は終止形と全く同じであるが、これもまた自立的な形式である。自立的な形式、すなわち露出形に対して、非自立的な被覆形が含まれていることが、子音語幹動詞の重要な特徴だと本論では考える。活用の捉え方にはいろいろな考え方があり、そもそも希求形は「行かむ→行かん→行かう→行こう」のように、未然形が転じたものなので、未然形の一種と見ることもある。また、後接の形式で区分しない立場に立つならば、子音語幹動詞の場合、仮定形は命令形と同じなので、必ずしも被覆形と見る必要はなくなる。しかし、未然形だけは、露出形と見なせないので、「子音語幹動詞は語幹が非モーラ単位であり、活用形に被覆形が含まれる」ということになる。以下、「書く」を子音語幹動詞の例として、例示しておく。なお、連体形は終止形と同じ扱いなので、終止形に連体形を含むものとする。

	語幹	未然形	連用形	終止形	仮定形	命令形	希求形
露出形			kak-i	kak-u		kak-e	
被覆形	kak-	kak-a-			kak-e-		kak-o-

一方、母音語幹動詞は、語幹がモーラ単位で音声的に実在性が担保される。未然形と連用形は語幹と同一であり、連体形と終止形も同一で、これらは露出形である。命令形も露出形と見てよい。「見れば」の「見れ」のような仮定形は被覆形だが、北海道方言など方言によっては仮定形がそのまま命令形になる場合もある。標準語では活用形に被覆形が含まれることになるが、方言によっては被覆形が含まれないこともあるので、「母音語幹動詞は語幹がモーラ単位であり、活用形に被覆形が含まれるのが標準である」と言うべきだろう。以下、

「食べる」で例示する。

	語　幹	未然形	連用形	終止形	仮定形	命令形	希求形
露出形			tabe-	tabe-ru		tabe-ro	
被覆形	tabe-				tabe-re-		tabe-

　子音語幹動詞は，語幹と活用形がすべて異なるが，この母音語幹動詞の場合，語幹と未然形・希求形は tabe- で形態が同一であり，露出形であることを除けば，連用形も同一形態である。tabe が露出形であるとして一括すれば，以下のようにまとめ直せる。

	語　幹	未然形・連用形・希求形	終止形	仮定形	命令形
露出形		tabe-	tabe-ru		tabe-ro
被覆形				tabe-re-	

　さて，本章のテーマである形容詞であるが，学校文法をはじめとする伝統的な活用記述では「高い」「短い」「面白い」は以下のようになる。なお，現代語では命令形はないことになっているので，省略する。

語　幹	未然形	連用形	終止形	連体形	仮定形
たか	く	く	い	い	けれ
みじか	く	く	い	い	けれ
おもしろ	く	く	い	い	けれ

　未然と連用が同一形態で，終止と連体が同一形態であり，それぞれが露出形であること，仮定形が被覆形であること，語幹がモーラ単位であること，などに着目すれば，形容詞は活用のタイプとしては上記の母音語幹動詞のタイプに近い[3]。

　形容詞が母音語幹動詞と同じタイプの活用分布を見せることは，いわば，用言の活用タイプを動詞と形容詞とに分けるのではなく，Ⅰ型（子音語幹動詞タイプ）とⅡ型（母音語幹動詞・形容詞タイプ）に分けるべき可能性を示唆する。ただ本論は，従来の用言を再検証することを主眼としているので，形容動詞と名詞述語（＝名詞＋コピュラ辞）も見ておく。

　述語文のタイプを子細に見ると「出かけたのは友人とだ」「ゆっくりだ」の

	語幹・名詞	未然形	連用形	終止形	連体形	仮定形
形容動詞	静か	で	で・に	だ	な	なら
名詞＋コピュラ辞	学生	で	で	だ	の	なら

ように名詞の代わりに副詞句や副詞が現れることもある。しかし，これは活用の変異を見る上では，コピュラ辞を使っている点で名詞＋コピュラ辞と同じであり，その亜種と見ておけばよい。

　形容動詞の連用形は「静かに話す」のように「に」も現れるが，「静かで，落ち着く」のように「で」も現れる。加藤2003では，前者を修飾，後者を非修飾（並列）と呼んでいる。名詞＋コピュラ辞の場合，「20歳で，大学生だ」のように非修飾（並列）の用法に限られる[4]。実は，名詞＋コピュラ辞が，連体形で「な」でなく「の」を用いること，連用形で修飾用法に用いないことの2点は形容動詞との違いになるものの，それ以外はおおむね同じと見てよい。連体形の「の」や未然・連用形の「で」を助詞とせずに，コピュラ辞「だ」の活用とする見方は，奥津1979にすでに見られる。名詞＋コピュラ辞についても以上のように活用表をつくることは可能であり，「用言のみに活用がある」あるいは「活用があれば用言である」ことを自明の原理とするのは科学的妥当性がない。「活用」の範囲あるいは定義が明確でなければ，その有無で品詞論的な判断をするわけにはいかない。つまり，「形容詞は活用があるから用言だ」という単純な判断は，活用の明確な規定なくしては成立し得ないのである。この点は，第3節で再度論じる。

　もう1つの根拠は，範列関係上の特性であった。
　（4）　太郎は，歌う。
　（5）　太郎は，優しい。
　（6）　太郎は，有能だ。
　（7）　太郎は，大学院生だ。

「歌う」という動詞，「優しい」という形容詞はそのまま述部になれる。「有能だ」という形容動詞も1語でそのまま述部になれる。「大学院生だ」は2語ゆえ，「大学院生」という名詞は単独で述部になれない。「だ」は脱落することがあるものの，それは脱落したのであって，単独で名詞が述部になったわけで

はないと考える。よって，動詞・形容詞・形容動詞は単独で述部を形成できる点で，範列関係をなす。以上が，おおむね伝統的な品詞体系論を前提とした説明になるだろう。

　（８）　　太郎は，歌います。（連用形＋敬体助動詞）
　（９）　　太郎は，優しいです。（連体形＋敬体助動詞）
　（10）　　太郎は，有能です。（敬体）
　（11）　　太郎は，大学院生です。（名詞＋敬体コピュラ辞）

　常体を敬体に変えるには，名詞は「だ」という常体コピュラ辞から「です」という敬体コピュラ辞へ置換すればよいが，動詞は「ます」を，形容詞は「です」をそれぞれ後接させる。つまり，これらは，品詞の外部に付加する要素で文体的対立を形成している。これに対して，形容動詞は活用語尾の「だ」を「です」に置き換えることで敬体になるが，形容動詞だけ「有能だ」と常体の形式と「有能です」という敬体の形式の２つを持っており，1品詞の内部に文体的対立を包摂していると説明されることが多い。少なくとも，学校文法は今でもおおむねこの枠組みを踏襲している。形容動詞というカテゴリーは，記述や説明の経済性に大きく背馳するほか，特定の品詞だけ，文体的対立を持つという一貫性のない規定になっている。ただ，敬体の体系が近世後半から近代にかけて比較的短い時期に完成したという通時的事実を踏まえると，敬体あるいは文体的対立の記述だけを根拠に形容動詞というカテゴリーをすぐに廃止すべきだということにはならない。本論の特に論ずるべきは形容詞なので，形容詞の分析に話を戻さなければならないが，形容詞と比較するために動詞について簡単に確認しておこう。

　動詞は連用形に「ます」を後接させるが，このときの連用形は自立性を欠き，被覆的連用形である。

　（12）　　*歌いはます。
　（13）　　歌いはします。
　（14）　　歌いはする。
　（15）　　歌わない。
　（16）　　*歌わはない。
　（17）　　歌いはしない。

「歌います」の「歌い」と「ます」のあいだに「は・も・すら・さえ・だけ」などの副助詞を挟むことはできない。これは，母音語幹動詞でも子音語幹動詞でも全く同じである。母音語幹動詞は，語幹が未然形・連用形と同一であり，そのままモーラ単位となり，子音語幹動詞は語幹が非モーラ単位で被覆形の未然形と異なる形の連用形を用いる。副助詞がそのまま割り込めないのは「歌わない」など未然形＋否定辞「ない」の場合でも同じであり，これも事情は母音語幹動詞と子音語幹動詞で共通している。

　「歌い」を「歌う」という動詞の連用形として現在の活用論ではそれ以上区別しないのが普通であるが，大槻 1897a などでは，「行きます」など助動詞や動詞に後続する形(本論で暫定的に連用形 I とする)と「行き，」と連用中止法に用いる形(連用形 II)，「行きは新幹線」など転成名詞に用いる形(連用形 III)を区別している。連用形 I は被覆形であるが，連用形 II と連用形 III は露出形であり，見かけ上は同じものであっても，統語形態論上の性質が異なることは考えておく必要がある。李 2008 では「開け閉め」「上り下り」など日本語では名詞にしか用いない複合形が韓国語では動詞としても用いられるという違いを指摘しているが，「開け始める」の「開け」は連用形 I であるのに対して，「開け閉め」の「開け」は連用形 III である(前者は被覆形で，後者は露出形)と考えると説明しやすい。第 5 章では，連用形 I を被覆連用形，連用形 II と連用形 III を露出連用形として区別することを提案した。被覆連用形と露出連用形は形式上全く同じである。母音語幹動詞の場合は，連用形が語幹と同じ形をしているので，語幹と連用形・未然形を一括して被覆と露出の対立を設定することも可能であるが，この点は本論では議論しない。

　さて，形容詞は先ほど確認したように，敬体にするには「です」を後接させるだけである。現代の形容詞は終止形と連体形の形式上の対立を持たないので，「優しいです」の「優しい」がいずれであるかは，現代語では決しにくい。「です」が名詞的なものに後接することから，名詞的特性を持つと見ることはできるが，古典語の場合と異なり，現代語では形容詞の連体形が名詞的だとは必ずしも言えない。

　　(18)　　やさしきを　　［文語］
　　(19)　　*やさしいを　　［口語］

古典語であれば実際に名詞を修飾する連体形（暫定的に連体形Ⅰとする）と(18)のように名詞相当表現に用いる連体形（連体形Ⅱ）の両方があったが，現代語に連体形Ⅱの用法は引き継がれず，「の」を用いて名詞化する方法が代替的に用いられている。「です」は「にてさぶらふ」の縮約によると一般に考えられるので，格助詞「に」の統語的性質により名詞もしくは名詞相当表現に上接すると考えられる。「やさしきにてさぶらふ」がそのまま現代語に引き継がれたとすれば「やさしいです」が得られるので，「やさしいです」の「やさしい」を連体形と見なす根拠があることになる。問題は，あまりにも形態が変わっていることである。ただ，活用形がいずれであるにせよ，「やさしいです」は形容詞に形態コピュラ辞がついていると見ざるを得ないことは確かである。もっとも，「です」はこのとき，陳述への関わりが希薄でコピュラ的性質を認めにくい。機能的には，文体的な有標性（敬体性に相当する）を示すだけと言ってもよいだろう。

　「大学院生です」も，名詞に敬体コピュラ辞がついていると見ることができるので，その点は形容詞の場合と変わらない。名詞のあとの「です」は，文体的な有標性だけでなく，コピュラ性も喪失しておらず，「です」によって陳述性を明示している点が異なるだけである。名詞は単独で，明示的陳述性を持たないので，コピュラ辞（常体であれば「だ」，敬体であれば「です」）によって陳述性を与えられて，述部になる。「僕は大学院生」のように名詞単独で述部になるのはコピュラ辞の脱落であるが，これは構文的に陳述性を与えられていることになる。このことを以下のようにまとめておこう。

(20)　形容詞述語の敬体は，形容詞＋デスとなり，デスは文体的有標性を表示するのみである。名詞述部の敬体は，名詞＋ダを名詞＋デスに変えてつくり，デスはダと同じ陳述性を持つとともに，文体的有標性も表す。

　重要なのは，形容詞につく「です」はコピュラ性という本来の性質は用いられず，文体的マーカーとしてのみ用いられている点である。

　さて，形容詞の場合も，副助詞がそのまま割り込めない点は動詞と同じである。

(21)　＊やさしいはです。

(22)　やさしくはあります。

(23)　*大学院生はです。
(24)　　大学院生ではあります。

「は」の代わりに「も・こそ・さえ」でも事情は同じである[5]。副助詞を割り込ませると「です」が「副助詞＋あります」の形式になる点は名詞でも変わりがない。しかし，形容詞は「やさしい」という連体形ではなく，「やさしく」という連用形になっている。「やさしく」など語幹＋クの形式を持つ連用形は露出形だと言える。語幹＋クは未然形の場合でも同じであるが，これもそのまま副助詞の割り込みを許し，弱境界が存在している。

(25)　　やさしくない。
(26)　　やさしくもない。
(27)　　大学院生でない。
(28)　　大学院生ではない。

名詞述部の場合は，コピュラ辞の「だ」を「で」に変えることになるが，事情は同じである。形容詞の未然形と連用形は「やさしく」のように同一の形をしているが，これらは動詞のように被覆と露出の違いがなく，等しくすべて露出形である。形式的対立も機能的対立もないのであれば，区分しないほうが記述の経済性は高い。

動詞の場合は，未然形はすべて被覆形であり，連用形には露出と被覆の対立があった。終止形と連体形は形式上同一で露出形ゆえ，統合することが可能である(以下では，加藤2006bに従い，終止形・連体形を「基本形」としている)。また，命令形も露出形だが，単独で発話行為性を持つ点で区別される。仮定形は本質的に被覆形と見るべきだが，母音語幹動詞と子音語幹動詞での違いが見られる。

形容詞は，未然形も連用形も同一形態で被覆と露出の対立もないので統合することが可能である(以下では，暫定的に「修飾形」と呼ぶ)。終止形と連体形の事情は動詞と同じと見てよい。命令形は活用形態として伝統文法では認めないが「する・なる」を軽動詞として用いれば「やさしくしろ・やさしくなれ」という命令表現はつくれる(加藤2003)。問題は，仮定形であるが，「やさしければ」のように，ケレという形態が現れる。これは，通時的には「ク＋アレ」の縮合に母音交替が生じたと見ることができるが，「あり・ある」という動詞が関与

している点が重要である。仮定形・命令形・希求形は，違う形で再度検討することにして，ここでは，残りの4つの活用形の捉え方を伝統文法と本論の違いが明確になるように，整理しておく。

(29)　動詞の捉え方の違い

伝統文法	未然形	連用形		終止形	連体形
本　論	未然形	被覆連用形	露出連用形	基本形	
被覆性		被覆的		露出的	

(30)　形容詞の捉え方の違い

伝統文法	未然形	連用形	終止形	連体形
本　論		修飾形	基本形	
被覆性		露出的		

　名詞述部の場合もコピュラ辞の分布は形容詞に近い。大きな違いは，終止形と連体形が形態的に対立するため統合できないことであるが，未然形と連用形は同じように扱える。

　以上，見てきたことから言えることは，議論なしに「形容詞と動詞は1つの品詞カテゴリーを形成する」とは結論できないということである。この場合の品詞カテゴリーは「用言」と呼ばれているが，「形容詞が動詞と同じく用言に属する」という見解が成立しないわけではないにしても，それには活用をどう捉えるかなどいくつか事前に確定させておくべきことがある。つまり，形容詞が用言であることは自明だとは言えないのである。

　といっても，形容詞が全く動詞と共通する特性を持たないわけではない。ただ，用言の典型を動詞として，その典型から逸脱する周辺的なカテゴリー，不完全な動詞のような位置づけを形容詞に与える伝統が，日本語の品詞分類の中で生じたことは重く見るべきだと考える。そして，ここまで見てきた限り，形容詞は名詞述部によく似た特質を持っている。本論は，少なくとも，形容詞は，これまで考えられてきた以上に名詞述部に近い，と考えるものであるが，もちろん，動詞と形容詞に共通性がなく，用言という品詞概念に全く実体性がないと考えるわけではない。あとで見るように，形容詞を名詞と動詞の中間に位置

づける考え方は一般的であることから，どのように形容詞を位置づけるかを，軽動詞「ある」との関連から次で考察したい。

3　軽動詞アルの関与

　前節の活用形に意図的に取り上げていない形式がある。テンス辞と本論で呼ぶ過去の助動詞「た」に続く連用形である。
　　(31)　　走った／飛んだ／貸した／見た／食べた
　　(32)　　走って／飛んで／貸して／見て／食べて
　動詞がテンス辞に続く形態は，接続助詞「て」に続く形態と全く同じである。そして，これらの活用形は連用形とされている。母音語幹動詞は，語幹が未然形と連用形を兼ねるので，子音語幹動詞のうち，語幹末子音が /s/ である動詞は，kas-i-ta のように連用形であることが確認できる。「走っ」は「走り」という連用形の促音便であり，「飛ん」は「飛び」という連用形の撥音便であることが通時的に推定可能である。よって，これらの活用形を決めるときに連用形が選ばれるのはごく当然の判断である。

　しかし，古典語と異なり，音便が任意に生じるわけではなく，非音便形が現代語では見られない。つまり，現代語では「走りた」「飛びた」という形態は存在しない。このため，伝統文法では「走る」の連用形に「走り」のほかに「走っ」も含めていることが多い。伝統文法は，音節単位で語幹・語尾を決めるので「走る」の語幹は「はし」であり，活用語尾の連用形に「り」と「っ」を認めることになる。後者は，特殊拍音素であり，音声的には実体性がないので，記述として違和感があるものの，不整合はない。子音語幹動詞を認める形態論では，「走る」の語幹は /hasir/ である。この場合，「走った」などでは語幹末子音 /r/ が保持されないことになり，「変化せざる部分」という語幹の定義に不整合が生じるほか，hasir-i-ta → hasi-Q-ta を派生する手順の記述が必要になるので，効率的でない[6]。

　では，形容詞の場合はどうであろうか。
　　(33)　　優しかった／優しくて
　　(34)　　大きかった／大きくて

第9章 日本語形容詞の通言語学的考察

　形容詞の場合，語幹に「かった」をつければ，夕形になるので，「かっ」が活用語尾として，「く」以外に連用形に追加されることになる。動詞のように，記述が煩瑣になったり，活用タイプを2種類に分ける必要はないので，一見単純である。

　通時的に見ると，「やさしかった」は「やさしかりたり」から語末の「り」が落ちる形で現在の「た」になり，「り」が促音化する音便を生じたものである。これは，すでに定説であり，手順の適用順序などの違いはあっても，基本的な説明に大差はなく，検討しなければならないような問題も見あたらない。しかし，本論では，「やさしかりたり」が「やさしく・あり・たり」の縮合であって，「あり」という動詞(現代語では「ある」なので，以下，アルと表記する)が含まれていることに着目したい。古典語の形容詞であれば，いわゆるカリ活用と言われる系列が平行して存在しているが，現代語では明確に2系列に分離しにくく，両者が混淆する形になっている。

　(35)　　やさし-かろ-う
　(36)　　やさし-かっ-た
　(37)　　やさし-けれ-ば

「かろ」を未然形，「かっ」を連用形，「けれ」を仮定形とすると，これらは本来的にアルを含み，その形態音韻的変化によって，これらの活用形を持つに至っている。通時的変化を大まかに見ると以下のようになる。

　(38)　　やさし-く-あら-む→やさし-く-あろ-う→やさし-かろ-う
　(39)　　やさし-く-あり-たり→やさし-く-あっ-た→やさし-かっ-た
　(40)　　やさし-く-あれ-ば→やさし-かれ-ば→やさし-けれ-ば[7]

　いずれも「やさし-く」にアルが続く形で，「く」とアルが含まれている。古典語のカリ活用も「く＋あり」の縮合と活用によるので，その点は継承されていると言えるだろう。肥筑方言を中心とした九州方言などで「やさしか」と語末に「か」が現れるのは「やさしかり」の「り」が脱落したものと見られているから，形容詞語尾における「く」とアルの親和性は全体的に強いと考えることができる。以上の活用も含めて(41)のように整理しておく。

　アルが含まれる場合は，必ずクが含まれ，クを含まないのは，本論で基本形と呼ぶ終止形・連体形のみである。加藤2003に言うように，アルの位置にス

279

(41)　形容詞活用形とク・アル

伝統文法	形　式	クを含む	アルを含む
未然形	やさし-く	○	
	やさし-かろ	○	○
連用形	やさし-く	○	
	やさし-かっ	○	○
終止形	やさし-い		
連体形	やさし-い		
仮定形	やさし-けれ	○	○

ルとナルが現れることもあるが，この場合も，クは必ず含まれる。ただし，アルのように音韻的変化を生じない。アルは「ある」という存在の意の自動詞に由来するが，アルが後接しても形容詞は形容詞としての特性を変えない。これは，「ある」が非時間的解釈を無標とする点，状態性を意味に含んでいる点で本来的に形容詞に近いからである。一方，軽動詞スルとナルを後接させると全体が動詞になるが，「する」「なる」は時間的表現であり，非状態性あるいは事象性・動作性を意味に含むからだと考えられる。アルがクと音声的に融合するのには，音声的特性ももちろん関わっているが，意味的には中立的で，機能的には無色とも言えることから，一体性が強く，融合する方向に作用したのであろう。

　以上を踏まえて，本論は，形容詞の活用は，以下のように整理したい。

(42)　活用Ⅰ（基本形）
　　「やさしい。」「やさしい人」など従来の終止形と連体形はまとめて基本形とする。これは，語尾に「い」を含むが，クもアルも含まない。

(43)　活用Ⅱ（修飾形）
　　「やさしく」など後続に被修飾要素，並列要素，あるいは「ない」「て」が現れる形。語尾に「く」が現れる。従来の未然形と連用形の一部を統合したもの。

(44)　活用Ⅲ（アル形）
　　語尾に「く」と軽動詞「ある」が含まれ，両者が形態的に融合している。形式上，未然形「かろ」，連用形「かっ」，仮定形「けれ」に下位分類で

きる。
(45)　活用IV（スル・ナル形）
語尾に「く」を用い，それに軽動詞「する」「なる」を後接させた形。全体が動詞の統語特性を持つ。「なる」を後接させると非意志的な変化を表す自動詞をつくる。「する」を後接させると，意志的動作を表す自動詞，もしくは，（意志的）他動詞をつくる。全体として動詞の特性を持ち，命令形にすることができ，アスペクト辞を後接することも可能である。

図式にすると，以下のようになる。
(46)　形容詞活用の形態階層

活用I 基本形	→	活用II 修飾形	→	活用III アル形	→	活用IV スル・ナル形
形容詞						動詞

　厳密な意味での「形容詞の活用」は活用IIIまでである。活用IVは，第5章で言う弱境界(weak boundary)を含み，品詞カテゴリーが変わる（従って，格シフトも変わりうる）ので，加藤2003同様に，厳密な意味での「形容詞の活用」に含めることはできないが，以上のような派生段階を考えればその段階の1つと見ることができるだろう。重要なのは，アルがつくところまで，形容詞の活用とする点である。活用IIIまでが，本来的な形容詞の変化の範囲に含まれる以上，形容詞については，以下の基底形を考えておけばよいであろう。
(47)　形容詞の基底形
　　　語幹＋ク|アル‖　（|は弱境界を，‖は強境界を表す）
　このとき，語幹とクのあいだに他の要素が入ることはできないが，クとアルのあいだには他の要素の介在が許される。クとアルのあいだで形態的な融合が生じれば，もちろん介在は許されないが，そうでなければ，弱境界が生じうる。ただし，これは活用IIIと活用IVのあいだに常に弱境界が存在するのとは異なり，活用IIと活用IIIのあいだではときに融合するほどに熟合度が高いと見ることができる。

(48)　優しかった。（活用IIIまで，IIとIIIの熟合）
(49)　優しくあった。（活用IIIまで，IIとIIIは熟合せず）

(50)　優しくはあった。(活用IIIまで，弱境界の直後に副助詞)

　この3つを見ると，(49)は不自然である。これは，熟合可能な場合は，熟合するのが無標であって，(49)のように熟合可能なのに熟合せず分離しておくのは有標だからである。有標であることは，それが有機能的[8]ならば問題ないが，(48)と(49)は知的意味が同じであり，有標で用いる根拠がないために不自然になると考えられる。文体的に有標性が受容されることがありうるなら，(49)は成立するのであろう。(50)は副助詞が介在することで，弱境界が顕在化し，熟合はブロックされている。

　ここでは(46)における活用形IIIを中核にして，そこから基本形や修飾形が得られると考えてみる。つまり，以下のように基底にそのまま「やさし-く|ある」を置き，特にこれに操作が加えられなければ，基本形になると考えるのである。

(51)　【基底形】やさし-く|ある
　①　連用修飾を行う→「やさし-く」(修飾形)
　②　弱境界に副助詞を置く→「やさし-く|ある」(基底形)
　③　他の文法要素が後接する→「やさし-く|ある」(基底形)
　④　以上のいずれでもない→「やさし-い」(基本形)

　基底形でも③の場合は「く|あ」は融合して「か」(仮定表現では「け」)になる。また，①ではほかに構造上修飾する述部が存在し，②はアルが軽動詞として選択される。これらの操作を一切行わない場合，最も単純な基本形が得られる。一見すると，「やさし-く|ある」から「やさし-い」に戻すというのは，より複雑な形から単純な形に転じる手順であり，形態論的に単純な形を無標とする言語学の一般的なやり方には合致していないように見えるが，「やさしかろう」「やさしかった」「やさしければ」「やさしかったら」など活用の変異の幅や頻度から(51)のように基底形を立てるのも1つの考え方ではあろう。本論は，「やさしい」と「やさしくある」のいずれかを基底とするのが記述の手順として妥当なのかを議論したいわけではない。上のように見ることができるということは，ひるがえって，日本語の形容詞には動詞の特性が欠けており，それを軽動詞のアルで補う方法が深く組み込まれているということを重視したいのである。しかし，「やさしかった」について日本語母語話者はふつうアルの介在

を全く意識していない。

　なお，軽動詞アルの後ろに副助詞を置く場合は，動詞性の構造を保持するためにさらに軽動詞スルも利用することがある。

　（52）　優しくさえあれば　→　優しくありさえすれば

　（52）のサエは形容詞修飾形のあと(本来の弱境界)に現れてもよいが，軽動詞連用形のあとに現れることもできる。この場合，「やさしい」という形容詞の根底に「く＋ある」が隠れているように，動詞の根底には「する」が隠れていると考えることもできる。このことは，動詞に副助詞を介在させようとすれば軽動詞スルが現れることからも確認できる。

　（53）　行く＋さえ　→　行き＋さえ＋する
　（54）　食べる＋も　→　食べ＋も＋する
　（55）　話す＋は　→　話し＋は＋する

　この種の軽動詞アルとスルの対立は，一見すると，動作性と状態性といった意味素性で決まるようにも見えるが，実際は，動詞はスル，形容詞はアル，のように機械的に決まっている。このため，いわゆる状態動詞でも，可能動詞でも，受動形やテイル形やテアル形でもスルが現れる。

　（56）　部屋にいる　→　部屋にいもしない
　（57）　英語が書ける　→　英語が書けはする
　（58）　演奏できる　→　演奏できさえする
　（59）　壊される　→　壊されはしない
　（60）　待っている　→　待っていもしない
　（61）　用意してある　→　用意してありすらする

　一方，形容動詞と名詞述部の場合も現れるのは，アルである。

　（62）　静かだ　→　静かでもある
　（63）　会社員だ　→　会社員ではある

　ここでは，形容動詞を名詞述部の亜種と扱って議論を効率化しておくことにしよう。(47)と同じように名詞述部の基底形を考えると，以下のようになる。

　（64）　名詞述部の基底形
　　　　名詞＋デ｜アル‖　（｜は弱境界を，‖は強境界を表す）

　名詞述部も軽動詞アルを用いる点では，形容詞と同じであり，デが連用形を

つくる形式で，名詞＋デを修飾形と見なせる点も重要な共通点である。ただ，形容詞は最も単純な叙述となる場合，基本形が使えるならば基本形のみを用い，基底形をそのまま実現させることはない（不適格となる）が，名詞述部の場合は，基本形でも基底形そのままでも，いずれでもよい。すなわち，基底形を「赤くある」と想定してもこのままでは実現されず「赤い」としなければならないが，名詞述部の場合，基底形「快晴である」「完璧である」はこのままでも実現可能であり，基本形「快晴だ」「完璧だ」でもよい。基本形のほうが無標であり，「である」の形は近代以降翻訳文体などを通じて普及したという背景事情はあるものの，現在の日本語を見る限り，いずれも成立している[9]。興味深いのは，名詞はそれだけで自立的な形態であることは疑いなく，「太郎が」のように名詞の後ろには助詞を置くこともできる。しかし，述部として用いた場合には，デの前に境界は想定されず，デのあとに弱境界を認めるだけ，という点である。これは，形容詞の場合と全く同じである。例えば，「会社員だ」「会社員である」は，「会社員-で=も=ある」とは言えるものの，「会社員-が-で=ある」とはできない。もちろん，「会社員がではありますが」のように言うことはあるが，それは「会社員が」に「だ」がついたのであって，「会社員だ」に「が」が割り込んだわけではない。つまり，名詞を核にしていても述部になる以上は，「会社員で」という修飾形（伝統文法では連用形）にした上で「ある」をつけるのであり，デとアルのあいだに弱境界を認めるわけで，これは形容詞の場合と同じように捉えることができる。

　以上，観察し，整理してきたことから，本論では，形容詞は従来考えられてきた以上に，名詞（厳密には名詞述部）に近い性質を持っていると考える。この見方は，用言というカテゴリーをアプリオリに設定して，そこに動詞と形容詞を無検証に放り込むという乱暴な品詞体系論の再検証を迫ることにもなる。次節では，構文の格シフトとの関係で形容詞の意味を検討しておきたい。

4　形容詞のモダリティと構文

　日本語の形容詞を区分するときに，属性形容詞（評価形容詞）と感情形容詞に分けることは一般的に行われている。後者は，「かゆい」「痛い」「眠い」など

の感覚形容詞も含むが，これらを下位区分として分けることもある(本章では，感情形容詞に感覚形容詞も含めて用いる)。感情形容詞では，動詞化の接尾辞「がる」をつけたガル形が一般に可能で，属性形容詞ではガル形が一般にないなど，わかりやすい相違点もある一方で，両方の特性を持つ「暑い」「寒い」なども見られ，単純な理解は容易でないとも言える。

(65) 富士山が高い。
(66) *私は富士山が高い。
(67) 息子の合格がうれしい。
(68) 私はうれしい。
(69) 私は息子の合格がうれしい。

属性形容詞「高い」では，認識者である「私」を共起させることはできない。上の例文では自然さを考えて主題化してあるが，格表示をする場合には非斜格(主格)を用いる。「富士山」は高さという属性の所有者であるが，「富士山が高い」という属性叙述や状態の記述と「私」の関係は明確でなく，(66)は成立しない[10]。一方，「うれしい」という感情形容詞は，「息子の合格」という属性の所有者があり，それについて感情の経験主としての「私」が外項として標示できる。「私」は(69)では主題化されているが，本来は主格であり，「私が息子の合格がうれしいこと」のように，連体修飾節などに環境を整えれば主格標示も可能である。

ここでは，この種の二重主格の形容詞文について検討する。二重主格を許容する形容詞としては，以下のようなものがある。

(70) 私は彼との別れが悲しい。
(71) 私は背中が寒い。
(72) 私は口内炎が痛い。

これらはいずれも「私」を感覚や感情の経験主として，「別れ」「背中」「口内炎」などは原因・生起場所などが属性の所有者として，全体が二重主格構文をなしている。第8章は，経験主にあたるものを《感受主体》，原因や生起場所，属性主体，評価対象などを《非感受主体》として，前者が外項，後者が内項にあたり，階層的な主述構造をなすとする捉え方になっている。これらは，「悲しい」「寒い」「痛い」などが，個々の認識者(＝感受主体)を想定するもの

であり，主観的判断や認識の表示が妥当なものだと言える。換言すれば，主観の叙述であることが明確であれば成立しやすいのであって，主観による差がない叙述であれば成立しにくい。

(73)　*私は南極が寒い。（←私が南極が寒いこと）

(74)　*私はジャカルタが暑い。（←私がジャカルタが暑いこと）

(75)　*私は満月が丸い。（←私が満月が丸いこと）

　これらは，「私には」とすれば成立しうる[11]ため，「私が南極が寒い（こと）」のようにすれば受容度が低いことが確認できる。「南極が寒い」という状態叙述については，ほとんどの人の判断が一致し，判断が多様化することは考えにくい。

　多くの場合，事物の属性や状態は，個々の主観的判断が一致するものと考えられており，感情や感覚は個々の主観的判断や認識が異なるのが当然だと考えられている。主観的判断に異なりが生じるのは，判断の基準が主観者によって異なるからであり，判断が許容される範囲が個々に異なるからである。

(76)　私は腰が痛い。

　この場合，「腰」は「私の腰」であるから，感受主体以外は感覚・認識について直接のアクセス権を持たない。一方，南極やジャカルタや満月など，一定の条件を満たした人には誰でもアクセスが可能な，開放されているものには特定の主観が成立しにくい。ただし，命題については誰でも推論や成立可能性を提示することは可能で，以下はすべて成立する。

(77)　南極は寒いだろう。

(78)　ジャカルタは暑いかもしれない。

(79)　満月は丸いはずだ。

　文末に現れるモダリティ形式はいずれも話者の判断を表すもので，属性や状態の基準を表すものとは異なる。つまり，(77)では特定の感受主体にとって「南極は寒い」というのではなく，一般論として，感受主体を限定せずに「南極は寒い」という話者の推定を表示するために「だろう」を付したと考えられるのである。この種の表現で，感受主体を特定化して，個別の主観として示すには，基準となる感受主体を与格で標示して以下のようにしなければならない。ただし，与格は焦点化（対比化・限定化）して「には」とするのが適切で，より

個別の主観者・特定の視点者であることを明示できるように「にとって(は)」とするのが自然である。

(80) 寒冷地調査に慣れていない太郎には南極は寒いだろう。
(81) 札幌支社から赴任する花子にとってジャカルタは暑いかもしれない。

これらでは,「寒い」「暑い」の感受主体はそれぞれ「太郎」「花子」であり,「南極」「ジャカルタ」の属性を叙述する命題について「だろう」「かもしれない」というモダリティ形式がついている。モダリティ形式は発話者の判断を示していると考えられるが,ここで感受主体と呼んでいるものは必ずしも判断の主体ではなく,その属性や状態を提示する視点を持つ人や判断基準となる人物である。(80)(81)では,2種類の「認識や判断(らしきもの)」が混在していると言える。いわゆるモダリティ助動詞のたぐい(上で「モダリティ形式」と呼んだ「だろう」「かもしれない」など)が命題全体の判断に関わるモダリティであるのに対し,視点者(以下,判断基準となる人物や上で感受主体と呼ぶものを含む)からの属性の同定はいわば「形容詞のモダリティ」にあたるものである。

形容詞のモダリティと言っても,すべてが視点者の認識・判断とは限らない。まず,本節で見ている感情・感覚形容詞の場合,主格標示の視点者は当該の状態を直接認知し,感受していることが多い。なお,視点者は外項にあたり,主題化されるのが普通であるが,以下では形容詞文について基幹格としての二重主格構文について検討するので,主格(非斜格)を用いる。

(82) 太郎{が／*に／??にとって}肩が痛い[12]。
(83) 私{が／*に／??にとって}指先が冷たい。
(84) 花子{が／*に／??にとって}猫が嫌いだ。

直接的な知覚・感受者としての視点者は主格では標示できるが,与格(第一斜格)や第三斜格の「にとって」に降格できない。この種の知覚は,視点者だけに限定されて生じるもので,他の知覚はあり得ない。いわば主観的な知覚の絶対化が生じているのであって,視点者ごとに異なるといった主観分化はできないわけである[13]。

一方で,知覚が特定の視点者に限定されておらず,視点者ごとに異なる可能性があれば主観分化は可能になる。

(85)　僕{が／に／にとって}この部屋が暑い。
(86)　僕{は／には／にとっては}この部屋が暑い。

　この例文(85)はこのままでは自然と言えないが，それぞれ主題化を行い，(86)のようにすれば受容度は上がる。これらはいずれも成立すると考えてよいだろう。この場合，「この部屋が暑い」ということは，「僕」だけが知覚できるわけではなく，「この部屋」に入れば誰でも知覚可能であり，「僕」以外の視点者にとっては「暑い」とは思わない可能性もある。主観的な知覚は相対化可能であり，主観分化が許される。
　また，なかには視点者が知覚したり認識したりする必要のない場合もある。

(87)　僕{？が／に／にとって}この計算が難しい。
(88)　僕{？は／には／にとっては}この計算{が／は}難しい。
(89)　太郎{*が／*は／に(は)／にとって(は)}この計算が難しい。

　主題化を施さない(87)では「僕」の主格標示は受容度が低く，主題化した(88)でも「僕はこの計算が難しい」は「君は最初の計算が難しかったのか。へえ，僕は最初の問題はすぐ解けたよ。でも，僕はこの計算が難しかったな」のように，文脈をあつらえれば成立しないわけではないが，この「僕は」は「僕には」の与格が形態上ゼロ化したものとも考えられる。(87)(88)では，「僕」が「この計算が難しい」という評価を下していると考えられるが，(89)であれば「難しい」という判断や評価は必ずしも太郎である必要はなく，太郎の教師や親が，太郎の能力から「この計算」を解くことを考えた場合，「難しい」と判断することはありうる。このときは，「太郎」は評価の判断を行う上での基準ではあるが，感受主体や判断の主体ではなく，主格標示は不適格であり，主題化しても適切にはならない。しかし，(89)は「太郎はこの計算が難しいんだって。解き方を教えてあげてよ」のようにすれば成立する余地があり，これは「太郎がこの計算が難しい」という「太郎」自身の判断でなければならない。以上は，非斜格で視点者を標示するときは，それが《感受主体》あるいは認識や判断の主体でなければならないことを意味している。与格や「にとって」は，判断の基準を指しているが，感受主体であることと判断基準であることは両立しうるので，自分を判断の基準とすることがあってもよい。特に「にとって」は，自分を基準として判断を下すことを標示するのが普通である。感受主体で

あるには有情物でなければならないが，感受主体でない判断基準は非情の事物でもよい。

(90) 私の部屋{に／*にとって}このソファが大きい(ことは一目瞭然だ)
→私の部屋にはこのソファは大きい。
(91) 花子にはこの服は大きい。
(92) 花子にとってこの服は大きい。
(93) このテーブルは麻雀卓{には／*にとって(は)}丸い。

(91)は，「この服」を「花子が着る」ことを基準として「大きい」と判断しているが，それは花子自身の判断でも，花子以外の判断でもよい。これに対して(92)では花子が「この服は大きい」と判断していることが意味論的に含意されている。(93)の「麻雀卓」は有情物でなく，擬人化もないので，判断主体・感受主体にはなれない。判断基準・評価基準と解釈される。これらは，「大きすぎる」「丸すぎる」などとするほうが意味が一貫するが，議論が複雑になるのでここでは扱わない。また，基準の解釈の場合には，花子が「着る」には大きい，麻雀卓に「使う」には丸い，というように，世界知識を使って語用論的に補うことが必要になることが多いようだ。

以上から，形容詞のモダリティの議論として，《視点者》と呼んだものには，①状態や属性の知覚者・感受主体，と，②状態や属性の判断を行う場合に基準となるもの，評価基準，と大きく2つに分けられ，これらは必ずしも排他的関係にはないことがわかった。また，格標示の機能差は，以下のようにまとめておけるだろう。

(94) 形容詞述語に対する外項の非斜格(主格)には，感受主体としての視点者が置かれる。非感受主体が属性を有する主体として内項に相当する。
(95) 形容詞述語に対して非斜格の位置に現れる与格は，属性や状態の判断・評価に関する基準と見なされるものが置かれる。この場合は基準は語用論的な補釈が必要になることがあり，基準に基づいた相対評価になる。
(96) 評価基準と評価主体は排他的関係にはなく，視点者を標示する与格は，評価基準でありながら，評価主体(感受主体)を兼ねてもよい。「にとって」は，両者を兼ねた用法で用いられる。

一般に,「固い」「丸い」「遠い」などの属性・評価の形容詞は客観的で,「楽しい」「悲しい」などの感情・感覚形容詞は主観的だとされてきた。後者は,二重主格構文で外項に感受主体を置くことができるが,前者はそれはできない。感受主体が絶対化される(他の感受主体の存在を想定しない)場合には,感受主体によって状態・属性に関する判断が異なりうることを表す《主観分化》は許容されないが,特定の感受主体が占有している状況ではなく開放されていれば,《主観分化》によって評価の相対性や限定性を表すことができる。
　この《主観分化》は,形容詞のほかに,いわゆる形容動詞を含む,名詞述語でも一定の条件下では可能である。
　　(97)　この本は私には難解だ。
　　(98)　みんなに努力が足りないと言われているが,私には花子は努力家だ。
　　(99)　私には花子は大学生だ。
　　(100)　これは私にはビールです。
「難解だ」という評価は,誰が評価するかで変わりうる相対性や変異が認められるので,(97)のような《主観分化》は自然である。「難解」の代わりに「退屈」などの形容動詞でも相対性があるので問題はないが,「安価」「高価」は社会通念で一定の共通性があり,それほど相対性が認められない。ただし,経済力の違いが評価主体にあれば,相対性を認める解釈も可能であり,不適切とは言えないが,受容度に語用論的要因が強く関与すると言えるだろう。(98)のような名詞述語の場合は,「努力家」のように意味的に段階性があり,変異が想定される場合は成立するが,(99)の「大学生」のように非段階的な場合には適切でない。つまり,私に対して花子が「大学生だ」ということが成立して,別の人物に対しては「会社員」だということは考えにくいからである。もちろん,「恩人」のようなあまり段階性が明確でない名詞でも「彼女は私には恩人だ」と成立することがあるが,これは「恩人」が西山 2003 に言う非飽和名詞であることを考えなければならない。(100)は,あるビール会社の発泡酒に関する広告コピーであるが,通例,「ビールだ」ということが人によって異なる判断となることは考えられない。この例文は,「これは,(実際にはビールではないが)私にとってはビールに相当するものである」と解釈して成立することになるが,推意として「実際は X そのものではないが,X に相当すると見な

される」という解釈が生じている。これは，「私はこれがビールだ」と言うこともでき，二重主格構文でも表せる(関連する問題について西山 2003 など)。

5　まとめと検討すべき問題

　本章では，日本語の形容詞が，従来動詞型とされ，用言に分類されてはいるものの，名詞述語(形容動詞も含む)に近い特性を持っていることと，二重主格構文の外項には《感受主体》としての視点者が置かれること，評価に相対性があり，特定の視点者に占有されない判断であれば《主観分化》が可能であること，などを述べた。

　形容詞には活用があることを認めるにしても，それは動詞の活用と同質のものではないと本論では考える。活用表をつくる中で，動詞を基準にそれを転用しながら同じ活用を想定するように刷り込まれてきただけであるようにも思える。そして，形容詞の活用に似た形態的バリエーションは名詞述語にも想定でき，それをどう位置づけるかは，活用という概念の規定に依存する。

　八亀 2007, 2008 は，Givón 2000 のほか主に Croft 2001 などを参考に，名詞と動詞のあいだに形容詞を置き，3つのカテゴリーの関係を捉えようとしている。名詞→形容詞→動詞という配列は，言語類型の基準を考える通言語学的出発点としては示唆に富むが，本論で見たことを踏まえる限り，名詞と動詞を想定し，名詞の中にその亜種として形容詞を置くか，名詞の外側でごく近いところに形容詞を置いて名詞と形容詞を緩く括るようなカテゴリーを想定するほうがよいのではないかとさえ思える。

　また，形態論的にも，考えるべき点がある。例えば，「長い」の語幹「なが」は，「長火鉢(なが＋火鉢)」のようにも，「足長(足＋なが)」のようにも，複合形成が可能なだけでなく，「長々(なが＋なが)」のような畳語法も可能である。現代では慣用的に残存するのみだが，「長の暇」のような言い方もある。一方，「短い」はごく小さい例外が見つからないわけではないが，いずれにも用いない。これには，音節やモーラといった音韻的特性や，語史的事情も関わっていると思われるが，語幹の自立性を境界に関する特徴と関連づけて考えることもできると思われる。

以上のように，日本語形容詞について通言語学的検討に資する記述・分析とするには，考察すべきことがいまだ多く残っている。今後，機会をつくって考察の範囲を広げ，分析を掘り下げていきたいと考えている。

　・本章は，加藤 2009b に加筆修正を行ったものである。
1) これにはいわゆる「形容動詞」も部分的に含まれている。
2) 日本語のコピュラ辞を「太郎は大学生だ」などの名詞述部文で述部形成のために必要な「だ」を典型として考えると，実は，静岡・長野など中部方言には，形容詞にコピュラ辞が後続した形の「赤いだ」が見られる。しかし，これらの方言では「行くだ」のように動詞にもコピュラ辞は後接する。この「だ」は一般に強意と言われ，「赤いだだ」「行くだだ」と重ねられることもある(中田 2002)。また「静かだ」にも「だ」がつけられ「静かだだ」と用いる。動詞にも形容詞にもつき，「X だ」のあとにも現れる以上，これはコピュラ辞ではなく，助詞のたぐいと考えるべきだろう。中田 2002：19 では「のだ」に相当する断定の表現としている。加藤 2006a では標準語の「のだ」を複合的な助動詞と扱っているが，中部方言で用いられる，この種の「だ」を同様に助動詞とすべきか，また，その機能を断定と言うべきか，さらなる検討が必要である。
3) もちろん，形容詞には命令形や希求形がないので，そのまま活用タイプを単純比較はできない。
4) 名詞(形容動詞語幹にならないもの)であれば，「N に」は原則として副詞的要素にならない。「N になる」「N に変わる」など補語に相当する場合は「に」も用いられるが，これは修飾用法には含めない。
5) ただし，「だけ」は「優しいだけであります」のようにしないといけない。これは「だけ」が「丈」という名詞に由来する形式名詞の副助詞化が完全に完成していないと見ることもできるが，別途論じたい。
6) 学校文法に代表される「カ行五段動詞」のように行ごとに分け，語幹を音節単位で設定すれば，「書く」「引く」「咲く」などは，それぞれ語幹が「か」「ひ」「さ」であり，連用形の活用語尾に「き」と「い」を認めることができる。音素単位で記述するやり方では行単位にタイプを分けないが，記述の複雑さの手順が変わるだけで効率性はいずれのやり方でも大差がない。
7) 「かれば」が「ければ」に転じたのは，「けり」を含む「行きければ」などの類音牽引による合流と考えられる。
8) 例えば「ある」が敬意表現として「あられる」「おいでになる」「ございます」などに置き換えられれば融合はしない。
9) 談話における運用では等価値でない。窓外を見て降り始めた雨に気づいたときには，「あ，雨だ」とは言えるが，「#あ，雨である」とは言えない。
10) 「太郎は，お父さんが背が高い(から，あんなに背が高いのだ)」のような例では，「太郎」が「お父さんが背が高い」という属性叙述と深く関わり，「お父さんが背が高い」は階層的主述構造が成立する典型的な二重主格構文となっている。

11）ただし,「私には南極が寒い」も一定の文脈がなければ自然ではなく,「私にとっては南極が寒い」のほうがまだ受容度が認められる。
12）シンタグマとしては可能であっても,構造をなしていなければ,検討の対象にならない。例えば,(82)は「<u>太郎にとって肩が痛い</u>ことはなんでもなかった」のようにすれば成立するが「太郎にとって」は「なんでもなかった」と直接構造をなしており,下線部だけでは成立しないので,議論の対象にならないが,この種の例が想定されることが受容性の判断に影響を与えることについては厳に意を用いなければならない。
13）「僕に（は）この治療は痛い」のように,治療の痛みを一般化して論じる場合は,同じ治療を「僕」以外の人も体験して,その痛みを知覚することが可能なので,特定の視点者に占有される知覚事象ではなく,主観分化が可能になる。

参 考 文 献

天野みどり 2007 「状況を表すヲ句について」『表現学部紀要』8，和光大学表現学部，1-13
───── 2008 「拡張他動詞文──何を文句を言ってるの──」『日本語文法』8-1，日本語文法学会(編)，東京：くろしお出版，3-19
───── 2011 『日本語構文の意味と類推拡張』東京：笠間書院
李忠奎 2008 『日韓語の動詞結合に関する対照研究』北海道大学大学院文学研究科博士学位論文
池上嘉彦 2003 「言語における〈主観性〉と〈主観性〉の言語指標(1)」『認知言語学論考』3，東京：ひつじ書房，1-50
─── 2004 「言語における〈主観性〉と〈主観性〉の言語指標(2)」『認知言語学論考』4，東京：ひつじ書房，1-60
石綿敏雄 1999 『現代言語理論と格』東京：ひつじ書房
糸井通浩 2002 「日本語助詞の体系」玉村文郎(編)『日本語学と言語学』東京：明治書院，24-37
岩井良雄 1949 『新標準語法』東京：山海堂
大島資生 2010 『日本語連体修飾節構造の研究』東京：ひつじ書房
大槻文彦 1891 『語法指南』東京：大槻文彦(1996，東京：勉誠社復刻版・日本語文法研究書大成，北原保雄・古田東朔編)
─── 1897a 『廣日本文典』東京：大槻文彦
─── 1897b 『廣日本文典別記』東京：大槻文彦
大堀壽夫 2005 「日本語の文法化研究にあたって──概観と理論的課題──」『日本語の研究』1-3，日本語学会，1-17
奥津敬一郎 1979 『「ボクハ ウナギダ」の文法：ダとノ』東京：くろしお出版
尾上圭介 2004 「主語と述語をめぐる文法」尾上圭介(編)『朝倉日本語文法6　文法II』東京：朝倉書店，1-57
影山太郎 1980 『日英比較語彙の構造』東京：松柏社
風間伸次郎 1993 「設備型言語の動詞複合体について──日本語を中心として──」宮岡伯人(編)『北の言語──類型と歴史──』東京：三省堂，241-260
加藤重広 2001a 「照応現象としてみた接続」『富山大学人文学部紀要』34，富山大学人文学部，47-78
─── 2001b 「談話標識の機能について」『東京大学言語学論集』20 (湯川恭敏教授定年記念号)，東京大学言語学研究室，121-138
─── 2003 『日本語修飾構造の語用論的研究』東京：ひつじ書房

─── 2004a 「推意の固着と強さ」『日本語用論学会第 7 回大会発表予稿集』日本語用論学会
─── 2004b 『日本語語用論のしくみ』東京：研究社
─── 2004c 「場所格「を」の意味・用法とその周辺」『日本語文法学会第 5 回大会発表予稿』日本語文法学会
─── 2004d 「主語という陥穽──「私は」と書き始めるとき──」『國文學　解釈と鑑賞』2004 年 6 月号，東京：學燈社，34-41
─── 2005 「基幹格としての「が」とその特性──日本語格助詞試論(1)──」『富山大学人文学部紀要』42，富山大学人文学部，11-22
─── 2006a 『日本語文法　入門ハンドブック』東京：研究社
─── 2006b 「線条性の再検討」峰岸真琴(編)『言語基礎論の構築へ向けて(東京外国語大学 AA 研共同研究プロジェクト報告書)』東京外国語大学アジア・アフリカ言語文化研究所，1-25
─── 2006c 「二重ヲ格制約論」『北海道大学大学院文学研究科紀要』119，北海道大学大学院文学研究科，19-42
─── 2006d 「対象格と場所格の連続性──格助詞試論 2 ──」『北海道大学大学院文学研究科紀要』118，北海道大学大学院文学研究科，133-180
─── 2007 「日本語の述部構造と境界性」『北海道大学大学院文学研究科紀要』122，北海道大学大学院文学研究科，97-155
─── 2008a 「ハブ文法による言語研究と教育の連携」『北海道大学大学院文学研究科紀要』126，北海道大学大学院文学研究科，93-117
─── 2008b 『ハブ文法から見た学校文法の再検討』「日本語の研究と教育の連係のためのハブ文法の構想(2006 年度第 2 回博報「ことばと文化・教育」研究助成研究成果報告書)」北海道大学大学院文学研究科言語情報学研究室
─── 2008c 「日本語における昇格と降格」加藤 2008f：129-141
─── 2008d 「日本語の受動構文のとらえ方」加藤 2008f：9-28
─── 2008e 「日本語の品詞体系の通言語的課題」『アジア・アフリカの言語と言語学』3，東京外国語大学アジア・アフリカ言語文化研究所，5-28
─── 2008f 『科学研究費補助金・基盤研究(C)・研究報告書　日本語受動構文の構造的意味と推意に関する語用論的原理の記述的研究』北海道大学大学院文学研究科言語情報学研究室
─── 2009a 「日本語の述部複合構造の境界性と非節化」沈力・趙華敏(編)『漢日理論語言学研究(中日理論言語学論集)』北京：学苑出版社，31-37
─── 2009b 「日本語形容詞再考」『北海道大学大学院文学研究科紀要』129，北海道大学大学院文学研究科，63-89
─── 2010a 「内的アスペクトと外的アスペクト」北海道大学大学院文学研究科言語情報学講座(編)『言語研究の諸相(門脇誠一教授停年記念論集)』札幌：北海道大学出版会，47-73
─── 2010b 「日本語連体修飾表現の類型と特性」上野善道(監修)『日本語研究の 12

章』東京：明治書院, 151-164
─── 2010c 「北奥方言のモダリティ辞」『北海道大学大学院文学研究科紀要』130, 北海道大学大学院文学研究科, 125-157
─── 2011a 「日本語における文法化と節減少」『アジア・アフリカの言語と言語学』5, 東京外国語大学アジア・アフリカ言語文化研究所, 33-57
─── 2011b 「標準語から見た日本の諸方言」呉人惠(編)『日本の危機言語──言語・方言の多様性と独自性──』札幌：北海道大学出版会, 233-261
─── 2012a 「属性の事象化と一時性──標準語と方言の差異に着目して──」影山太郎(編)『属性叙述の世界』東京：くろしお出版, 113-141
─── 2012b 「日本語における名詞性──名詞らしさの境界と段階──」影山太郎・沈力(編)『日中理論言語学の新展望3 語彙と品詞』東京：くろしお出版, 51-76
─── 準備中 『動的心理語用論による日本語研究(仮題)』
北原保雄 1970 「助動詞の相互承接についての構文論的考察」『国語学』83, 国語学会, 32-59
─── 1981 『日本語の文法(日本語の世界6)』東京：中央公論社
金田一春彦 1950 「國語動詞の一分類」『言語研究』15, 日本言語学会, 48-63
工藤真由美 1995 『アスペクト・テンス体系とテクスト──現代日本語の時間の表現──』東京：ひつじ書房
國廣哲彌 1967 『構造的意味論』東京：三省堂
─── 1970 『意味の諸相』東京：三省堂
久野暲 1973 『日本文法研究』東京：大修館書店
─── 1978 『談話の文法』東京：大修館書店
─── 1983 『新日本文法研究』東京：大修館書店
黒田成幸 2000 「解題2 逆行同一名詞句削除及び関係節化」原田 2000：795-803
国立国語研究所 1997 『日本語における表層格と深層格の対応関係』東京：三省堂
阪倉篤義 1966 『語構成の研究』東京：角川書店
─── 1979 『国語学概説』東京：有精堂出版
佐々木冠 2004 『水海道方言における格と文法関係』東京：くろしお出版
─── 2006 「格」小林隆(編)『シリーズ方言学2 方言の文法』東京：岩波書店, 1-46
─── 2011 「水海道方言──標準語に近いのに遠い方言──」呉人惠(編)『日本の危機言語──言語・方言の多様性と独自性──』札幌：北海道大学出版会, 99-136
柴谷方良 1997 「「迷惑受身」の意味論」川端善明・仁田義雄(編)『日本語文法 体系と方法』東京：ひつじ書房, 左1-22
─── 2000 「ヴォイス」仁田義雄・村木新次郎・柴谷方良・矢澤真人『日本語の文法1 文の骨格』東京：岩波書店, 117-186
城田俊 1998 『日本語形態論』東京：ひつじ書房
杉浦茂夫 1976 『品詞分類の歴史と原理』東京：こびあん書房
杉本武 1986 「格助詞」奥津敬一郎・沼田善子・杉本武『いわゆる日本語助詞の研究』東京：凡人社, 227-380

鈴木重幸 1972　『日本語文法・形態論』東京：むぎ書房
高橋太郎 2003　『動詞九章』東京：ひつじ書房
高見健一 2011　『受身と使役』東京：開拓社
田中廣明 2002　「(書評論文) Stephen C. Levinson, Presumptive Meanings: The Theory of Generalized Conversational Implicature」『語用論研究』4，日本語用論学会，103-118
田中寛 2004　『日本語複文表現の研究：接続と叙述の構造』東京：白帝社
─── 2010　『複合辞からみた日本語文法の研究』東京：ひつじ書房
塚本秀樹 1991　「日本語における複合格助詞について」『日本語学』10-3，東京：明治書院，78-95（塚本 2012：101-133 に再録）
─── 2012　『形態論と統語論の相互作用』東京：ひつじ書房
角田太作 1991，2009²　『世界の言語と日本語』東京：くろしお出版
寺村秀夫 1982　『日本語のシンタクスと意味 I』東京：くろしお出版
─── 1989　「意味研究メモ　その 1」大阪大学文学部日本語学科(言語系)(編)『阪大日本語研究』大阪大学文学部日本語学科(言語系)，89-103
時枝誠記 1941　『國語學原論』東京：岩波書店
─── 1950　『日本文法　口語篇』東京：岩波書店
中右実 1995　「「に」と「で」の棲み分け──日英語の空間認識の型(1)──」『英語青年』40-10，東京：研究社，20-22
中田敏夫 2002　『静岡県のことば』東京：明治書院
中山俊秀 2006　「品詞について──あるから見えるのか，見ようとするから見えるのか──」峰岸真琴(編)『言語基礎論の構築へ向けて(東京外国語大学 AA 研共同研究プロジェクト報告書)』東京外国語大学アジア・アフリカ言語文化研究所，93-107
西山佑司 2003　『日本語名詞句の意味論と語用論──指示的名詞句と非指示的名詞句──』東京：ひつじ書房
仁田義雄 1989a　「文の構造」『講座日本語と日本語教育　第 4 巻　日本語の文法・文体(上)』東京：明治書院，25-52
─── 1989b　「現代日本語文のモダリティの体系と構造」仁田義雄・益岡隆志(編)『日本語のモダリティ』東京：くろしお出版，1-56
─── 2000　「認識のモダリティとその周辺」森山卓郎・仁田義雄・工藤浩『日本語の文法 3　モダリティ』東京：岩波書店，81-159
丹羽一彌 2005　『日本語動詞述語の構造』東京：笠間書院
日本語記述文法研究会(編) 2003　『現代日本語文法 4　モダリティ』東京：くろしお出版
朴垠貞 2002　「日本語と韓国語の起点表現」『古浦敏生先生御退官記念　言語学論集』広島：渓水社，365-381
橋本進吉 1937　『改制　新文典　初年級用』東京：冨山房(文部省検定済)
─── 1938　『改制　新文典　上級用』東京：冨山房(文部省検定済)
─── 1948　『國語法研究』東京：岩波書店
─── 1959　『橋本進吉博士著作集第七册　國文法體系論(講義集二)』東京：岩波書店

─────── 1969 『助詞・助動詞の研究』東京：岩波書店
長谷川信子 1999 『生成日本語学入門』東京：大修館書店
林四郎 1960 『現代国語表現法』東京：秀英出版
原田信一 2000 『シンタクスと意味：原田信一言語学論集』福井直樹(編)，東京：大修館書店
藤田保幸・山崎誠(編) 2006 『複合辞研究の現在(和泉研究叢書)』大阪：和泉書院
前田直子 2006 『「ように」の意味・用法』東京：笠間書院
益岡隆志・田窪行則 1992 『基礎日本語文法──改訂版──』東京：くろしお出版
益岡隆志 2004 「日本語の主題──叙述の類型の観点から──」益岡隆志(編)『シリーズ言語対照5 主題の対照』東京：くろしお出版, 3-17
─────── 2007 『日本語モダリティ探求』東京：くろしお出版
─────── 2008 「叙述類型論に向けて」益岡隆志(編)『叙述類型論』東京：くろしお出版, 3-18
松木正恵 1990 「複合辞の認定基準・尺度設定の試み」『早稲田大学日本語研究教育センター紀要』2, 早稲田大学日本語研究教育センター, 27-52
松下大三郎 1930a 『改選標準日本文法』東京：中文館書店(1974, 東京：勉誠社復刊版)
─────── 1930b 『増補校訂標準日本口語法』紀元社(1977, 東京：勉誠社復刊版)
松本曜 1997 「空間移動の言語表現とその拡張」中右実(編)，田中茂範・松本曜(著)『空間と移動の表現』東京：研究社出版, 126-236
三上章 1953 『現代語法序説』東京：刀江書院(1972, 東京：くろしお出版復刊版)
─────── 1955 『現代語法新説』東京：刀江書院(1972, 東京：くろしお出版復刊版)
─────── 1959 『続 現代語法序説 主語廃止論』東京：刀江書院(1972, 東京：くろしお出版復刊版)
─────── 1960 『象は鼻が長い』東京：くろしお出版
南不二男 1974 『現代日本語の構造』東京：大修館書店
─────── 1993 『現代日本文法の輪郭』東京：大修館書店
宮岡伯人 2002 『「語」とは何か：エスキモー語から日本語を見る』東京：三省堂
三宅知宏 1995 「ヲとカラ──起点の格標示──」宮島達夫・仁田義雄(編)『日本語類義表現の文法(上)』東京：くろしお出版, 67-73
─────── 1996 「日本語の移動動詞の対格標示について」『言語研究』110, 日本言語学会, 143-168 (三宅 2011：119-142 に再録)
─────── 2011 『日本語研究のインターフェイス』東京：くろしお出版
村木新次郎 2000 「「がらあき─」「ひとかど─」は名詞か，形容詞か」『国語学研究』23, 東北大学大学院文学研究科, 70-80
─────── 2002 「第三形容詞とその形態論」佐藤喜代治(編)『国語論究10 現代日本語の文法研究』東京：明治書院, 211-237
森田良行 1989 『基礎日本語辞典』東京：角川書店
森田良行・松木正恵 1989 『日本語表現文型 用例中心・複合辞の意味と用法』東京：アルク

八亀裕美 2007 「形容詞研究の現在」工藤真由美(編)『日本語形容詞の文法』東京:ひつじ書房, 53-77
―――― 2008 『日本語形容詞の記述的研究:類型論的視点から』東京:明治書院
山田孝雄 1908 『日本文法論』東京:宝文館
―――― 1922 『日本文法講義』東京:宝文館
―――― 1931 『日本文法要論』東京:岩波書店
―――― 1950 『日本文法学要論』東京:角川書店
渡辺己 2008 「スライアモン・セイリッシュ語の品詞について――特にその名詞と動詞について――」『アジア・アフリカの言語と言語学』3, 東京外国語大学アジア・アフリカ言語文化研究所, 117-134
渡辺実 1953 「叙述と陳述――述語分節の構造――」『国語学』13-14, 国語学会, 20-34
―――― 1971 『国語構文論』東京:塙書房
―――― 1996 『日本語概説』東京:岩波書店

Amberber, Mengisu 2002 *Verb classes and transivity in Amharic*, Munich: Lincom Europa
Backhouse, Anthony E. 2004 "Inflected and Uninflected Adjectives in Japanese", R. M. W. Dixon and Alexandra Y. Aikhenvald (eds.), *Adjective Classes: A cross-linguistic typology*, Oxford: Oxford University Press, 50-73
Blevins, James 2006 "Word-based morphology", *Journal of Linguistics* 42, 531-573
―――――――― 2009 "Case and declensional paradigms", Andrej Malchukov and Andrew Spencer (eds.), *The Oxford Handbook of Case*, Oxford: Oxford University Press, 200-218
Brown, Penelope and Stephen Levinson 1987 *Politeness, some universals in language usage*, Cambridge: Cambridge University Press
Bybee, Joan 1985 *Morphology: A Study of the Relation between Meaning and Form*, Amsterdam: John Benjamins Publishing Company
―――――――― 2006 "Linguistic change and universals", Ricardo Mairal and Juana Gil (eds.), *Linguistic Universals*, Cambridge: Cambridge University Press, 179-194
Cherachidzé, Georges 1991 *Grammaire de la langue avar (langue du Caucase Nord-Est)*, Paris: Editions Jean-Favard
Croft, William 2000 "Parts of speech as language universals and as language-particular categories", Petra M. Vogel and Bernard Comrie (eds.), *Approaches to the Typology of Word Classes*, Berlin: Mouton de Gruyter, 65-102
―――――――― 2001 *Radical Construction Grammar: syntactic theory in typological perspective*, Oxford: Oxford University Press
―――――――― 2003^2 *Typology and Universals*, Cambridge: Cambridge University Press
Dixon, R. M. W. 1977 "The syntactic development of Australian languages", C. Li (ed.), *Mechanisms of Syntactic Change*, Austin: University of Texas Press, 365-415

Evans, Nicholas 2007 "Insubordination and its uses", Irena Nikolaeva (ed.), *Finiteness: Theoretical and empirical foundations*, Oxford: Oxford University Press, 366-431

Fillmore, Charles 1968 "The Case for Case", Emmon Back and Robert T. Harms (eds.), *Universals in Linguistics Theory*, New York: Holt Rinehart and Winston, Inc., 21-294

Forey and Van Valin 1984 *Functional syntax and universal grammar* (Cambridge studies in linguistics 38), Cambridge: Cambridge University Press

Genetti, Carol and Kristine Hildebrandt 2004 "The two adjective classes in Manange", R. M. W. Dixon and Alexandra Y. Aikhenvald (eds.), *Adjective Classes: A cross-linguistic typology*, Oxford: Oxford University Press, 74-96

Givón, Talmy 1990 *Syntax: A Functional-Typological Introduction*, 2 volumes, Amsterdam: John Benjamins Publishing Company

─────── 2000 *Syntax*, Amsterdam; Philadelphia: John Benjamins Publishing Company (2nd edition)

Grice, Paul H. 1989 *Studies in the way of words*, Cambridge, MA: Harvard University Press

Hajek, John 2004 "Adjective classes", R. M. W. Dixon and Alexandra Y. Aikhenvald (eds.), *Adjective Classes: A cross-linguistic typology*, Oxford: Oxford University Press, 348-362

Harada, S.-I. 1973 "Counter Equi NP Deletion", *Annual Bulletin of the Research Institute of Logopedics and Phoniatrics* 7, University of Tokyo, 113-147（原田 2000：181-215 に再録）

Haspelmath, Martin 2007 "Pre-established categories don't exist: Consequences for language description and typology", *Linguistic Typology* 11, 119-132

Hengeveld, Kees 1989 "Layers and Operators in Functional Grammar", *Linguistics* 25, 127-157

Hengeveld, Kees, Jan Rijkhoff and Anna Sieweierska 2004 "Parts-of-speech systems and word order", *Journal of Linguistics* 40, 527-570

Hopper, Paul 1991 "Principles of grammaticalization", Elizabeth Traugott and Bernd Heine (eds.), *Focus on types of grammatical markers*, Amsterdam: John Benjamins Publishing Company, 17-35

Hopper, Paul and Sandra Thompson 1980 "Transivity in Grammar and Discourse", *Language* 56-2, 251-299

Hopper, Paul and Elizabeth Traugott 1993, 2003² *Grammaticalization*, Cambridge: Cambridge University Press

Hoshi, Hiroto 1999 "Passives", Tsujimura (ed.) 1999：191-235

Howard, I. and A. Niyekawa-Howard 1976 "Passivization," M. Shibatani (ed.), *Japanese Generative Grammar (Syntax and Semantics 5)*, New York: Academic Press, 201-207

Huang, Yan 2006 *Pragmatics*, Oxford: Oxford University Press
Kitagawa, C. 1974 "Case marking and causativization", *Papers in Japanese Linguistics* 3, 43-57
Kitagawa, Y. 1986 *Subjects in Japanese and English*, Ph.D. dissertation, University of Massachusetts
Kuno, Susumu 1973 *The structure of the Japanese Language*, Cambridge, MA: The MIT Press
─────── 2004 "Empathy and Direct Discourse Perspective", Laurence R. Horn and Gregory Ward (eds.), *The handbook of Pragmatics*, Malden, MA: Blackwell, 313-343
Kuroda, S.-Y. 1965 "Causative forms in Japanese", *Foundations of Japanese* 1, 31-50
Lancelot, Claude et Antoine Arnauld 1966 *Grammaire générale et raisonnée ou La Grammaire de Port-Royal* (Edition critique présentée par Herbert E. Brekle, Nouvellw impression en fascimilé de la troisième édition de 1676), Stuttgart: Friedrich Fromman Verlag
Lehmann, Christian 1988 "Towards a typology of clause linkage", J. Haiman and S. A. Thompson (eds.), *Clause combining in grammar and discourse*, Amsterdam: John Benjamins Publishing Company, 181-225
Levinson, Stephen C. 2000 *Presumptive Meanings: The Theory of Generalized Conversational Implicature*, Cambridge, MA: The MIT Press
Lyons, John 1977 *Semantics*, Cambridge: Cambridge University Press
Matsumoto, Yo 1997 "Semantic change in the grammaticalization of verbs into postpositions in Japanese", Toshio Ohori (ed.), *Approaches to Grammaticalization: Focus on Types of Grammatical Markers (Typological Studies in Language)*, Tokyo: Kuroshio Publishers, 25-60
Miyagawa, Shigeru 1980 *Complex Verbs and the lexicon*, Ph.D. disseration, University of Arizona
─────── 1986 "Restructuring in Japanese", Takashi Imai and Mamoru Saito (eds.), *Issues in Japanese Linguistics*, Dordecht: Foris, 273-300
─────── 1987 "Lexical categories in Japanese", *Lingua* 73, 29-51
Norde, Muriel 2009 *Degrammaticalization*, Oxford: Oxford University Press
Palmer, F. R. 2001[2] *Mood and Modality*, Cambridge: Cambridge University Press
Saito, Mamoru 1982 Case marking in Japanese: a preliminary study, ms, MIT
Shibatani, Masayoshi 1973 "Semantics of Japanese causativization" *Foundations of Language* 9, 327-373
─────── 1974 "Case marking and causativization: a rejoinder", *Papers in Japanese Linguistics* 3, 233-240
─────── 1976 "Cautivization", Masayoshi Shibatani (ed.), *Japanese Generative Grammar*, New York: Academic Press, 239-294

―――――――――――― 1985 "Passives and related constructions", *Language* 61-4, 821-848
―――――――――――― 1990 *The Languages of Japan*, Cambridge: Cambridge University Press
Sperber, Dan and Deirdre Wilson 1986, 1995² *Relevance: communication and cognition*, Oxford: Blackwell
Tonoike, Shigeo 1978 "On the causative construction in Japanese", John Hinds and Irwin K. Howard (eds.), *Problems in Japanese syntax and semantics*, Tokyo: Kaitakusha, 3-29
Travis, Lisa de Mena 2010 *Inner Aspect: The Articulation of VP*, Dordrecht: Springer
Tsuboi, Eijiro 2010 "Malefactive", Zúñiga and Kittilä (eds.) 2010：419-435
Tsujimura, Natsuko (ed.) 1999 *The Handbook of Japanese Linguistics*, Oxford: Blackwell
Tsujimura, Natsuko 1996, 2007² *An introduction to Japanese linguistics*, Malden, MA: Blackwell
Van Valin and La Polla 1996 *Syntax: structure, meaning, and function* (Cambridge textbooks in linguistics), Cambridge: Cambridge University Press
Wetzer, Harrie 1995 *The typology of adjectival predication*, Berlin: Mouton de Gruyter
Zúñiga, Fernando and Seppo Kittilä (eds.) 2010 *Benefactives and Malefactives: Typological perspectives and case studies*, Amsterdam: John Benjamins Publishing Company
Zúñiga, Fernando and Seppo Kittilä 2010 "Introduction: Benefaction and malefaction from a cross-linguistic perspective", Zúñiga and Kittilä (eds.) 2010：1-28

あ と が き

　本論文集は，2005年から2011年までに，各種の研究誌や論文集，報告書に発表した論文をもとに再構成したものである。初出時の論文については各章の注の冒頭で触れているが，修正の程度や加筆の量の差こそあれ，いずれも改稿を施しており，初出時と同一のものはない。

　本書は，筆者が在職している北海道大学大学院文学研究科の刊行助成を得て，北海道大学大学院文学研究科研究叢書の一冊として上梓が可能になった。関係の委員会や審査に関わった先生方に心よりお礼を申し上げる。当初は，2005年以降に書いた論文を文法論関係と語用論関係に分け，それぞれを一冊にまとめて論文集として刊行することを計画していたところ，上記の助成が受けられることになり，該当する13本の論文で13章構成の原稿を準備した。しかし，分量が多すぎることがわかり，途中で，比較的今回のテーマとの関わりが深くない4本の論文の掲載を見送って現在の形になった。結果的にある程度まとまりのある内容になったのではないかと考えている。また，同時期に書いた語用論関係の論文はこれも加筆修正の上また別に一冊にまとめようと準備を進めている。

　2005年は，前任の富山大学から北海道大学に転任した年度でもあり，転任前後からの数年で書きためたものが上梓されるという意味で本書は誠に感慨深い一冊となった。今にして残念に思うのは，紙幅の制限や時間の制約のために，もっと詳しく論じたり，さらに掘り下げて分析したり，新たな成果をもっと利用して議論を拡張したりすることが十分にできなかったことである。新しい成果があることは部分的に把握しているものの，限られた時間の中で生煮えのままの言及や批評を行うのは避けるべきだと考えて，取り上げなかったケースが多い。今後，新しい成果を踏まえて深く論じ，拙論の不備を糺す機会があることを願っている。

厳冬の札幌にて　　加 藤 重 広

索　引

あ　行

一次配列　180-182
移動行為の視点制約　235, 236
意味的右方性　120
意味的重心の作用（SoM 原理）　118-120, 124
有情物　222, 226, 289
SoM 原理　→意味的重心の作用

か　行

ガ／ノ交替　102, 103, 123
感受主体　259, 285-291
基幹格　40, 254-256, 258, 261, 262, 287
機能的左方性　120
機能負担　22, 90
強境界　22, 102, 117, 137, 147, 155, 161, 163, 165-167, 169-171, 281, 283
形態階層　37
結果随伴物　217, 252, 263
語彙化　7, 10, 29
語彙推意　86
語彙的な接続詞　9, 11, 33
降格対格　53, 54, 198, 200, 203
降格与格　51-54, 68, 71, 72, 84, 95, 185, 198, 201, 203
後置詞　37, 39, 59
構文推意　87, 88, 90, 93, 108
語用表示　246

さ　行

残留非斜格　260, 262
子音語幹動詞　30, 32, 44, 48, 53, 168-170, 173, 270, 271, 274, 276, 278
事象性　212
視点者　64-70, 72-80, 82-86, 88-91, 93, 183, 258, 260, 287-289
弱境界　22, 101, 103, 106, 117, 123, 137, 152, 161, 167-171, 189, 190, 276, 281-284

従位化　8
修正オッカムの剃刀原理　23
主観分化　265, 287, 288, 290, 291, 293
主題化　47, 56, 58, 79-82, 84, 91, 94, 103, 114, 182, 183, 195, 257, 259, 262, 285, 287, 288
主題卓越型　57
述部階層　137
述部複合　98, 119, 136, 139, 146-148, 151, 157-159, 162, 165-167, 170, 171, 257
準総主文　58
昇格作用　55
昇格主格　→昇格非斜格
昇格非斜格　56, 57, 260, 262
助詞の融合　249
序列性仮説　139, 160
心的辞書　6, 7
心理的実在　2
推意　61, 84, 86, 87, 90, 92, 93, 95, 107, 109, 227, 236, 290
節減少　97, 99, 100, 121-123
0 項動詞　67
ゼロ助詞　14, 15, 59, 177, 186, 192
線条性　180-182, 196, 262
粗略化　219

た　行

第一斜格　40, 41, 51, 61, 62, 66, 67, 73, 79, 94, 258, 287
対抗動作性　210, 213
第三形容詞　26
第三斜格　40, 62, 72, 74, 94, 205, 287
体詞　16, 27-29, 34, 38
対称受動　49, 50, 52, 55, 56, 61, 63, 65, 66, 68-71, 74-77, 80, 81, 83, 84, 86, 93, 141, 144, 146
第二形容詞　26, 30
第二斜格　40, 45, 51, 62, 74, 94, 185
多重テンス　128, 157, 166, 171, 172

307

脱文法化　　7-11
単自動詞　　53, 66, 67, 84, 86
単他動詞　　50, 70, 76, 77, 84-86, 88
単文化　　99, 121, 122
通時性　　7
テンス分化　　102, 106, 107, 117, 123
統語関係標示　　13, 14, 38, 181
統語的中和　　197-199, 203
統語的な接続詞　　9, 11, 12, 33
統語的与格　　186

な 行

二次配列　　180-182, 196
二重昇格　　75
二重ヲ格制約　　41, 42, 53, 54, 59, 68, 72, 177-180, 183, 186, 190-194, 198-202, 204, 208, 210, 217, 229
二重ヲ格制約 I 型　　200, 202, 203
二重ヲ格制約 II 型　　201, 203

は 行

背景状況格　　239, 240, 242, 243
発話内力　　101
ハブ文法　　3
範列関係性　　17, 18
範列性転移　　193
非意志関与　　90, 92, 93
非感受主体　　285, 289
非降格斜格　　55
非降格対格　　54
非降格与格　　51, 52, 54, 68, 71, 72, 95, 185, 186, 203
非時間的　　267, 280
非斜格　　40, 41, 44-51, 53-58, 61-68, 71, 73, 74, 79-83, 94, 95, 252, 258, 260, 261, 285, 287-289
非斜格追加　　52
非修飾　　153, 156, 161, 169, 272
非従属化　　19
非昇格主格　　56, 57
非節化　　19, 99, 100, 111, 119-123, 257
非対称受動　　49-52, 55, 56, 61-63, 66-72, 74, 77, 79-86, 88-93, 141, 142
被動性　　216
被覆形　　155, 168, 170, 270, 274
被覆連用形　　169, 274, 277
非飽和名詞　　290
複合助動詞　　17, 18, 103, 106, 108, 155, 175
複自動詞　　59, 67, 68, 75-77, 81, 83, 84
複他動詞　　40, 51, 71, 72, 75, 83-85, 205
文階層　　126, 127
ベネファクティブ　　65, 88, 89
母音語幹動詞　　30, 32, 48, 53, 169, 170, 176, 270, 271, 274, 276, 278
ポライトネス　　110

ま 行

マルファクティブ　　88, 89, 93
迷惑性　　84-89, 91-93

や 行

有境界性　　230, 231, 233, 234, 240, 241
用詞　　29, 30, 34

ら 行

離格　　69, 70, 94, 194, 207, 221-224, 226, 228-230, 233-235, 239, 240, 242, 243
露出形　　155, 165, 169, 170, 270, 271, 274, 276
露出連用形　　169, 274, 277

加藤 重広(かとう しげひろ)
北海道大学大学院文学研究科教授
1964年生。専門は，言語学(日本語文法論，語用論)。東京大学文学部言語学科卒，同大学院博士課程(言語学専攻)修了。博士(文学)。富山大学人文学部講師，同助教授，北海道大学大学院文学研究科准教授を経て現職。主著に，『日本語修飾構造の語用論的研究』(ひつじ書房，2003年，第23回新村出賞受賞)，『その言い方が人を怒らせる』(ちくま新書，2009年)など。

北海道大学大学院文学研究科 研究叢書 22
日本語統語特性論
2013年3月29日 第1刷発行

著　者　　加藤重広
発行者　　櫻井義秀

発　行　所　　北海道大学出版会
札幌市北区北9条西8丁目　北海道大学構内(〒060-0809)
Tel. 011(747)2308・Fax. 011(736)8605・http://www.hup.gr.jp/

アイワード/石田製本　　　　　　　　　　© 2013　加藤重広
ISBN978-4-8329-6778-6

**北海道大学大学院文学研究科
研究叢書**

1	ピンダロス研究 ――詩人と祝勝歌の話者――	安西　眞著	A5判・306頁 定価 8500円
2	万葉歌人大伴家持 ――作品とその方法――	廣川晶輝著	A5判・330頁 定価 5000円
4	海音と近松 ――その表現と趣向――	冨田康之著	A5判・294頁 定価 6000円
7	人麻呂の方法 ――時間・空間・「語り手」――	身﨑　壽著	A5判・298頁 定価 4700円
8	東北タイの開発と文化再編	櫻井義秀著	A5判・314頁 定価 5500円
9	Nitobe Inazo ――From *Bushido* to the League of Nations――	長尾輝彦編著	A5判・240頁 定価 10000円
10	ティリッヒの宗教芸術論	石川明人著	A5判・234頁 定価 4800円
11	北魏胡族体制論	松下憲一著	A5判・250頁 定価 5000円
12	訳注『名公書判清明集』 官吏門・賦役門・文事門	高橋芳郎著	A5判・272頁 定価 5000円
13	日本書紀における中国口語起源二字漢語の訓読	唐　煒著	A5判・230頁 定価 7000円
14	ロマンス語再帰代名詞の研究 ――クリティックとしての統語的特性――	藤田　健著	A5判・254頁 定価 7500円
15	民間人保護の倫理 ――戦争における道徳の探求――	眞嶋俊造著	A5判・186頁 定価 3000円
16	宋代官僚制度の研究	宮崎聖明著	A5判・330頁 定価 7200円
17	現代本格ミステリの研究 ――「後期クイーン的問題」をめぐって――	諸岡卓真著	A5判・254頁 定価 3200円
18	陳啓源の詩経学 ――『毛詩稽古編』研究――	江尻徹誠著	A5判・216頁 定価 5600円
19	中世後期ドイツの犯罪と刑罰 ――ニュルンベルクの暴力紛争を中心に――	池田利昭著	A5判・256頁 定価 4800円
20	スイスドイツ語 ――言語構造と社会的地位――	熊坂　亮著	A5判・250頁 定価 7000円
21	エリアーデの思想と亡命 ――クリアーヌとの関係において――	奥山史亮著	A5判・330頁 定価 8200円

〈定価は消費税含まず〉

北海道大学出版会刊